ETHIK IN DER MEDIZIN

Herausgegeben von
Winfried Kahlke und Stella Reiter-Theil

Mit Beiträgen von

K. Gahl
F.J. Illhardt
G. Patzig
H. Piechowiak
B. Schöne-Seifert
P.-W. Schreiner
U. Tröhler

Ferdinand Enke Verlag Stuttgart 1995

Prof. Dr. med. Winfried Kahlke
Didaktik der Medizin
Universitätskrankenhaus Eppendorf
Martinistraße 52, D-20246 Hamburg

Dr. rer. soc. Stella Reiter-Theil, Dipl.-Psych.
Akademie für Ethik in der Medizin e. V.
Universität Göttingen
Humboldtallee 36, D-37073 Göttingen

Die Deutsche Bibliothek-CIP-Einheitsaufnahme

Ethik in der Medizin/hrsg. von Winfried Kahlke
und Stella Reiter-Theil. Mit Beitr. von K. Gahl ...
- Stuttgart: Enke, 1995
ISBN 3-432-26841-6
NE: Kahlke, Winfried [Hrsg.]; Gahl, Klaus

Umschlaggestaltung: Adolf Grossmann, D-50374 Erftstadt
Titelbildgestaltung: Sabine Kahlke, D-22303 Hamburg. Das Sonographiebild wurde freundlicherweise von Frau Dr. Emine Çetin, Universitätsfrauenklinik Hamburg, zur Verfügung gestellt. Die Gensequenzierung wurde entnommen aus E. Passarge, Taschenatlas der Genetik. Thieme, Stuttgart 1994. Die Verwendung des Photos rechts erfolgt mit freundlicher Genehmigung von Argus Fotoarchiv GmbH Hamburg.
Satz: Graphische Werkstätten Lehne GmbH, D-41516 Grevenbroich-Kapellen
Schrift: 9/10 p Times, Autologic Satzsystem 5 4 3 2 1
Druck: Grammlich, D-72124 Pliezhausen

Geleitwort

Hans-Konrat Wellmer
Präsident der Akademie für Ethik in der Medizin

Das vorliegende Lehrbuch für „Ethik in der Medizin“ ist eine reife Frucht mehrjähriger Bemühungen einer Arbeitsgruppe der *Akademie für Ethik in der Medizin (AEM),* die sich mit dem Problem der Vermittlung von Lehrinhalten und der Erarbeitung von Lehr- und Vermittlungsmethoden auf diesem neuen Arbeitsgebiet der Medizin befaßt hat. Die Herausgeber und alle Mitautoren sind Mitglieder der AEM und darin geübt, den Diskurs über ethische Probleme in der Medizin, in den Heilberufen und im Gesundheitswesen offen zu führen. Die Stärke dieses kompakten Lehrbuches liegt in der Ausgewogenheit zwischen einerseits philosophisch-theoretischer Grundlegung und andererseits vielfältiger praktischer Anschauung in unterschiedlichen Bereichen der Medizin.

Ethik ist kein medizinisches Fach. Die Einbeziehung einer geisteswissenschaftlichen Disziplin in ein Lehr- und Lernbuch für praktisch Tätige bringt naturgemäß die Begegnung mit neuen Fachbegriffen und Denkweisen mit sich, die der Leser nach und nach für sich mit Inhalt füllen wird. Hierzu findet sich in den Eingangskapiteln zu den theoretischen Grundlagen eine nützliche Hilfe.

Als einer der ersten Leser des gesamten Manuskriptes möchte ich den (hoffentlich zahlreichen) Lesern, die ich dem Buch wünsche, eine kleine Anregung geben. Ohne besondere Vorkenntnis in Ethik kann es vielleicht hilfreich sein, über einzelne der allesamt sehr gut und anschaulich geschriebene Spezialkapitel einzusteigen und sich die theoretischen Grundlagen anschließend zu erarbeiten. Dabei werden die präzisen und knappen Literaturhinweise und die zahlreichen Fallbeispiele wertvolle Hinweise liefern.

Ich danke den beiden Herausgebern und allen Mitautoren für die intensive Zusammenarbeit bei diesem wichtigen Unternehmen. Das Buch wird alle Lernenden und Lehrenden in der Medizin, im Pflegebereich und in der Krankenhausseelsorge, die sich mit Medizinethik befassen wollen, eine wichtige Informationsquelle und Hilfe sein.

Bielefeld, im Juli 1995

Hans-Konrat Wellmer
Präsident der Akademie für Ethik
in der Medizin

Vorwort der Herausgeber

Zur Vorgeschichte

Im Erfahrungsaustausch unter Mitgliedern der 1986 gegründeten Akademie für Ethik in der Medizin (AEM), bei vielen Begegnungen im Hochschulbereich wie auch in Gremien von Ärztekammern, z. B. Fortbildungsausschüssen, wird in zunehmendem Maße diskutiert, welche Bedeutung ethischen Fragen in der Medizin zukomme und wie diese sinnvoll untersucht, weiterentwickelt und gelehrt werden könnten. Zu einem beträchtlichen Teil ist diese verstärkte Ethikdiskussion auf eine Entwicklung in der Medizin selbst zurückzuführen, auf das Vordringen immer neuer Methoden in Diagnostik und Therapie. Diese konfrontieren die Beteiligten und Betroffenen vielfach mit Entscheidungen und Handlungsmöglichkeiten, auf die weder die heilberuflich Tätigen - nach den bisherigen Verläufen von Aus-, Weiter- und Fortbildung - noch Patienten und Angehörige - aus ihren Alltagserfahrungen heraus - angemessen vorbereitet sind. Gegenüber der anglo-amerikanischen Entwicklung und teilweise auch gegenüber Vorbildern in Europa verzeichnet Deutschland hier bis heute einen deutlichen Nachholbedarf an Innovation und Investition. Es lag daher nahe, daß eine Vereinigung wie die Akademie für Ethik in der Medizin nach Wegen und Formen sucht, um diesem Defizit zu begegnen. Sie hat dies seit ihrer Gründung in mehreren Schritten getan:

Nach einer ersten Bestandsaufnahme wurde „eine Empfehlung für die Weiterentwicklung des Unterrichtsangebotes zu Fragen der Ethik in der Medizin“ (Juni 1988) herausgegeben; anschließend übernahm eine Arbeitsgruppe aus Mitgliedern der AEM die Aufgabe, für einen Ethik-Grundkurs der Ausbildung und Fortbildung in den Heilberufen „theoretische und praktische Grundlagen zu schaffen“, die auch im Selbststudium hilfreich sein sollten. Resultat dieses Arbeitsschrittes ist das vorliegende Buch. Weitere Aktivitäten der AEM im Bereich der Vermittlung von Ethik in den Heilberufen erfolgten in nationalen und europäischen Veranstaltungen mit entsprechenden Publikationen. Des weiteren entwickelte eine Arbeitsgruppe der AEM ein spezielles Fortbildungsangebot für Lehrende auf dem Gebiet der Ethik in den Heilberufen, den „Teachers' Training Course“. Diese Initiativen erfolgten ganz überwiegend im Rahmen der großzügigen Förderung der AEM, ihrer Geschäftsstelle und ihrer Projekte durch das VW-Vorab der Niedersächsischen Landesregierung 1990–1994. Weitere wichtige Förderer in diesem Zusammenhang waren und sind der Stifterverband für die Deutsche Wissenschaft und das Bundesministerium für Bildung und Wissenschaft.

Entwicklung

Die bereits im Entwurf vorliegende Neue Ausbildungsordnung für Ärzte wird die Medizinischen Fakultäten in Deutschland vor eine Herausforderung stellen, indem Ethik zu einem verbindlichen Bestandteil des Medizinstudiums wird. Schon seit Jahren ist indessen in der Ausbildung der Krankenpflege das Fach Ethik vorgeschrieben und wird in vielfältiger Weise unterrichtet. Ähnlich wie das Gebiet Ethik in der Medizin insgesamt eine gerade erst einsetzende Professionalisierung aufweist, trifft dies erst recht zu auf die Lehre, die gezielte und planvolle Vermittlung moralischer und ethischer Kompetenzen für heilberufliche Tätigkeit.

Diese Unabgeschlossenheit sowohl hinsichtlich der theoretischen Konsistenz als auch der institutionellen Etablierung des Arbeitsgebietes in Forschung und Lehre bietet jedoch nicht nur Anlaß zu Kritik und Selbstkritik beim naheliegenden Vergleich mit weiterentwickelten Disziplinen. Sie bietet auch Gelegenheit, in dieser Phase des Nebeneinanders unterschiedlicher Ansätze bestehende Spannungen fruchtbar umzusetzen, notwendige Konsolidierungsbemühungen um Theorien und Konzepte der Vermittlung zu verbinden mit einer Offenheit gegenüber der Vielfalt.

Inhalte

Jedes Fach innerhalb der klinischen Medizin, sei es z. B. die Kinderheilkunde, die Unfallmedizin oder die Geriatrie, läßt spezifische Fragen der Ethik laut werden, rückt bestimmte Gruppen von Patienten in den Mittelpunkt und beleuchtet unterschiedliche Formen von Leiden, Ungerechtigkeit und Grenzen des Helfens. Ähnliches gilt für den weiten Bereich anderer Heilberufe, in denen Probleme der Pflege, des Umgehens mit dem Körper des Patienten, Fragen der Gesundheitserziehung und Vorsorge, der psychotherapeutischen Beeinflussung zur Debatte stehen. Auch aus der Perspektive theoretischer Fächer wird der Gegenstandsbereich der Ethik in der Medizin in je charakteristischer Weise rekonstruiert, wobei sich interessante Überschneidungen ergeben zwischen praktischen und theoretischen Problemen, etwa der Frage unterschiedlicher Krankheits- bzw. Gesundheitsbegriffe und deren ethischen Implikationen. Ein anderes Beispiel wäre die historische Aufarbeitung, etwa der Medizin im Nationalsozialismus, die ohne die Reflexion ethischer Fragen unvollständig bliebe. Es ist eine Fülle von Disziplinen, die zusammen mit der Medizin selbst das interdisziplinäre Gebiet der Ethik in der Medizin repräsentieren – Philosophie, Theologie, Natur- und Rechtswissenschaften, daneben Psychologie, Sozialwissenschaften und Ökonomie.

Ethik in der Lehre – Ethik der Lehre

Das vorliegende Buch richtet sich an alle, die aus ihrer praktischen Tätigkeit heraus, in Aus-, Weiter- und Fortbildung oder auch wissenschaftlich mit ethischen Fragen in der Medizin, in den Heilberufen und im Gesundheitswesen konfrontiert sind. Es ist ein Buch zur Unterstützung von Lehrveranstaltungen, aber auch ein Mittel des Selbststudiums, und es soll all denjenigen helfen, die den kompetenten Umgang mit ethischen Fragen im Kontext der Medizin erlernen und ggf. als Lehrende weitervermitteln wollen.

Die Bedeutung aktueller Probleme und Ereignisse für die Sensibilisierung für medizinethische Fragen wurde in der Arbeitsgruppe der Autoren nicht eigens herausgearbeitet. Den beiden Herausgebern liegt jedoch daran, auf die Chancen hinzuweisen, die sich aus aktuellen Bezügen und persönlichem Engagement der Beteiligten für Veranstaltungen zum Thema ergeben.

Aktuelle Ereignisse mit Bezug zum Thema in Lehrveranstaltungen zu bearbeiten, wird allerdings nicht als Tribut empfohlen, der im Wettstreit um die Aufmerksamkeit anspruchsvoller Teilnehmer zu zollen wäre. Die Öffnung einer Lehrveranstaltung und der gemeinsamen Arbeit für persönlich erlebte Dilemmata, für unmittelbar konflikthafte oder belastende Beispiele aus dem Alltag der Teilnehmer ist vielmehr Ausdruck für die Anerkennung der Tatsache, daß Moral und Ethik stets auf ihre praktische und für jeden Einzelnen konkrete und handlungsbezogene Dimension hinweisen. Eine solche Öffnung bedeutet auch anzuerkennen, daß die Entwicklung moralischer und ethischer Kompetenzen nicht losgelöst, sondern nur in Verbindung mit anderen Kompetenzen des Heilberufes vor sich geht, wenn sie gelingt.

Je nach Art und Ausprägung des betreffenden Problems wirft ein solcher Beitrag in einer Veranstaltung Fragen der ethischen Rahmenbedingungen der Vermittlungssituation selbst auf. Diese *Ethik der Lehre und des Diskurses* muß von der ganzen Gruppe getragen, von den Veranstaltern jedoch vorgezeichnet und verantwortlich gewährleistet werden. Dabei sind klare Unterscheidungen etwa zur traditionellen Patientenvorstellung, zur Balint- oder Supervisionsgruppe zu treffen. Ob ein Teilnehmer sich als Angehöriger eines Schizophrenen zu erkennen gibt, ob eine Ärztin von ihrem Konflikt mit der Schweigepflicht, ob ein Verantwortlicher sich mit unakzeptablen Verhältnissen der Patientenversorgung in seiner Institution auseinandersetzt – dies sind Vorgänge, die mit moralischer und ethischer Reflexion eng verbunden sind. Sie sind höchstpersönlich und unverwechselbar.

Für eine „Ethik der Lehre“ möchten die Herausgeber grundsätzlich dieselben Prinzipien als verbindlich ansehen wie sie für die Heilberufe gelten. Ärzte, Schwestern, andere heilberuflich Tätige und auch Lehrveranstalter haben kein größeres Privileg als andere, „gute Menschen“ zu sein. Aber es ist ihre Aufgabe, als Träger dieser Funktionen die Grundsätze und Wirkungen ihres professionellen Handelns zu reflektieren und zu verantworten, gerade gegenüber Menschen, die sich ihnen anvertrauen und die in einer abhängigen Position sind.

Dank

Wir danken allen Autorinnen und Autoren, die sich bei unseren Arbeitstreffen, in ihrer Freizeit und neben ihren beruflichen Verpflichtungen für das gemeinsame Vorhaben engagiert, viel Zeit und Energie investiert haben, sehr herzlich. Unser besonderer Dank gilt auch Herrn Dr. *Fritz Kraemer*, der als unser Gesprächspartner im Enke Verlag die Entstehung des Buches mit großer Sachkenntnis und Sorgfalt betreut hat.

Wir danken unseren Ehepartnern *Heidi Kahlke* und *Ludwig Reiter*, die uns auch in diesem Projekt mit Geduld und Ausdauer zur Seite gestanden haben. Unseren Mitarbeiterinnen *Jutta Masjadi*, *Dunja Meyer* und *Irmgard Borcherding* möchten wir besondere Anerkennung aussprechen für ihren unermüdlichen Einsatz beim Schreiben von Manuskripten und bei den vielen Zwischenschritten bis zur Abgabe an den Verlag.

Hamburg und Göttingen, im Juli 1995

Winfried Kahlke und *Stella Reiter-Theil*

Inhalt

II Anwendungsbezogene Beispiele aus verschiedenen Bereichen der Medizin

9 Begegnungen mit Sterben und Tod

(*Paul-Werner Schreiner, Klaus Gahl*)

10 Transplantationsmedizin

(*Bettina Schöne-Seifert*)

11 Entscheidungsfindung

(*Franz Josef Illhardt*)

12 Forschung am Menschen

(*Ulrich Tröhler, Bettina Schöne-Seifert*)

13 Mittelverteilung

(*Franz Josef Illhardt, Helmut Piechowiak*)

III Vermittlung von Ethik

14 Praktische Empfehlungen zum Lehren und Lernen

(*Winfried Kahlke*)

Mitarbeiterverzeichnis

Prof. Dr. med. Klaus Gahl
II. Medizinische Klinik
Städtisches Klinikum
Salzdahlumer Straße 90, D-38126 Braunschweig

Priv.-Doz. Dr. theol. Franz Josef Illhardt
Ethik in der Medizin am
Universitätsklinikum
Elsässer Str. 2m, D-79110 Freiburg

Prof. Dr. med. Winfried Kahlke
Didaktik der Medizin
Universitätskrankenhaus Eppendorf
Martinistraße 52, D-20246 Hamburg

Prof. Dr. phil. Günther Patzig
Philosophisches Seminar der Universität
Humboldtallee 19, D-37073 Göttingen

Dr. med. Helmut Piechowiak
Medizin. Dienst der Krankenversicherungen in Bayern
Margaretenstr. 16, D-93047 Regensburg

Dr. rer. soc. Stella Reiter-Theil, Dipl.-Psych.
Akademie für Ethik in der Medizin
Universität Göttingen
Humboldtallee 36, D-37073 Göttingen

Dr. med. Bettina Schöne-Seifert, MA (USA)
Philosophisches Seminar der Universität
Humboldtallee 19, D-37073 Göttingen

Paul-Werner Schreiner
Krankenpfleger
Mühlhäuserstr. 19, D-71384 Weinstadt

Prof. Dr. med. Ulrich Tröhler, Ph. D. (Univ. London)
Institut für Geschichte der Medizin
Stefan-Meier-Straße 26, D-79104 Freiburg/Br.

I Theoretische Grundlagen

1 Theoretische Grundlagen und Systematik der Ethik in der Medizin

Günther Patzig, Bettina Schöne-Seifert

Dem Arzt sind die Erhaltung und Wiederherstellung menschlicher Gesundheit sowie die Bewahrung menschlichen Lebens anvertraut. Diese Werte nehmen in der Präferenzordnung der meisten Menschen einen hohen, ja höchsten Rang ein. Damit hängt zusammen, daß die Berufstätigkeit den Arzt häufig in Situationen stellt, in denen er sich moralischen Konflikten gegenübersieht. Diese Konflikte sind im Kern nicht neu, jedoch durch die Möglichkeiten der modernen Medizin vermehrt und verschärft. Neu ist das große Interesse der Öffentlichkeit an ihrer ethischen Beleuchtung. Das läßt sich zum einen damit erklären, daß durch medizinisch-technische Fortschritte und durch unseren Wohlstand diese Konflikte (z. B. um vorgeburtliche Diagnostik, passive und aktive Sterbehilfe, Hirntoddefinition [„Erlanger Baby"]) eine in der Tat neue Schärfe und Dimension bekommen haben, zum anderen damit, daß, anders als früher, Ärzte und Patienten ihre beiderseitigen Wertmaßstäbe weder mit relativ großer Sicherheit teilen oder auch nur kennen. Dies wiederum liegt am bestehenden Wertepluralismus, an der Seltenheit eines „klassischen" (d. h. engen und langjährigen) Arzt-Patienten-Verhältnisses, an der Zunahme reduktionistischer Spezialisten-Behandlung und am anonym-großbürokratischen Charakter vieler Kliniken.

1.1 Die Funktion von Medizinethik*

Die kommunikationsfördernde Formulierung, die Überprüfung und Rechtfertigung von Handlungsanweisungen angesichts der moralischen Konflikte ist Aufgabe der **Medizinethik**. Diese ist insofern eine Variante der allgemeinen philosophischen Ethik, als sie deren Methoden und Ergebnisse auf den Handlungsbereich der Medizin anwendet.

Die Reaktion von Ärzten – also wesentlichen Adressaten – auf ein solches Unternehmen ist unterschiedlich. Die einen halten medizinische Ethik für überflüssig oder sogar schädlich, andere versprechen sich, im Gegenteil, ein geeignetes und konkretes Reglement für alle ihre moralischen Berufsprobleme. Beide Positionen sind in ihrer Zuspitzung nicht haltbar. Die erste muß behaupten, **ohne** ethische Reflexion fielen die relevanten Entscheidungen darüber, wie in der Medizin gehandelt werden soll, mindestens ebenso gut aus wie **mit** ihrer Hilfe. Sie kann sogar die Definierbarkeit des „moralisch Richtigen" schlechthin leugnen. Die Rechtfertigung solcher Behauptungen aber gehört ihrer Natur nach bereits zur Ethik. Andererseits überschätzt die zweite Position

* Terminologische Vorbemerkung:
Wir ziehen den Begriff „Medizinethik" gegenüber Bezeichnungen wie „Ethik in der Medizin" oder „(bio)medizinische Ethik" vor, zumal er sich zunehmend durchzusetzen scheint. Der allgemeine Sprachgebrauch macht ferner zwischen „Moral" und „Ethik" keinen Unterschied. In der wissenschaftlichen Diskussion jedoch hat sich eine terminologische Festlegung weitgehend durchgesetzt, nach der „Moral" den Bereich der sittlichen Phänomene, „Ethik" hingegen die philosophische Reflexion auf Moral bezeichnet. Diese zweckmäßige Differenzierung ist im folgenden Text berücksichtigt.

die Leistungsfähigkeit der ethischen Regeln, Prinzipien und Theorien, die nämlich nicht eindeutig und systematisch genug sind, nicht unwidersprochen und konkret genug, um auch nur annähernd jeden Einzelfall zu erfassen.

Es gilt aber, daß eine detaillierte und sachgerechte moralische Reflexion wichtige, ja notwendige Entscheidungshilfen liefern kann. Daher sind eine die ärztliche Ausbildung und Tätigkeit begleitende Sensibilisierung für die moralische Dimension ärztlichen Handelns und eine Einübung in den Umgang mit dem Argumentationspotential ethischer Theorien sehr wünschenswert.

1.2 Zum Verhältnis von Recht und Moral in der Medizin

Natürlich unterliegt das Verhalten von Medizinern und Angehörigen anderer Heilberufe auch vielfachen rechtlichen Regelungen, die vom Standesrecht bis zum Strafrecht reichen. So gibt es gerade für Situationen, die in moralischer Hinsicht problematisch sind, vielfach bereits rechtliche Vorschriften; und immer wieder scheint man zu hoffen, daß auch komplexere moralische Probleme durch eindeutige Gesetzesregeln rasch beseitigt werden könnten.

Demgegenüber muß berücksichtigt werden, daß – wie überall, so auch in der Medizin – Recht und Moral einander keineswegs genau entsprechen. Erstens erfaßt das Medizinrecht auch Sachverhalte ohne eigene moralische Bedeutung (z. B. Ausbildungs- und Organisationsfragen). Zweitens sind viele moralisch bedeutsame Verhaltensaspekte rechtlicher Beurteilung und Steuerung gar nicht oder nur unter moralisch nicht akzeptablen Bedingungen zugänglich. Man denke an Geduld und Einfühlsamkeit, die der Arzt im Umgang mit schwerkranken Patienten zeigen sollte, Loyalität gegenüber Kollegen u. ä. Vor allem können, drittens, rechtliche und moralische Beurteilung ein und desselben Sachverhaltes miteinander in Konflikt geraten. Das kann zum einen daran liegen, daß die notwendigerweise schematische und pauschale Rechtsregel den moralisch relevanten Feinheiten des Einzelfalles nicht gerecht wird. Hier kann man z. B. an die Reproduktionsmedizin, das Embryonenschutzgesetz oder das Ausmaß der Verpflichtung zur Aufklärung des Patienten denken. Zum anderen mögen die von einer Rechtsvorschrift Betroffenen deren Intention aus moralischen Gründen ablehnen. Obwohl auch in solchen Fällen eine moralische Verpflichtung zum Rechtsgehorsam bestehen bleibt, ist man unbeschadet dessen berechtigt, ja verpflichtet, die moralische Qualität der umstrittenen Rechtsnormen zu überprüfen und zu diskutieren; solche Fälle sind die gesetzlichen Regelungen des Schwangerschaftsabbruchs oder zur aktiven und passiven Sterbehilfe.

In Extremfällen kann sich der einzelne sogar aus moralischen Gründen zum Rechtsbruch verpflichtet sehen, sollte dann allerdings auch bereit sein, die entstehenden Rechtsfolgen zu tragen. Angesichts solcher Konfliktmöglichkeiten leuchtet es ein, daß es eine wichtige Aufgabe der Medizinethik sein muß, bestehende oder erwogene Rechtsvorschriften unter moralischen Gesichtspunkten zu überprüfen.

1.3 Ethische Prinzipien, Regeln und Abwägungsentscheidungen

Die Normen, also Vorschriften, mit denen nach den verschiedenen ethischen Theorien eine moralische Einzelentscheidung gerechtfertigt werden soll, können verschiedenen Kategorien angehören: Allgemein wird unterschieden zwischen den konkreteren **„Regeln“** (z. B.: „Urteilsfähige Patienten sollen aufgeklärt werden“) und den allgemeineren **„Prinzipien“** (z. B.: „Jedermanns Selbstbestimmung soll respektiert werden“). Durch Rückgang auf Prinzipien sollen Regeln begründet werden. Der Unterschied zwischen beiden Kategorien ist jedoch unscharf, nur graduell, der Sprachgebrauch daher uneinheitlich.

Beide Arten von Normen jedenfalls bestimmen für Situationen, die unter moralischen Aspekten vergleichbar sind, die „Pflichten“ des Handelnden und korrespondierend die

„Rechte" der von dessen Handlung Betroffenen.

Ethische **Theorien** sind dann Systematisierungsversuche solcher Prinzipien und Regeln. Sie alle haben spezielle Schwächen, werfen unterschiedliche Probleme auf. Zwar würden sie alle – für den Bereich der Medizin – zu dem Ergebnis führen, daß ein Patient das „Recht" habe auf:

- Lebenserhaltung,
- Selbstbestimmung,
- Hilfeleistung,
- körperliche Unversehrtheit,
- Respekt vor seiner Person,
- Wahrhaftigkeit,
- Verschwiegenheit.

Die verschiedenen ethischen Theorien unterscheiden sich hier jedoch in **terminologischer Hinsicht** (die Redeweise von „Rechten" stammt dabei aus der deontologisch-naturrechtlichen Argumentation). Sie unterscheiden sich auch in ihrer **Klassifizierung** (was ist Prinzip, was Regel?), ihren **Begründungsverfahren** (welche Regel nach welchem Prinzip?) und ihrer **Gewichtung** (welche Norm hat Vorrang im Kollisionsfall?). Auch die **Interpretation der Regeln** (was implizieren sie für den konkreten Fall?) kann sowohl zwischen den Theorien als auch innerhalb eines Theorieansatzes kontrovers sein.

Ein Kollisionsfall zwischen zwei oder mehreren Normen, die für sich genommen – d. h. „prima facie"' – zu befolgen wären, ist aber gerade erst charakteristisch für moralische Probleme. Man denke nur an solch klassische Probleme wie das der Selbstmordverhütung (Konflikt zwischen Respekt vor Selbstbestimmung und Pflicht zur Lebenserhaltung), ähnlich bei der Sterbehilfe und der wohltätigen Lüge. Die Übereinstimmung der verschiedenen Lehren auf der Ebene mittlerer Normen, wie etwa des oben angeführten „Rechte"-Katalogs, ist daher nur vordergründig befriedigend und hilfreich.

1.4 Begründungsstrategien verschiedener ethischer Theorien

Alle ethischen Theorien, die für eine allgemeine Medizinethik überhaupt in Frage zu kommen scheinen, machen drei gemeinsame Voraussetzungen:

1. Sie fordern die Verallgemeinerbarkeit von Normen;
2. sie lehnen den ethischen Egoismus ab;
3. sie postulieren, daß man mit rationaler Analyse und Begründung wenigstens ein gutes Stück bei der Lösung moralischer Konflikte vorankomme und nur diese zur Basis von allgemeinverbindlichen Normen machen dürfe.

Die Forderung nach **Universalisierbarkeit (1.)** ist Kern-Prinzip der Ethik **Kants**, die noch heute, nicht nur in Deutschland, großen Einfluß ausübt: Kann ich nicht widerspruchsfrei wollen, daß jeder in meiner Situation nach der Norm handelt, nach der mich zu richten ich vorhabe, ist meine Handlungsweise moralisch nicht korrekt. Daß moralisch richtige Verhaltensanweisungen universalisierbar sein sollten, wird heute allgemein akzeptiert. Kritik aber findet zu Recht Kants These, daß Verallgemeinerbarkeit („der Kategorische Imperativ") schon ein **hinreichendes Merkmal** moralischer Korrektheit sei. Die verwandte und viel ältere „Goldene Regel" („Was Du nicht willst, das man Dir tu, das füg' auch keinem andern zu" – vgl. auch N.T. *Matthäus* Kap. 7, Vers 12) unterscheidet sich im übrigen vom Kategorischen Imperativ in relevanter Weise: sie bezieht sich nämlich auf die einzelne Handlung statt auf die handlungsleitende Norm und läßt so die Verallgemeinerung auch ganz subjektiver und auf die konkrete Situation bezogener Bewertungen zu.

Die Verfolgung eigener Interessen (2.) ist nicht als solche schon dem Universalisierungsgebot entgegengesetzt. Es gibt sogar viele Ethiker, die eine Begründung moralischer Normen allein auf das langfristige Eigeninteresse des Handelnden zurückführen wollen. Unsere Intuition, daß moralische Normen von uns die Vernachlässigung eigener Interessen verlangen, könnte dadurch gewahrt bleiben, daß wir die Erfüllung solcher Normen als „recht verstandene“ oder „wahre“ Interessen in unseren Interessenbereich einbeziehen. Jedoch würde dadurch das Begründungsproblem nur auf eine andere Ebene verlagert und vermutlich noch komplizierter.

Mit der **Rationalitätsforderung** (3.) (also mit der Forderung nach allgemein einleuchtender Begründung) werden, trotz der Unschärfe des Vernunftbegriffs, einschneidende Limitierungen vorgenommen: Erstens gelten die **apodiktische** Berufung auf Intuitionen, das eigene ärztliche Gewissen oder tradierte moralische Auffassungen des Ärztestandes (Ethos) nicht als eine überzeugende moralische Rechtfertigung. Zweitens wird damit eine der Grundfragen der Ethik (seit Platon) entschieden, nämlich das Problem, ob moralische Normen in sich selber ruhen oder sich auf außermoralische, z. B. religiöse, Sanktionen, etwa durch einen göttlichen Gesetzgeber, stützen müssen. Diese alte, aber auch heute noch wichtige Frage nach der „Autonomie“ oder „Heteronomie“ der Moral wird in einer säkularen Ethik zugunsten der Autonomie beantwortet. Da man übereinstimmende Glaubensüberzeugungen bei den Adressaten moralischer Überlegungen nicht voraussetzen kann, erscheint es überdies auch zweckmäßiger, die Fragen der ärztlichen Ethik auf den Bereich zu beschränken, in dem rationale Argumente eine Rolle spielen können.

Im übrigen würde man selbst dann, wenn man akzeptiert, daß es durch göttliche Sanktion gestützte moralische Normen gibt, noch eine davon unabhängige moralische Norm benötigen, die uns einleuchtend dazu verpflichten könnte, diesen religiös begründeten Normen zu folgen.

Unter den autonomen Begründungsansätzen der Ethik kann man wiederum zwei Hauptformen unterscheiden: deontologische und teleologische Theorien. **Deontologische Theorien** (von griechisch to deon = „das Gesollte“) beurteilen eine Handlung im Hinblick auf ihren moralischen Charakter allein danach, ob sie einem anerkannten moralischen Prinzip folgt, gleichgültig, welche Auswirkungen z. B. auf menschliches Glück eine solche Handlung hätte. **Teleologische Theorien** (von griechisch to telos = „Zweck, Ziel“) messen die moralische Qualität von Handlungen allein daran, ob sie geeignet sind, ein vorausgesetztes außermoralisches Ziel, z. B. menschliches Wohlergehen oder die Erhaltung des ökologischen Gleichgewichts auf Erden, zu fördern. Herausragendes Beispiel einer deontologischen Ethik ist die Lehre Kants; wichtigstes Beispiel einer teleologischen Ethik ist der Utilitarismus. So könnte nach deontologischer Auffassung ein Arzt in jedem Fall verpflichtet sein, einen Patienten auch bei ungünstigster Prognose schonungslos aufzuklären, während ein Teleologe die resultierende psychische Belastung des Patienten in seine moralische Abwägung mit einbeziehen würde.

In systematischer Hinsicht bemerkenswert (und häufig verkannt) ist die Tatsache, daß Deontologie und Teleologie am Ende auf verschiedenen Ebenen vor identischen („Letzt“-)**Begründungsproblemen** stehen: Erstere muß ihren Prinzipien-Katalog, letztere ihr allesbegründendes Zweck-Prinzip mit der Berufung auf eine der folgenden „Instanzen“ begründen:

- die praktische Vernunft,
- Vorgaben durch die biologische und soziale Natur des Menschen,
- fiktive oder auf die Frühzeit der Zivilisation datierte Verträge,
- Tradition,
- Intuition.

Und Entsprechendes gilt auch für autonome gegenüber heteronomen Ethiken. Autonome Ethiken bleiben in ihrer Rechtfertigung bei einer der genannten „Instanzen“ stehen, heteronome berufen sich an deren Stelle, (oder auch zusätzlich) auf eine göttliche Offenbarung.

Da eine „moralische Letztbegründung“ nach aller Erfahrung nicht allgemeinverbindlich gegeben werden kann, ist ein Wechselspiel zwischen rationaler Begründung und intuitiver Erfahrung im Sinne eines **„reflektiven Gleichgewichts“** (*Rawls*) das wohl aussichtsreichste Verfahren: Die theoretisch entwickelten Prinzipien und ihre Abwägungsregeln werden danach beurteilt, ob die Regeln und Einzelentscheidungen, die aus ihnen folgen, unseren moralischen „Intuitionen" entsprechen. Aber solche moralischen Intuitionen, z. B. die Intuition, daß unsere moralischen Verpflichtungen nur gegenüber jetzt lebenden Menschen bestehen und mit wachsender persönlicher und geographischer Distanz schwächer werden, müssen auch ihrerseits daran überprüft werden, ob sie sich mit einleuchtenden Regeln und Prinzipien zur Deckung bringen lassen. So wird es in letzter Instanz immer auf die verantwortliche Entscheidung im konkreten Einzelfall ankommen, die dem einzelnen Arzt nicht durch ein lückenloses ethisches System abgenommen werden kann.

1.5 Deontologische Theorien

Die herausragende Leistung, die Kant in seiner Ethik mit der Formulierung des Kategorischen Imperativs gelungen ist, darf nicht darüber hinwegtäuschen, daß die Begründung **inhaltlicher** Prinzipien, an deren Befolgung um ihrer selbst willen die moralische Bewertung von Handlungen allein hängen soll, damit noch keineswegs geleistet worden ist (s. o.). Die an Kant weithin kritisierte und mit unseren Intuitionen im Widerstreit liegende Vernachlässigung der voraussichtlichen Auswirkungen von Handlungen gegenüber ihrer moralischen Rechtmäßigkeit (Rigorismus) wird von anderen Deontologen expliziter als von Kant durch die Einführung eines Wohltätigkeitsprinzips aufgefangen etwa in dem Sinne, daß zu einer moralischen Verpflichtung in einer gegebenen Situation auch die Abwägung der Auswirkungen verschiedener Handlungsweisen auf das Wohl der betroffenen Menschen besteht, so daß z. B. eine lebensrettende Lüge nicht nur erlaubt, sondern sogar geboten sein kann. Nicht nur auf Kant beschränkt bleibt die Tatsache, daß die deontologische Theorie als solche keine festen Regeln für Konflikte zwischen verschiedenen moralischen Forderungen (wie Wahrheitsgebot gegenüber Verpflichtung zur Hilfe) entwickelt hat (die zumindest von Kant, bei seinen Grundsätzen, nicht entwickelt werden **konnten,** da der Kategorische Imperativ in jedem Einzelfall unbedingt, apodiktisch gebietet). Ein weiteres Problem besteht in der theoretischen Erklärung dafür, warum ein individuelles Interesse den Status eines prima facie unverletzlichen „Rechts" bekommen kann und warum es in anderen Fällen ein bloßes Interesse bleibt (siehe die Diskussion um ein Recht auf Arbeit).

1.6 Utilitarismus

Der Utilitarismus sieht das einzige Kriterium moralischer Richtigkeit darin, ob eine Handlung oder Handlungsweise das Wohl aller von ihren Wirkungen Betroffenen in optimaler Weise zu fördern verspricht. In seiner Anfangsphase (*Bentham, Mill*) war der Utilitarismus ein universeller Hedonismus: das zu maximierende Wohl wurde verstanden als Lust oder Glück, bzw. Abwesenheit von Schmerz und Unglück. Zu plausibleren Resultaten führt die inzwischen vorherrschende Auffassung, zur moralischen Beurteilung einer Handlung sei abzuwägen, in welchem Maß sie den Wünschen, Bedürfnissen und Interessen aller von ihr Betroffenen gerecht werde („Präferenz-Utilitarismus"). Plausibler, weil „Lust" oder „Glück" sich weder theoretisch noch praktisch als Einheitsmaße für die vielfältigen Güter oder Zustände eignen, die Menschen erstreben können.

Eine wesentliche Schwierigkeit bei der Anwendung utilitaristischer Theorie ist die Notwendigkeit der Gewichtung und Abwägung der verschiedenen **Interessen**. Auch unterschiedliche Auffassungen über die spezifische Natur solcher zu berücksichtigenden Interessen führen zu ganz erheblichen Divergenzen bei der Beurteilung konkreter Handlungen. So kann ein Embryo kein Interesse daran haben, geboren zu werden; aber das erwachsene menschliche Individuum, das evtl. aus diesem Embryo hervorgeht, hat ein rückwirkendes Interesse daran, nicht abgetrieben worden zu sein, ja auch daran, gezeugt worden zu sein. Von der Bedeutung, die man rückwirkenden tierischen, fetalen oder nicht an konkrete Personen gebundenen menschlichen Interessen einräumt, hängt entscheidend das moralische Urteil über Tierversuche, Abtreibung, Fragen der ökologischen Ethik und der Forschung an Embryonen ab.

Es ist umstritten, ob angesichts des bestehenden Wertepluralismus die Wünsche von Individuen durch Bezug auf ein generelles Maß überhaupt vergleichbar gemacht werden können. Auch ist es fraglich, ob bei einer solchen Abwägung alle faktisch gehegten Wünsche und Interessen oder nur diejenigen berücksichtigt werden sollen, die einer rationalen Überprüfung (z. B. hinsichtlich ihrer Kohärenz mit anderen Interessen oder ihrer Genese) standhalten können. Und überdies scheint die Abschätzung aller voraussichtlichen Auswirkungen einer Handlung menschliche Fähigkeiten zu überfordern. Diese Probleme teilt der Utilitarismus allerdings mit allen deontologischen Theorien, die eine Wohltätigkeitspflicht einschließen und also den Folgen einer Handlung jedenfalls eine gewisse moralische Bedeutung beimessen.

Ein gravierender Einwand speziell gegen den Utilitarismus aber wird von vielen in seiner Mißachtung individueller „Rechte" gesehen. Nach utilitaristischen Grundsätzen könnte auch massives Unrecht gegen eine Person oder wenige Menschen durch große Vorteile, die daraus für viele erwachsen würden, moralisch gerechtfertigt werden. Diese Einwände wurden, jedenfalls zum Teil, durch eine theoretische Neukonstruktion aufgefangen: den Übergang von **Handlungs-** zum **Regelutilitarismus**. Nicht nur die einzelne Handlung ist dann Gegenstand der utilitaristischen Bewertung, sondern die Regel, die für die Handlung bestimmend sein könnte: Ist eine Gesellschaft, die eine bestimmte Regel als allgemeinverbindlich akzeptiert, im Hinblick auf das Wohlergehen aller ihrer Mitglieder besser gestellt als eine Gesellschaft, die konkurrierenden Regeln folgen würde? Das Einführen von Regeln läßt sich dabei utilitaristisch begründen: Sie befriedigen das Bedürfnis des einzelnen nach Sicherheit und Vertrauen und ermöglichen ein höheres Maß an gesellschaftlicher Kooperation und Koordination. So kann durchaus ein System von Regeln, ein Katalog von „Rechten" innerhalb dieser Theorie gerechtfertigt werden. Auch Aspekte der Verteilungsgerechtigkeit können auf diese Weise berücksichtigt werden. Allerdings sind alle Regeln und „Rechte", die ein wirklicher Utilitarist einräumen kann, **empirisch** begründet. Sie sind nur so lange zu respektieren, wie ihre Abschaffung nicht zu einem größeren Maß an Allgemeinwohl führt. Für jedes der Rechte, deren prima-facie-Unverletzlichkeit unsere Intuition fordert, könnte daher theoretisch der Fall eintreten, daß seine Verletzung (vielleicht auch nur in Einzelfällen oder bei Minderheiten) als moralisch unbedenklich, ja als notwendig anzusehen wäre.

Jedenfalls aber wird heute allgemein anerkannt, daß moralische Normen in entschiedenem Sinne etwas mit recht verstandenem menschlichem Wohlergehen in Gegenwart und Zukunft zu tun haben. Es ist offensichtlich, daß auch unsere moralischen Intuitionen (der moralische „Common sense") weithin mit utilitaristischen Prinzipien übereinstimmen. Aber man sieht deutlich, wie eine ausgearbeitete und am „reflektiven Gleichgewicht" (s. o.) orientierte utilitaristische Theorie mit einer deontologischen konvergiert. Das zeigt sich besonders darin, daß beide die große praktische Bedeutung moralischer Regelsysteme und ihrer Auswirkungen auf das individuelle und soziale Leben anerkennen. Daher erfreuen sich zur Zeit Mischformen zwischen beiden unter den Ethikern eines lebhaften Interesses.

1.7 Ethische Kompetenz

Angesichts solcher theoretischer Schwierigkeiten liegt es nahe zu fragen, worin überhaupt so etwas wie eine praktisch-ethische Kompetenz bestehen könne, was überhaupt irgend jemanden oder irgend eine Kommission berechtigen oder befähigen könnte, moralische Urteile in nicht eigener Sache zu fällen, was Ethikunterricht mehr ausrichten könne, als das Bewußtsein der ungeheuren Komplexität moralischer Fragen zu erhöhen.

Aber wenn auch ein hohes Maß an Abwägungsschwierigkeiten nicht zu leugnen ist, so sind doch einige häufig gemachte Fehler durch Training in und längerfristige Beschäftigung mit praktischer Ethik zu vermeiden: das apodiktische Sich-Berufen auf Autoritäten oder die bloße Tradition, das Begehen eines Sein-Sollens-Fehlschlusses (also z. B. die Ableitung einer Verpflichtung zur Fortpflanzung aus der Tatsache, daß wir durch evolutionäre Selektion auf erfolgreiche Ausbreitung unserer Gene programmiert sind), das Verwechseln von moralischen mit faktischen Urteilen, das Übersehen logischer Inkonsistenzen und inhaltlicher Inkohärenzen. Der wohl schwerste und zugleich häufigste Fehler schließlich liegt in der Unterschätzung der Komplexität moralischer Probleme und der entsprechenden Vernachlässigung relevanter Faktoren.

Als pragmatischer Ausweg aus der theoretischen Uneinigkeit wird der Medizinethik in letzter Zeit das Verfahren der **Kasuistik,** der Einzelfall-Beurteilung, empfohlen. Selbstverständlich muß praktische Ethik dem Einzelfall gerecht werden, indem sie ihn in allen faktischen Details gründlich analysiert. Selbstverständlich müssen Regeln der Fall-Vielfalt Rechnung tragen. Ebenso kann die Beschäftigung mit hypothetischen oder wirklichen Problemfällen unser moralisches Bewußtsein schulen und unsere Intuitionen prüfen. Aber die Entwicklung moralisch relevanter Kriterien, die die Beurteilung des konkreten Einzelfalls von derjenigen ähnlicher Fälle abweichen läßt, ist jedenfalls theoretische Arbeit, die sich in der Formulierung entsprechender Regeln niederschlagen muß.

Wenn jedoch mit einem kasuistischen Vorgehen gemeint ist, daß man ohne Theorie, ohne ein abstrakt formuliertes und jedenfalls weitgehend begründetes Regelwerk auskomme, erscheint es geradezu als gefährlich. Denn es öffnet den ad-hoc-Intuitionen und momentanen Ansichten der Beurteilenden und ggf. Entscheidenden Tür und Tor und fördert Inkonsistenz und Undurchsichtigkeit bei der Lösung moralischer Konflikte. Im Extremfall unterminiert es das Universalisierungs-Gebot.

Eine andere Folge des bei uns bestehenden moralischen Pluralismus ist der Versuch, inhaltliche Normen durch **Verfahrensvorschriften** zu ersetzen, die das diskursive Zustandekommen moralischer Urteile regeln sollen. Das Spektrum reicht hier von einigen Formen der „Diskurs-Ethik“ (einer Theorie, nach der als moralisch richtig – per definitionem – die Handlung oder Regel gilt, auf die sich die Teilnehmer einer „herrschaftsfreien“ Diskussion schließlich einigen werden) bis zur praktischen Arbeit von Ethikkommissionen. Diese sind in Deutschland vor allem mit der moralischen Beurteilung und Beratung in Bezug auf konkrete Menschenversuchs-Projekte befaßt. In den USA dagegen werden inzwischen auch verschiedenste „Klinik-Ethikkommissionen“ zur Beurteilung konkreter Problemfälle (z. B. in der pädiatrischen Intensivmedizin) eingesetzt.

In einer solchen Entwicklung, wie sie von verschiedenen Seiten auch für Deutschland prognostiziert wird, könnte ein großes praktisches Hilfspotential stecken. Allerdings darf man nicht verkennen, daß die an sich einleuchtende Ersetzung zweifelhafter Letztbegründungen durch Verfahrensregeln sogar bei vollem Konsens die Gefahr mit sich bringt, solche Verfahren bereits für die Garantie inhaltlicher Richtigkeit der auf diesem Wege gewonnenen Ergebnisse zu halten.

Ein anderes Problem besteht darin, daß durch die Einrichtung von entscheidungsbefugten Kommissionen eine Diskussion in Expertenkreise verlagert werden könnte, die eher in der interessierten Öffentlichkeit geführt werden sollte. Daran ändert auch die in den USA propagierte und übliche Einbeziehung einzelner Laien, so nützlich sie ist, in die Kommissionsarbeit nur wenig.

1.8 Theorie und Praxis

Man könnte nun einwenden, die skizzierte Art der Reflexion und Begründung des eigenen Handelns sei zwar für jeden Arzt interessant und wünschenswert, aber in der täglichen Praxis von eher geringer Bedeutung. Denn der moralische Entscheidungsspielraum sei, legales Verhalten vorausgesetzt, doch so klein, daß eine Belastung der ohnehin überlasteten Ärzte mit ethischer Theorie ihren Patienten am Ende gar nicht zugute komme. Sinnvoller sei hier eine stärkere und didaktisch gute Vermittlung der ärztlichen Rechts- und Sittenlehre, der traditionellen „ärztlichen Deontologie"*, soweit sie bestehe. Deren Rechtfertigung und kritisches Überprüfen aber möge der Öffentlichkeit und den daran spezifisch interessierten Ärzten, Philosophen, Theologen und Politikern vorbehalten bleiben.

Der einzelne Arzt ist in seiner einzelnen moralischen Entscheidung vielfach gebunden; geht es einem Ethikunterricht also um Ungehorsam gegenüber diesen bestehenden Vorschriften oder um deren fallweise Reform „von unten"? Jedenfalls nicht in erster Linie. Aber es scheint uns wichtig, daß die von solchen Vorschriften so hautnah Betroffenen deren Komplexität, Relativität und Problematik überblicken, was voraussetzt, daß sie verschiedene theoretische Standpunkte und deren Begründungsversuche kennenlernen. Reformen, wo immer nötig, sind in diesen Fragen kein Eintagsgeschäft, sondern die Frucht langwieriger kollektiver Prozesse.

Es kommt etwas noch Entscheidenderes hinzu: Die „klassischen" und übergreifend zu regelnden Fragen der Medizinethik – Abtreibung, Aufklärung, Verteilungsgerechtigkeit oder Sterbehilfe – lassen zu Unrecht vergessen, daß das Arzt-Patienten-Verhältnis schon als solches eine unabweisbar moralische Dimension hat. Ob es um Grippebeschwerden oder um ein Abtreibungsgesuch geht; ob Arzt und Patient die relevanten soziokulturellen und moralischen Werte teilen oder den jeweils anderen Standpunkt vehement ablehnen; ob es um eine „offene" moralische Entscheidung zwischen beiden geht oder um eine von außen determinierte, die aber hier realisiert werden muß: Immer sind dabei auch der Umgangsstil des Arztes, seine Sympathie, seine Offenheit und seine Zuwendungsfähigkeit wichtig. Ihr besonderes Gewicht erhalten sie durch die Bedeutung, die ärztliches Tun für menschliches Leben haben kann und durch die unvermeidliche Asymmetrie des Arzt-Patienten-Verhältnisses. Gerade die durch Leidensdruck, fachliche Unkenntnis oder Lebensangst bedingte Abhängigkeit seiner Patienten muß ein Arzt immer bedenken und durch Humanität zu kompensieren suchen.

So sind ein Mangel an Sensibilität, Arroganz, Gesprächsunfähigkeit oder menschliches Desinteresse gerade bei Ärzten – anders als in vielen anderen Berufsgruppen – nicht nur menschlich bedauerlich, sondern ernsthafte Defizite bei allen, die Patienten zu versorgen haben. Nicht heroische körperliche Aufopferung in 36-Stunden-Diensten und Verzicht auf ein Privatleben sollte man (jedenfalls in einem Land mit „Ärzteschwemme" und Tarifpolitik) von Ärzten verlangen, wohl aber Sympathie und Offenheit gegenüber ihren Patienten.

Diese geforderte Haltung läßt sich nicht auf ihre mögliche therapeutische Funktion reduzieren, sie ist ein darüber hinausgehendes moralisches Gebot – jenes obengenannte nämlich der Verallgemeinerung und Unparteilichkeit. Den Patienten als einen moralisch Gleichberechtigten zu betrachten und zu behandeln; seinen Interessen, Ängsten, Wünschen dasselbe Gewicht zuzubilligen wie den betroffenen eigenen; in seinem Interesse mögliche eigene Rollenkonflikte zu reflektieren; sich die Relativität vieler Standpunkte klarzumachen und nicht zu moralisieren: damit beginnt praktizierte Medizinethik.

* Dieser Begriff (= Pflichtenlehre) hat nichts mit der o. g. Unterscheidung zwischen teleologischen und „deontologischen" Ethik**theorien** zu tun.

1.9 Literaturempfehlungen

Ach, J. S., Gaidt, A. (Hrsg.) (1993): Herausforderungen der Bioethik, Frommann-Verlag, Stuttgart

Beauchamp, T. L., Childress, J. F. [4](1994): Principles of Biomedical Ethics. Oxford University Press, New York, Oxford
Nach unserer Ansicht die wohl beste Einführung (auch für Nichtphilosophen) in Anwendungsprobleme, -versuche und -möglichkeiten von ethischer Theorie auf praktische moralische Probleme in der Medizin.

Engelhardt, H. T. (1986): The Foundations of Bioethics. Oxford University Press, Oxford
Interessanter und provokativer Versuch einer

radikal-liberal begründeten systematischen Theorie der Medizinethik.
Frankena, W. K. (1986): Analytische Ethik. dtv, München
Gute Einführung in die ethische Systematik.
Hoerster, N. (1971): Utilitarismus und Verallgemeinerung. K. Alber Verlag, München, Freiburg
Gute Einführung in die neuere Utilitarismusdiskussion.
Höffe, O. (1981): Sittlich-politische Diskurse. Suhrkamp Verlag, Frankfurt a. M.
Plädoyer für eine praktische Ethik. Versuch einer Systematik aus deontologischer Sicht. Kritische Erörterung der wesentlichen medizinethischen Probleme (Stand der frühen 80er Jahre); gute Literaturhinweise.
Höffe, O. (1980^2): Lexikon der Ethik. C. H. Becksche Verlagsbuchhandlung, München
Knappe Erläuterung ethischer Grundbegriffe mit weiterführenden Literaturangaben.
Mackie, J. L. (1981): Ethik. Auf der Suche nach dem Richtigen und dem Falschen. Reclam, Stuttgart
Versuch einer Ethik ohne Rückgriff auf absolute Werte.
Patzig, G. (1983^2): Ethik ohne Metaphysik. Vandenhoeck & Ruprecht, Göttingen
Versuch, moralische Objektivität vom Rückgriff auf „höhere Wahrheiten" unabhängig zu machen.
Rawls, J. (1975): Eine Theorie der Gerechtigkeit. Suhrkamp, Frankfurt a. M.
Vieldiskutierter Versuch einer vertragstheoretischen ethischen Theorie, deren Anwendung auf medizinethische Probleme von verschiedenen Autoren erprobt wird.
Sass, H. M. (Hrsg.) (1989): Medizin und Ethik. Reclam, Stuttgart
Vor allem die Einleitung und die ersten vier Beiträge (von je zwei amerikanischen und deutschen Verfassern) beleuchten medizinethische Theorie unter gesellschaftlichen, professionellen, strukturellen und normenbegründenden Aspekten.
Spicker, S. F., Engelhardt, H. T. (Hrsg.) (1977): Philosophical Medical Ethics: Its Nature and Significance. Kluwer Academic Publishers, Dordrecht
Enthält interessante Aufsätze etwa zur Frage der praktischen Relevanz ethischer Theorie oder der Legitimation ethischer Expertise.

2 Moral lernen - Ethik lehren
Moralpsychologische Voraussetzungen der Reflexion ethischer Fragen

Stella Reiter-Theil

Fragen

- Welche Motive, Gründe nehmen wir als Ursprung moralischen Handelns an?
- Welche Vorstellungen von der Entwicklung moralischer und ethischer Kompetenzen lassen sich in der medizinethischen Diskussion identifizieren?
- Auf welchen expliziten oder impliziten Konzepten - Menschenbildern - beruhen die Arten, in denen moralische oder ethische Kompetenz in der Ausbildung der Heilberufe vermittelt wird?
- In welchen Formen und auf welchen Wegen kommt es zur Weitergabe von Moral und Ethik in der medizinischen und heilberuflichen Ausbildung?

2.1 Einleitung

In den letzten zwei Jahrzehnten verzeichnen wir einen sprunghaften Anstieg der Forschungsaktivitäten auf dem Gebiet der Moralpsychologie. Eine wesentliche Weichenstellung erfolgte bereits mit *Jean Piagets* Werk „Das moralische Urteil beim Kinde" (1947), in dem die moralische Entwicklung wesentlich als eine Überwindung der heteronomen - durch externe Faktoren bestimmten - frühen Form der Moralität in Richtung auf eine zunehmend autonome - selbstbestimmte - reife Form charakterisiert wurde. Aus dieser bis heute einflußreichen und wissenschaftlich fruchtbaren Wurzel entwickelte sich die moderne Moralpsychologie.

Ihr derzeit wohl einflußreichster Vertreter, der 1987 verstorbene *Lawrence Kohlberg*, schuf mit seiner **Theorie der moralischen Entwicklung** die Grundlage für zahlreiche „Forschungsverzweigungen" sowie zunehmende Bemühungen um die **Anwendung** der Erkenntnisse auf die Schulpädagogik, auf die Hochschulausbildung unterschiedlicher Fachrichtungen sowie auf die Weiterbildung verschiedener Berufe (*Oser* et al. 1986). Neben dieser im eigentlichen Sinne moralpsychologischen „Theorienfamilie" samt ihren Anwendungen existieren **weitere Ansätze** zur Erklärung und Beeinflussung moralischen Denkens und Verhaltens, die aus Paradigmen der Psychologie stammen. Behavioristische, tiefenpsychologische, humanistisch-psychologische sowie andere Hypothesen und Modelle heben gegenüber der *Piaget-Kohlberg*-Linie teils divergierende, teils konvergierende Aspekte der Moral hervor (*Lickona* 1976). Auch wenn die Vielfalt der Konzepte zunächst verwirrend sein mag und dadurch auch die praktische Umsetzung erschwert, ist es m. E. doch an der Zeit, darauf aufmerksam zu werden, daß in der Moralpsychologie wertvolle Anregungen für die Ethik in der Medizin zu finden sind. Die folgende Darstellung soll und kann keine vollständige Übersicht der psychologischen Theorien des moralischen Urteilens und Handelns oder der ontogenetischen Entwicklung der Moralität liefern. Ziel ist vielmehr, jene, die sich um eine Erweiterung ihrer moralischen und ethischen Kompetenzen bemühen, auf diese Forschungsbereiche aufmerksam zu machen und zur eigenen Auswertung und Erprobung vorliegender Konzepte anzuregen.

2.2 Moralpsychologische Theorien und Konzepte

Ausgehend von Fallstudien, Beobachtungen und Experimenten werden in moralpsychologischen Theorien Aussagen über das moralische Lernen und die moralische Entwicklung formuliert. Je nach theoretischem Hintergrund resultiert dabei eine Selektion von interessierenden Phänomenbereichen, z. B. Verhalten, Denken, Urteilen oder Handeln. Der Einschränkung des jeweiligen Phänomenbereiches entspricht dabei auch eine Einschränkung des Geltungsbereichs der Theorie, was insbesondere für die praktische Anwendung zu berücksichtigen ist. Für den Unterricht bedeutet dies: Konzepte und Methoden, die sich auf die Entwicklung speziell des moralischen **Urteilsvermögens** beziehen, lassen sich nicht unmittelbar dafür verwenden, konkretes moralisches **Handeln** direkt zu verändern oder umgekehrt.

So wird beispielsweise aus **behavioristischer Sicht** eine Gleichsetzung zwischen Moralität und sozialer Konditionierung postuliert. Das Gewissen erscheint als „konditionierter Reflex", als eine wesentlich auf Angst basierende Vermeidung solcher Handlungen, die durch die Gesellschaft bestraft worden sind (*Eysenck* 1976). Eine andere ähnliche Definition setzt moralische Werte mit jenen Handlungsbewertungen gleich, die von den Mitgliedern einer bestimmten Gesellschaft für „richtig" gehalten werden: Moralität als **soziale Anpassung**. Daß die Identifikation von Moralität mit Konformität indessen unzutreffend sein muß, läßt sich am Beispiel der systemkonformen Diskriminierung oder Gewaltanwendung, etwa gegenüber Minderheiten, nachweisen. Diskriminierung oder Gewaltanwendung von Personen oder Gruppen können wir, aus der Menschenrechtsperspektive heraus gesehen, moralisch keinesfalls als gerechtfertigt anerkennen, obwohl diese Praxis in manchem gesellschaftlichen Kontext völlig „konform" wäre. Konformität heißt also nicht Moralität. Weder behavioristische Konzepte von Moralität als Konditionierung über Belohnung oder Strafe allein, noch deren Verschmelzung mit der Theorie sozialen Lernens - Moralität als soziale Anpassung - können also das Wesentliche der Moral, nämlich die Möglichkeit, aus selbständiger Einsicht auch gegen äußere Einflüsse das „Richtige" zu suchen und zu versuchen, erfassen. Integrationsversuche zwischen sozialer Lerntheorie und Erkenntnissen über die Komplexität der kognitiv-moralischen Entwicklung sind nicht in der Lage, das Phänomen der Moralität befriedigend zu klären.

Den verbleibenden Bereich der Unklarheit und des Relativismus, „was als ‚moralisch' gelten kann, hängt völlig vom Kontext ab", versucht der **Kognitive-Entwicklungs-Ansatz** der Moralität (*Kohlberg*) zu überwinden. *Kohlbergs* Interesse zielt darauf ab zu erforschen, wie sich die Begründungen normativer Urteile und die Orientierungen entwickeln, die diese Urteile leiten, wobei die Begründungen der Normen hauptsächlich anhand **moralischer Dilemmata**, also den Konflikten zwischen zwei moralischen Normen, untersucht werden. „Solche Dilemmata sind in allen Lebensbereichen zu finden, etwa in der Frage der Kriegsdienstverweigerung (Tötungsverbot versus Gebot, den Staat zu schützen), Aufdeckung oder Vertuschung einer Straftat einer nahestehenden Person, Gewährung oder Verweigerung von Sterbehilfe bei unerträglichen Schmerzen, Wahrung oder Bruch einer beruflichen Schweigepflicht angesichts einer Gefahr usw". (*Oerter* und *Montada* 1987).

In der auf Längsschnittstudien an Kindern, Jugendlichen und Erwachsenen basierenden Theorie *Kohlbergs* wird angenommen, daß sich die Moralität des einzelnen über notwendig aufeinanderfolgende, irreversible Ebenen und Stufen von der Kindheit an bis ins Erwachsenenleben hinein entwickelt. Während sich der Ansatz der kognitiven Entwicklung der Moralität bei *Kohlberg* sowohl theoretisch als auch methodisch auf das **moralische Urteilen** konzentriert und damit intellektuelle Aspekte in den Vordergrund stellt, finden sich in den kritischen Auseinandersetzungen und Weiterentwicklungen dieses Ansatzes wichtige Möglichkeiten, auch affektive, motivationale und handlungsbezogene Aspekte zu untersuchen (*Kohlberg* et al. 1983).

Die Stufen der moralischen Entwicklung nach Kohlberg

Ohne in der gebührenden Detailliertheit auf *Kohlbergs* Theorie der moralischen Entwicklung eingehen zu können, soll das empirisch fundierte und weitgehend kulturell invariante Muster der sechs Stufen und drei Ebenen der Moralentwicklung des Menschen kurz charakterisiert werden (*Reiter-Theil 1988*).

Auf der ersten Stufe der Moral orientiert sich der einzelne moralisch am Gehorsam, vermeidet Strafe und ist bemüht, niemandem physischen Schmerz zuzufügen. „Eine Hand wäscht die andere", könnte man das Prinzip der zweiten Stufe der **präkonventionellen Ebene** nennen. Hier wird es als moralisch richtig angesehen, sowohl den eigenen, als auch den Bedürfnissen des anderen zu nützen und dabei einen fairen Austausch zu erzielen.

Die beiden ersten Stufen der Moral liegen noch „vor" der Annahme der Konventionen einer zivilisierten Gesellschaft, daher die Bezeichnung als präkonventionelle Ebene.

In der sozialen Perspektive sieht sich hier der einzelne „den anderen" gegenüber. Charakteristischerweise findet sich diese Orientierung bei jüngeren Kindern bis ins erste Schulalter.

Auf der **konventionellen Ebene** mit den Stufen drei und vier der moralischen Entwicklung erweitert und differenziert sich die soziale Perspektive dahingehend, daß sich der einzelne als Mitglied einer konkreten Gruppe der Gesellschaft - mit den dazugehörigen Konventionen - sieht und sich moralisch an dieser orientiert. Die dritte Stufe repräsentiert das Prinzip, sich nach zwischenmenschlichen Erwartungen zu richten und Konformität anzustreben. Der einzelne versucht, „lieb und gut" zu sein, auf andere Menschen und ihre Gefühle Rücksicht zu nehmen, einem Partner gegenüber Treue und Vertrauen hochzuhalten. Die Anfänge dieser Orientierung sind bereits bei älteren Schulkindern und Jugendlichen zu erkennen und setzen sich bis ins Erwachsenenalter fort.

In der vierten Stufe der Moral findet *Kohlberg* die typische Orientierung des erwachsenen Bürgers zivilisierter Gesellschaften, mit der für die meisten Menschen die moralische Entwicklung abgeschlossen sei: eine Orientierung an der Aufrechterhaltung des sozialen Systems und seiner Aufgabe, dafür zu sorgen, daß der einzelne seine definierten Verpflichtungen dem System gegenüber erfüllt, das er um seiner selbst willen akzeptiert.

Stufe fünf und sechs der moralischen Entwicklung werden bei *Kohlberg* gemeinsam als **postkonventionelle Moralität** bezeichnet.

Auf der fünften Stufe der moralischen Entwicklung haben wir eine Orientierung am allgemeinen Wohlergehen und am Sozialvertrag aller Gesellschaftsmitglieder vor uns, wie sie auch im Utilitarismus vertreten wird. Die zentralen Prinzipien wie Gerechtigkeit, Freiheit und Gleichheit für alle Mitglieder des Sozialvertrags können einen weiteren Bereich moralischer Gültigkeit beanspruchen als einzelne konkrete Gesetze, die zu einer ganz bestimmten Gesellschaft gehören. Die Prinzipien der Stufe fünf stellen ja gerade eine Grundlage für die Schaffung von Gesetzen dar, während Stufe vier vor allem eine Moral der Befolgung von bereits bestehenden Gesetzen enthält.

Für die meisten Personen, die auf diesem Niveau argumentieren, gibt es jedoch noch immer einen weiten Bereich ethischer Relativität und damit auch der Unsicherheit: die außerhalb des Sozialvertrags liegende Sphäre, also all jene Fälle, die nicht durch Gesetze geregelt sind, sondern nach einer eigenen Entscheidung verlangen, können nicht mit moralischer Einsicht in gültige Grundsätze beurteilt und entschieden werden. Die Lösung sieht *Kohlberg* in zwei grundlegenden und selbständigen Moralprinzipien, die den Kern der sechsten und höchsten Stufe moralischer Entwicklung darstellen. Das erste Prinzip ist die Forderung Kants, daß man den anderen immer auch als einen „Zweck in sich selbst" und niemals nur als ein Mittel betrachten solle: Das bedeutet, die Unbedingtheit des Wertes der Person zu achten. Das zweite Prinzip enthält das Postulat, daß jedermann das Recht habe, seine Forderungen in jeder Situation einer gerechten Prüfung unterziehen zu lassen, also den Anspruch auf Gerechtigkeit für jeden.

2.3 Konsequenzen für die Vermittlung von moralischer Kompetenz

Jede moralpsychologische Theorie, jedes Lernkonzept und somit auch jeder Ansatz des Vermittelns und Lehrens von Moral und Ethik geht von anthropologischen Voraussetzungen aus, die praktische Konsequenzen haben. Während Vertreter der **behavioristischen Lerntheorie** in erster Linie die durchgängige Umweltabhängigkeit des moralischen Verhaltens betonen und damit zugleich die Veränderbarkeit und Steuerbarkeit desselben über Situationsvariablen, Verstärkung und Bestrafung hervorheben, wird nach **psychoanalytischer Orientierung** angenommen, daß für die Moralität die frühen Erfahrungen des Menschen in den ersten Lebensmonaten und -jahren zu nahen Bezugspersonen von herausragender und bestimmender Bedeutung sind, deren Wirkungen nie wieder ganz rückgängig gemacht werden könnten. Die damit verbundene Auffassung, daß die moralischen Möglichkeiten des Menschen bereits sehr früh festgelegt seien, führt - zusammen mit der psychoanalytischen Betonung der wichtigen Rolle der unbewußten Prozesse gegenüber bewußten - zu der Schlußfolgerung, daß moralische Entwicklung oder Veränderung mit zunehmendem Erwachsenenalter immer schwerer zu realisieren seien. Zwischen diesen beiden Positionen - der Annahme maximaler Beeinflußbarkeit durch situative Faktoren gegenüber der Annahme maximaler Festgelegtheit durch Kindheitserfahrungen - lassen sich die mehr oder weniger großen Erwartungen bezüglich der **moralischen Entwicklungsmöglichkeiten** ansiedeln.

Ebenso schwanken die Resultate oder „Erfolge“, die bei den Versuchen erzielt werden, Einzelpersonen oder Gruppen „moralisch“ zu unterrichten und somit zu größerer moralischer Kompetenz zu befähigen. Einer wachsenden Zahl von Projekten zufolge lassen sich mittels des gezielten Einsatzes moralpsychologischer Erkenntnisse aus der *Kohlberg*-Forschung Fähigkeiten des moralischen Urteilens und Argumentierens bei Studierenden oder in sozialen Berufen Tätigen verbessern. Weniger fortgeschritten sind allerdings bisher Ansätze zur Förderung der Umsetzung erweiterter moralischer Urteilskompetenz in praktisches Handeln sowie deren Evaluation.

Der Unterschiedlichkeit der einzelnen moralpsychologischen Theorien korrespondiert eine „**Konkurrenz der Lehrmethoden**“, die vom Lernen durch Verstärkung bzw. Bestrafung, dem bloßen **Einüben** des moralischen Verhaltens, über das **Lernen am Vorbild**, bis hin zum **Lernen durch autonome Einsicht und Erkenntnis** reichen. Es wäre m. E. nicht überzeugend, zum gegenwärtigen Zeitpunkt eine einseitige Festlegung auf nur einen moralpsychologischen Zugang oder auf nur eine einzige Methodik der Vermittlung von moralischer Kompetenz vorzunehmen. Obwohl wir bisher nicht über eine integrierte Theorie des Moral-Lernens verfügen und die unterschiedlichen Theorieansätze größtenteils noch unverbunden oder konkurrierend nebeneinander stehen, können wir eine umfassende theoretische Struktur doch zumindest vorausahnen. Diese notwendige Integration müßte sowohl die affektiven Faktoren der Moralität enthalten als auch die kognitiven Determinanten der moralischen Entwicklung auf der Basis der Intelligenzentwicklung und im gleichen Maße die situativen und sozialen Einflußgrößen aus dem weiteren Umfeld des Handelnden berücksichtigen. Vielversprechend erscheinen hier handlungstheoretische Konzepte, wie sie für die Entwicklung sozialer Kognitionen vorgelegt worden sind (*Eckensberger* und *Silbereisen* 1980). Für die Vermittlung von Moral und Ethik wird daher vorgeschlagen, einen dimensionalen Ansatz zugrunde zu legen, der drei Kategorien von Vermittlungszielen unterscheidet (Tab. 2.1).

Tab. 2.1 Dimensionen der Vermittlung von Moral und Ethik

Dimension	Vermittlungsziel
Kognition	Wissen
Affekt	Selbsterfahrung
Praxis	Fertigkeiten

2.4 Was hat die Entwicklung moralischer Kompetenz mit der Entwicklung ethischer Kompetenz zu tun und umgekehrt?

Bemühungen, eine Auseinandersetzung mit Fragen und Problemen der „Ethik in der Medizin" bereits bei Studierenden systematisch zu fördern, müssen vor allem auf die spätere Umsetzung der erworbenen Kompetenzen in die medizinische Praxis der künftigen Ärzte abzielen. Moral (und deren Vermittlung) als Teil der Praktischen Philosophie wäre ohne Bezug zum Handeln und ohne Bewährung angesichts konkreter Herausforderungen nicht sinnvoll, würde ihren Zweck verfehlen. Kompetenzen wie moralische Sensibilität, Urteils- und Kommunikationsfähigkeit wären wirkungslos, wenn sie auf das Fühlen, Denken oder Sprechen über Moral beschränkt blieben.

Umfassende **moralische Kompetenz** beweist sich erst im Handeln, in ihrer **Performanz**.

Welches Interesse besteht dann aber an einer darüber hinausgehenden **ethischen Kompetenz**, einer auf Rationalität und Intersubjektivität basierenden Begründungs- und Argumentationsfähigkeit und an ihrer Vermittlung in der medizinischen Ausbildung? Brauchen Ärzte, Therapeuten, Pflegekräfte theoretische Grundlagen zur Rechtfertigung moralischer Entscheidungen?

Wenn das **Tun** des einzlnen - hier des Arztes oder anderer heilberuflich Tätiger - das Ziel der Ausbildung auf dem Gebiet der Ethik in der Medizin sein soll, genügt es dann nicht, wenn Krankenschwestern, Ärzte, Hebammen, Psychotherapeuten oder Sozialarbeiter „gute Menschen" sein wollen, die sich stets bemühen, in ihrer Arbeit auch moralisch richtig zu handeln? In Konfliktsituationen, in der Zusammenarbeit und Auseinandersetzung mit Kollegen, in der Versorgung und Betreuung der Leidenden sind alle in der Medizin Tätigen häufig gefordert, vor anderen und auch vor sich selbst Entscheidungen und Handlungen sachlich und ethisch **begründen** zu können. Je schärfer die Konflikte, je komplexer die Probleme, um so differenzierter und präziser müssen auch die ethischen Argumente für die Handlungsalternativen sein. Neben der Fähigkeit, moralische Urteile in Handlungen umzusetzen (praktische moralische Kompetenz), bedarf es daher auch der Entwicklung ethischer Kompetenz. Daß wiederum diese vorwiegend intellektuellen Fähigkeiten jene - auf die Praxis gerichteten - moralischen nicht ersetzen können, leuchtet ein, da keiner von uns sich gern einem elaboriert ethisch argumentierenden Arzt anvertrauen möchte, wenn dieser nicht zugleich bereit und fähig wäre, Leiden mitzufühlen, kompetent und verantwortungsvoll zu denken und vor allem zu handeln.

Nur die Integration dieser in verschiedenen Dimensionen angesiedelten Fähigkeiten verdient den Namen, „gute" Medizin, Therapie oder Pflege zu sein.

2.5 Zur Gestaltung der Lehre

Innerhalb der Lehre der medizinischen Geisteswissenschaften („medical humanities"), zu denen also auch Veranstaltungen über philosophische und ethische Fragen der Medizin gehören, lassen sich nach einer Beschreibung der amerikanischen Situation (*Self* 1988) im wesentlichen zwei Hauptströmungen feststellen: 1. Kurse, die in der Tradition der klassischen Geisteswissenschaften über die Ausbildung des **rationalen Denkens und Argumentierens** die Studierenden zur ethischen (und moralischen) Entwicklung anregen sollen; 2. der **humanistisch-psychologisch orientierte Ansatz**, nach dem vor allem die Stressbewältigung der Studierenden, die zwischenmenschliche Kommunikation im Umgang mit Patienten und Kollegen oder auch psychohygienische Probleme wie z. B. das sog. Burnout-Syndrom behandelt werden. Dies geschehe vor allem mittels Förderung der Introspektionsfähigkeit, der Entwicklung des Selbst-Konzepts sowie affektiver Selbsterfahrung mit dem Ziel persönlichen Wachstums. Besondere Bedeutung komme hier - methodisch - extra-kurrikularen Gemeinschaftsaktivitäten der Kursteilnehmer zu. Im Gegensatz zu dem Zugang nach klassisch geisteswissenschaftlicher Tradition, so meint *Self*, liege hier eher ein **Wertsubjektivismus** zugrunde, nachdem vor allem die erlebte Authentizität von Werten für eine Person entscheidend sei, nicht aber der Wert als solcher, während der erste Ansatz charakteristischerweise von der Annahme bestimmter allgemeingültiger Grundwerte, einem **Wertobjektivismus**, ausgehe.

Diese Zuordnung von Lehrkonzepten und -programmen kann jedoch nicht als zwingend gelten. (Für eine weitere Auseinandersetzung mit der Frage des Wertobjektivismus bzw. -subjektivismus s. *Mackie* 1981). *Self* beschreibt die beiden korrespondierenden Ansätze in der **Vermittlung** der „medical humanities“ als „**kognitive**“ versus „**affektive“ Vorgehensweisen,** wobei die beiden Arten des Lernens bzw. Lehrens unverbunden nebeneinander existierten, in denen entsprechend unterschiedliche Ziele - kognitive gegenüber affektiven - angestrebt und erreicht werden sollen.

Eine solche kontrastierende Gegenüberstellung mag die Theorie und Praxis der Ausbildung zwar vielerorts treffend kennzeichnen. Für unsere Auseinandersetzung mit den Möglichkeiten der Lehre auf dem Gebiet der Ethik in der Medizin eignet sie sich m. E. vor allem als Provokation: Kann eine vorwiegend wissenschaftshistorisch begründete Differenzierung von Disziplinen und Lehrmethoden heute noch davon überzeugen, daß ausgerechnet die (moralische) Reflexion heilberuflicher Praxis nach kognitiven und affektiven Funktionen getrennt abzulaufen hätte? Erscheint doch nach dem zuvor Gesagten eine weit vielfältigere Palette von Lern- und Lehrmöglichkeiten, einschließlich der Kombination unterschiedlicher Methoden, als wünschenswert, die vorgenommene Dichotomisierung in rein kognitve gegenüber rein affektiven Vermittlungsmethoden aus moralpsychologischer Sicht jedoch als kritikwürdig. Diese Spaltung beruht auf einer nur analytisch aufrecht zu erhaltenden Trennung zweier psychischer Funktionen - Kognition versus Affekt -, die sich überall im praktischen Lebensvollzug, wo Komplexität nicht durch Kunstgriffe reduziert wird, selbst ad absurdum führt.

Aus einer solchen Spaltung heraus wird darüber hinaus versäumt, die moralische Motivation sowie das moralische Handeln selbst in die Lehre einzubeziehen.

Geistenswissenschaftliche Lehrveranstaltungen, hier wohl vor allem theologische oder philosophische, müssen nicht notwendigerweise auf ausschließlich kognitive Aspekte von Moral und Ethik beschränkt sein. Ebensowenig sind Selbsterfahrungs- oder Balintgruppen ausschließlich auf affektive Prozesse reduzierbar. Solches nicht inhaltlich definierte Lernen in und mit der Gruppe wird außerhalb seines professionell begründeten Einsatzes mitunter noch als fragwürdig betrachtet, also als „Lehrveranstaltung“ nicht unbedingt anerkannt. Gleichwohl kann diese Arbeitsform - bei entsprechendem Bezug zu Fragen der Moral und Ethik im Hinblick auf Handlungsbereiche der Teilnehmer - theoretische Neugier stimulieren auf eine weitergehende Fundierung der bei sich selbst sowie bei anderen entdeckten moralischen Überzeugungen und ethischen Argumentationslinien.

Die Trennung in rein kognitiv versus rein affektiv orientierte Lehrangebote ist demnach nicht nur unnotwendig und aus psychologischer Sicht unhaltbar. Sie könnte sich zudem nachteilig auswirken, wenn sie zur Verfestigung einengender Klischees von Lehrmethoden und -inhalten beitrüge, die bei Kollegen aus jeweils anderen Disziplinen wahrgenommen oder vermutet werden.

Folgende Vorschläge und Empfehlungen für die Lehre der Ethik in der Medizin und in den Heilberufen ergeben sich:

- Suche, Erprobung und Weiterentwicklung solcher Ansätze der Vermittlung, die auf möglichst ganzheitlichen und differenzierten moralpsychologischen Konzepten basieren;
- keine Verabsolutierung von Teilaspekten der Moralität; als Ausgangsbasis ein weder nach „unten“ (behavioristisch), noch ein nach „oben“ (kognitivistisch) reduzierendes Konzept der moralischen Möglichkeiten des Menschen avisieren;
- Orientierung an einer möglichst breiten theoretischen und empirischen Basis in bezug auf Moral und Ethik;

- Überprüfung von theoretischen und empirischen Entwürfen und Daten an der eigenen Erfahrung in relevanten Kontexten heilberuflicher Praxis und in der Lehre;
- vielfältige Umsetzungsversuche, einschließlich der gezielten Einbeziehung des Feedbacks von Teilnehmern als Quelle der Stimulation;
- Austausch zwischen Lehrenden unterschiedlicher fachlicher Herkunft, die mit ähnlichen oder verschiedenen Zielgruppen arbeiten.

In dem Maße, in dem es gelingt, die Lehre auf dem Gebiet der Ethik in der Medizin mit Erkenntnissen und Erfahrungen aus der moralpsychologischen Forschung, einschließlich deren Anwendungen, in Verbindung zu setzen, sind umgekehrt auch wertvolle Impulse für die moralpsychologische Grundlagenforschung zu erwarten. Die zusätzliche Anforderung, die Wirkungen unterschiedlicher Lehrangebote differenziert zu erfassen, verspricht eine Belebung der Methodenentwicklung, die wiederum eine Präzisierung der Fragestellungen einerseits sowie der Vermittlungsansätze andererseits anregen kann.

2.6 Literaturempfehlungen

Eckensberger, L. H., Silbereisen, R. K. (Hrsg.) (1980): Entwicklung sozialer Kognitionen: Modelle, Theorien, Methoden, Anwendung. Klett-Cotta, Stuttgart
Sammelband zur Weiterentwicklung des *Kohlberg*-Ansatzes.

Eysenck, H. J. (1976): The biology of morality. In: *Lickona, T.* (ed): Moral development and behavior. Theory, research, and social issues. Holt, Rinehart and Winston, New York, Chicago
Darstellung eines behavioristischen Konzeptes der Moralität.

Kahlke, W., Reiter-Theil, S.: Ausbildung in medizinischer Ethik – Stand und Perspektiven in Deutschland. MMG 17 (1992) 227–233
Übersicht zum Thema.

Kohlberg, L., Levine, C., Hewer, A. (eds) (1983): Moral stages: A current formulation and a response to critics. Karger, Basel
Differenzierte Verarbeitung und Beantwortung von Kritik des *Kohlberg*-Ansatzes.

Lickona, T. (ed) (1976): Moral development and behavior. Theory, research, and social issues. Holt, Rinehart and Winston, New York, Chicago
Klassischer Sammelband mit moralpsychologischen Konzepten aus unterschiedlichen Theorietraditionen.

Mackie, J. L. (1981): Ethik. Auf der Suche nach dem Richtigen und Falschen. Reclam, Stuttgart
Detaillierte Auseinandersetzung mit Grundfragen und -begriffen moderner Ethik.

Oerter, R., Montada, L. (1987): Entwicklungspsychologie. Urban & Schwarzenberg, München

Oser, F., Fathke R., Höffe, O. (Hrsg.) (1986): Transformation und Entwicklung. Grundlagen der Moralerziehung. Suhrkamp, Frankfurt a. M.
Sammelband zur Weiterentwicklung des *Kohlberg*-Ansatzes in wissenschaftlichen und anwendungsorientierten Fragestellungen.

Piaget, J. (1973): Das moralische Urteil beim Kinde. Suhrkamp, Frankfurt a. M.
Klassiker der Moralpsychologie.

Reiter-Theil, S. (1988): Autonomie und Gerechtigkeit. Das Beispiel der Familientherapie für eine therapeutische Ethik. Springer, Berlin, Heidelberg, New York
Enthält eingehende Darstellung der Theorie Kohlbergs im Hinblick auf ihre therapeutisch-ethische Bedeutung; grundlegende Arbeit zur Ethik in der Psychotherapie.

Reiter-Theil, S.: Therapeutische Neutralität in der Paar- und Sexualtherapie. Ethik in d. Med. 1 (1989) 99–107
Stellt Verbindung zwischen ethischen Prinzipien und therapeutischen Regeln her.

Self, D.: The pedagogy of two different approaches to humanistic medical education: cognitive vs affective. Theoretical Medicine 9 (1988) 277–236
Pointierte Charakterisierung der Situation der Lehre in den medizinischen Geisteswissenschaften.

3 Lernziele für die Auseinandersetzung mit ethischen Problemen

Winfried Kahlke, Stella Reiter-Theil

Die nachstehend entwickelten Ziele der Auseinandersetzung mit der ethischen Dimension der Medizin schließen sich an die Überlegungen zu den moralpsychologischen Voraussetzungen des Ethikunterrichts in der medizinischen Ausbildung an.

Moralische und ethische Kompetenzentwicklung bzw. -vermittlung wird hier in sechs Bereichen operationalisiert: **Sensibilisieren, Motivieren Orientieren, Argumentieren, Entscheiden** und **Handeln.** Diese ineinandergreifenden Prozesse der Entwicklung und Vermittlung können als Anhaltspunkte zur Bildung von **Schwerpunkten** in Lehrveranstaltungen, aber auch zur spezifischen Lenkung der Konzentration von Studierenden und Lehrenden dienen. Sie sind nicht als notwendig aufeinanderfolgende oder gar voneinander getrennte Phasen zu sehen. Die Unterscheidung dieser Kompetenzbereiche soll diejenigen, die sich in ethische Fragen der medizinischen Praxis einarbeiten wollen, darin unterstützen, individuelle Stärken und Schwächen, aber auch besondere Erfordernisse von Situationen zu erkennen, mit denen jeweils spezifische Fähigkeiten der Auseinandersetzung mit moralischen oder ethischen Fragen verbunden sind. Zur weiteren Konkretisierung der Ziele, die sowohl Lern- als auch Lehrziele sein können, wird zu jedem der sechs Bereiche ein Beispiel aus der medizinischen Praxis berichtet. In Lehrveranstaltungen können diese Beispiele diskutiert, nachgespielt und auch gezielt variiert werden. Dabei kommt der Einübung der Identifikation der Seminarteilnehmer mit den Positionen aller Beteiligten eine wichtige Bedeutung zu. Im Sinne des **systematischen Perspektivenwechsels** zwischen allen Beteiligten können hier – unterstützt durch eine entsprechend gewählte Methode der Vermittlung – die grundlegenden Voraussetzungen einer mehrseitigen Empathie erprobt werden, die ein unverzichtbares Element der Unvoreingenommenheit und der moralischen Offenheit in der helfenden Haltung darstellt.

Durch diese Auseinandersetzung mit den genannten Schwerpunkten und die unterschiedlichen didaktischen Formen, in denen dies geschieht, soll zugleich kommunikative Kompetenz entwickelt und erweitert werden. Sowohl für den Ort als auch für Mittel und Ziel eines ethischen Diskurses hat Kommunikation eine übergreifende Bedeutung (vgl. Kap. 4); sie ist zugleich Raum und Voraussetzung für die Beziehung zwischen dem Patienten und denen, die ihn pflegen und behandeln.

Die Erarbeitung der folgenden Ziele in Lehrveranstaltungen zur Ethik in der Medizin ist in hohem Maß von der Gestaltung der Beziehungen zwischen Lehrenden und Studierenden abhängig. Dies gilt besonders für all jene Ziele, die auf die Entwicklung der Persönlichkeit des/der Studierenden gerichtet sind. Beziehungs- und Interaktionsstil der Lehrenden werden über die Modellwirkung zu einem Bestandteil der zu vermittelnden moralischen Kompetenzen.

3.1 Sensibilisieren

- Erkennen lernen, welche moralischen Probleme im Einzelfall aufgeworfen werden und inwiefern ärztliches Handeln ethische Implikationen hat.

Ein Medizinstudent im zweiten klinischen Semester wird im Rahmen des Untersuchungskurses zu einer älteren Patientin mit chronischer Emphysem-Bronchitis geschickt. Auf ihre Frage, ob sich denn dieser ständige Husten mit dem Auswurf wieder geben würde, gibt er ihr die beruhigend gemeinte Antwort, durch die verordneten Tabletten werde es ihr bald wieder besser gehen. Die Patientin fragt nicht weiter, der Student nimmt aber ihren zweifelnden Gesichtsausdruck wahr, ohne weiter darauf einzugehen.

Diese kurze Begegnung löst bei dem Studenten folgendes aus: Er spürt, daß er mit seiner – ohne Sachkenntnis gegebenen – Antwort eine voreilige Entscheidung zugunsten fehlender Offenheit getroffen hat, die auch bei ihm Unsicherheit auslöst. Offenbar wollte er sich mit dieser Antwort auch selbst beruhigen. Er hat das Gefühl, daß die Patientin mit ihrem erkennbaren Zweifel auch daran zweifelte, ob sie ihm und seiner Antwort wohl vertrauen könne. In seiner Reflexion über die Frage der „Wahrheit am Krankenbett" schließlich hat er das Empfinden, daß diese ein Vertrauensverhältnis zum Patienten voraussetzt, daß Form und Zeitpunkt der Aufklärung sowie die Frage, ob überhaupt eine Aufklärung erfolgen solle, jeweils individuell überlegt und entschieden werden muß (vgl. Kap. 4).

Der Student kann in dieser Situation außerdem wahrnehmen, daß er der Patientin gegenüber seine fehlende Kenntnis und Kompetenz nicht eingestehen mochte. Durch die Kommunikation zwischen Patientin und Student – über den rein untersuchungstechnischen Vorgang hinaus – ist der Student dafür sensibel geworden, daß auch in dieser Lernsituation die Patientin nicht nur als Objekt von diagnostischen und therapeutischen Maßnahmen, sondern als Subjekt mit eigenen ernstzunehmenden Bedürfnissen betrachtet werden muß.

3.2 Motivieren

- Bereitschaft entwickeln, medizinische Zusammenhänge selbständig auf ethische Aspekte zu untersuchen und die eigene moralische Grundhaltung zu reflektieren.

Während der Famulatur einer Medizinstudentin in der Praxis einer Frauenärztin wird einer 40jährigen erstgebärenden Schwangeren zur Pränataldiagnostik geraten, vor allem um ein Down-Syndrom auszuschließen. In einem anschließenden Gespräch zwischen der Famula und der Ärztin sagt diese, beim ersten Kind riete sie in jedem Fall dazu, bei schon vorhandenen Kindern sähe sie das nicht als so zwingend an.

Die Studentin setzt sich gedanklich mit diesem Erlebnis weiter auseinander: Die Ärztin ist bei ihrer Empfehlung von dem – zwar nicht ausgesprochenen, aber sicher zu erwartenden – Wunsch der schwangeren Patientin ausgegangen, ein gesundes Kind zu bekommen. Durch die unterschiedliche Bewertung zwischen dem ersten Kind und weiteren Kindern hat sie offenbar in bezug auf die „Zumutbarkeit" eines möglicherweise behinderten Kindes differenziert. Die Studentin erkennt ferner die durch die ärztliche Maßnahme verstandene Empfehlung zur Pränataldiagnostik ausgelöste Konfliktsituation: Die Schwangere muß sich entscheiden, ob sie sich der vorgeburtlichen Abklärung überhaupt unterziehen will und ob sie im Falle einer bestimmten Anomalie, z. B. Down-Syndrom, das Kind austragen oder abtreiben lassen will (vgl. Kap. 7).

Diese Thematik beschäftigt die Studentin weiter, ohne daß sie hier alleine zu befriedigenden Antworten kommt. Schließlich teilt sie ihre Erfahrungen aus dieser Famulatur und ihre Gedanken ihrer Lerngruppe für die Prüfungsvorbereitung mit und stellt folgende Fragen:

Wie werden Behinderte – und ihre Mütter – in der Gesellschaft angesehen und behandelt, wenn die Pränataldiagnostik zur medizinischen Routine und eine Einwilligung von jeder Schwangeren erwartet wird? Wie werden (sollen) sich die Krankenkassen zur Frage der Versicherung behindert zur Welt gekommener Kinder verhalten? Wie würde sie persönlich in einer vergleichbaren Situation, z. B. bei einer Schwangerschaft aus der Verbindung mit einem wesentlich älteren Mann, entscheiden?

3.3 Orientieren

- Die Pluralität medizinethischer Auffassungen sowie deren Gemeinsamkeiten und Unterschiede erkennen und fähig werden, die eigene moralische Grundhaltung wahrzunehmen und auf dem Hintergrund dieser Pluralität medizin-ethischer Auffassungen einzuordnen, zu reflektieren und weiterzuentwickeln.

Auf der Krankenstation eines Altenpflegeheims werden die Nachtwachen ein- bis zweimal wöchentlich von einem erfahrenen Medizinstudenten übernommen. Vor Dienstantritt weist der Stationsarzt ihn darauf hin, daß Frau P, die an einer unheilbaren, mit starken Schmerzen einhergehenden Krankheit leidet, mit den erforderlichen Schmerzmitteln relativ großzügig behandelt werden dürfe; sie hätte ohnehin schon häufiger darum gebeten, ihr qualvolles Leben mit einer stärkeren Dosis zu verkürzen und ihr entsprechendes Einverständnis in einem sog. Patienten-Testament auf der Station hinterlegt.

Die Patientin ruft die Nachtwache wegen der Schmerzen und wiederholt den Wunsch, doch eine ausreichend starke Spritze zu erhalten, damit das Leiden endlich aufhöre. Der Student antwortet, er könne das nicht entscheiden, außerdem hätte er Skrupel und Angst, daß ihr geäußerter Wunsch vielleicht nur während der sehr starken Schmerzen so deutlich sei. Während der Student das im Nachtwachen-Plan vorgesehene Medikament verabreicht, fragt die Patientin, ob er in ähnlicher Situation nicht auch einen solchen Wunsch haben würde. Die beiden führen ein längeres Gespräch. Als der Student in ein anderes Zimmer gerufen wird, fragt die Patientin, in welcher der kommenden Nächte er wieder Dienst habe, sie wünsche sich die Fortsetzung des Gesprächs.

In seiner weiteren Auseinandersetzung mit dem Problem erkennt der Student, daß der Patientin und ihrem geäußerten Wunsch von verschiedenen Personen offenbar unterschiedlich begegnet wird:

Neben seinem persönlichen Eindruck von dem großen Bedürfnis der Patientin nach Gesprächen und Zuwendung steht die vom Stationsarzt vertretene Auffassung, daß man den frei geäußerten Wunsch nach Sterbehilfe respektieren müsse. Auch der Student selbst ist eher gegen eine Bevormundung Schwerstkranker mit Sterbewunsch eingestellt, er kann aber aus seiner moralischen Einstellung heraus keine das – gewollte – Sterben begünstigende Handlung vertreten oder übernehmen. Er hat durch diese konkrete Herausforderung seine eigene Haltung erkannt und erfahren, daß u. U. auch gegenüber einem frei geäußerten Wunsch Zweifel berechtigt sein können, z. B. wenn dieser aus einer akuten, möglicherweise vorübergehenden Verschlechterung des Befindens entspringt. Und so interpretiert er den wiederholt geäußerten Wunsch der Patientin nach der tödlichen Schmerzmitteldosis als verstecktes Bitten um Zuwendung.

Ihm wird klar, daß Ärzte, Krankenschwestern und andere Pflegekräfte wiederholt in vergleichbare Situationen gelangen können. Er besorgt sich Literatur über Sterbehilfe, um die gesetzlichen Vorschriften, den sog. Alternativvorschlag einer Gruppe von Juristen, Erklärungen bestimmter Organisationen und Darstellungen aus anderen Ländern miteinander vergleichen zu können und vor dem Hintergrund der Eindrücke und Interpretationen aus seinem persönlichen Erlebnis zu bewerten (vgl. Kap. 9).

3.4 Argumentieren

- Lernen, die ethische Problematik anhand von Beispielen (z. B. klinischer Fall, Entscheidung, Gerichtsurteil, öffentliche Kontroverse ...) differenziert zu beurteilen und darzustellen, eine aus eigener Sicht angemessene Lösung des Problems zu entwickeln, detailliert zu begründen und im Diskurs zu vertreten.

Zur Vorbereitung auf eine Seminarveranstaltung auf das Thema „Mehrlingsreduktion durch Fetozid – ein durch hormonelle Stimulation und durch in-vitro-Fertilisation aufgekommenes Problem“ (vgl. Kap. 5) – bearbeitet eine Teilnehmerin die gleichnamigen Richtlinien der Bundesärztekammer (BÄK) und verschiedene Literatur zur Thematik. Der in der BÄK-Richtlinie enthaltenen These „Unrettbares opfern um Rettbares zu erhalten“ stellt sie die ethische Grundnorm „Jeder Mensch hat wie Du einen unverfügbaren Wert; handle danach“ gegenüber.

In der Seminarveranstaltung berichtet ein Arzt, der an einer Frauenklinik tätig ist, von zwei Fällen: Eine Drillingsschwangerschaft habe er wegen eines erkennbaren Risikos für die Mutter um einen Föten reduziert; bei einer anderen habe er die geringen Überlebenschancen für alle fünf durch das Abtöten von zwei Föten für die drei übrigen verbessern wollen.

Die in der Diskussion entstandene Konfrontation des Arztes mit dem Nebeneinander seiner theoretischen Aussagen zu ethischen Grundsätzen, wie er sie in seinem Referat entwickelt hat einerseits, und der Begründung praktisch-ärztlichen Handelns in einer konkreten Situation andererseits zwingt ihn zu einer differenzierten Betrachtungsweise:

Wann beginnt menschliches Leben, wann beginnt das Leben eines Menschen? Ist die Entscheidung zum Fetozid mit der medizinischen oder der sozialen Indikation zum Schwangerschaftsabbruch vergleichbar? Ist das unselektive Töten von einem, zweien oder dreien der Mehrlinge gerechtfertigt angesichts des zwar hohen, aber nicht hinreichend sicher einzuschätzenden Risikos für alle oder einige aus der Mehrlingsschwangerschaft oder für die Mutter? Wie kann der die Schwangere betreuende Arzt sein Handeln – das Ausführen oder auch das Unterlassen oder Abwarten – moralisch rechtfertigen, wenn ohne Fetozid keines der Kinder überlebensfähig war oder durch unselektiven Fetozid eines der Überlebenden geschädigt wurde?

Die Situation im Seminar angesichts der aufgeworfenen Fragen fördert die kritische Auseinandersetzung und zwingt zur Begründung und Überprüfung der geäußerten, persönlich vertretenen Positionen. Schließlich veranlaßt der konkrete Ablauf einer solchen Sequenz einzelner Lernschritte in Richtung auf Lösungsversuche die Teilnehmer dazu, über Möglichkeiten nachzudenken, wie die aufgezeigte Konfliktsituation für die Patientin und den Arzt sowie das Dilemma um eine moralisch vertretbare Entscheidung von vornherein vermieden werden könnte.

Da Mehrlingsschwangerschaften erst durch ärztliche Maßnahmen zur Therapie von Kinderlosigkeit so sprunghaft zugenommen haben, kann die Studierende die These aufstellen und vertreten, daß die Frage des „medizinisch begründeten“ Fetozids im notwendigen Zusammenhang mit der offenbar nicht genügend sorgfältig indizierten und gehandhabten – und daher höhergradige Mehrlingsschwangerschaften in Kauf nehmenden – reproduktionsmedizinischen Behandlung zu diskutieren ist.

3.5 Entscheiden

- Im medizinischen Arbeitsbereich Notwendigkeiten und Möglichkeiten dafür erkennen lernen, eigene moralische Entscheidungen zu treffen, bereits gefällte oder vorgefundene Entscheidungen kritisch zu reflektieren und erforderlichenfalls aus ethischen Gründen zu revidieren,
- fähig werden, neben der Verallgemeinbarkeit von medizinischen Maßnahmen die Besonderheiten des Einzelfalles zu berücksichtigen.

Auf der Station einer Neurologischen Klinik wird ein 60jähriger Patient betreut, der an amyotropher Lateralsklerose leidet, einer fortschreitenden Systemerkrankung des Rückenmarks mit Muskelatrophie, die schließlich über Atemversagen zum Tode führt. Die Angehörigen hatten bei der Aufnahme verlangt, den Patienten im Falle einer unheilbaren Krankheit keinesfalls darüber aufzuklären. Eine Krankenschwester, die die Forderung der Angehörigen und die kontrovers geführte Diskussion unter den Ärzten und Famuli miterlebt hat, berichtet während der Kleingruppenarbeit in einem

Ethik-Seminar von ihren Erfahrungen während der pflegerischen Versorgung des Patienten; sie fühlt sich unaufrichtig, obwohl der Patient bisher nie nach seiner Krankheit und deren Heilungschancen gefragt habe. Während einer Stationskonferenz empfiehlt der Leitende Arzt die Eintragung für den Diensthabenden, im Falle akuter Atemnot zu bedenken, daß mit der Intubation die Phase der künstlichen Dauerbeatmung eingeleitet würde, die man dem Patienten angesichts der Irreversibilität und der zunehmenden Komplikationen ersparen solle, zumal das Grundleiden unweigerlich zum Tode führe.

Die Krankenschwester berichtet auf der betreffenden Stationskonferenz auch von ihrer Teilnahme am Ethik-Seminar zur Frage „Wahrheit am Krankenbett". Auf ihre Frage, warum man die Entscheidung nicht den Patienten treffen lassen wolle, erhält sie unterschiedliche Antworten: Man könne ihm bei seinem schlechten Allgemeinzustand diese harte Wahrheit nicht zumuten, auch müsse der Wille der Angehörigen respektiert werden.

Am folgenden Wochenende kommt es beim Patienten während des Besuchs von Angehörigen zu einer bedrohlichen Atemnot. Die Krankenschwester ruft den Dienstarzt und bereitet alles zur Intubation vor, während die Angehörigen den eintreffenden Dienstarzt bedrängen, dem Patienten das drohende Schicksal einer Dauerbeatmung zu ersparen. Die Schwester informiert den Arzt über die im Krankenblatt eingetragene Empfehlung, aber auch darüber, daß der Patient bisher nicht über sein Leiden aufgeklärt worden sei. Der Arzt entscheidet sich zur sofortigen Intubation und begründet dies kurz gegenüber den Angehörigen. Anschließend bespricht er die Situation mit der Krankenschwester, die ihm auch von dem Ethik-Seminar berichtet. Sie kommen beide zu dem Schluß, daß nur der erklärte Wille des Patienten eine andere Entscheidung gerechtfertigt hätte und wollen in der nächsten Seminarveranstaltung darüber berichten.

3.6 Handeln

- Die Tragweite von Entscheidungen im medizinischen Arbeitsbereich in bezug auf die Allgemeinheit und für den einzelnen erkennen lernen,
- fähig werden, die eigenen moralischen Kompetenzen in die Praxis einzubringen und mit Beteiligten zu diskutieren und im Umgang mit Patienten und Betroffenen unter Wahrnehmung von Toleranz nach eigenen moralischen Grundsätzen zu handeln.

In einer Veranstaltungsreihe zur Bioethik wird bei der Behandlung eines Themas zur Gentechnologie die Frage nach der moralischen Verantwortung von Forschern behandelt. Im Mittelpunkt steht die kontrovers diskutierte These, daß der einzelne seine Entscheidungen moralisch verantworten, deren Tragweite und Bedeutung für die Allgemeinheit erkennen muß. Eine Bio-Ingenieurin, die in einer amerikanischen Gen-Firma beschäftigt ist, entwickelt aus der Teilnahme an diesem Seminar Konsequenzen für ihren Arbeitsbereich.

Die Firma arbeitet im Auftrag eines Wissenschaftlers intensiv an der Aufklärung eines unbekannten Virus, welches vom Auftraggeber isoliert und angereichert wurde. Das Ziel ist die Entwicklung eines Tests und eines Impfstoffs, um eine Hepatitis-Form diagnostizieren und einschränken zu können, von der z. B. in der BRD jährlich etwa 10 000 Menschen befallen werden. Die Entwicklung wurde aus geschäftlichem Interesse – um nämlich für den erwartungsgemäß gewinnbringenden Test einen Vorsprung zu erzielen – geheim gehalten. Selbst der Wissenschaftler, der das unbekannte Virus angereichert und dessen Aufklärung in Auftrag gegeben hatte, sollte nichts von den mittlerweile gewonnenen Erkenntnissen erfahren (fiktives Fallbeispiel in Anlehnung an „Gefährliche Viren als Betriebsgeheimnis", Die Zeit, 27. 10. 89).

Die Bio-Ingenieurin erkannte im Verlauf der Diskussionen bei einem Work-Shop zu diesem Forschungsgebiet, daß durch das Zurückhalten der Ergebnisse gegenüber den zahlreichen Forschungszentren, die dieses Problem bearbeiteten, die Entwicklung von Diagnose- und Behandlungsmethoden sehr wahrscheinlich zum Nachteil von an dieser Hepatitisform erkrankten Patienten verzögert werden würde. Sie teilte der Firmenleitung ihre moralischen Bedenken mit und verlangte, im Interesse des medizinischen Nutzens für betroffene Patienten die gewonnenen Ergebnisse unverzüglich zu veröffentlichen. Als diese Forderung klar zurückgewiesen und ihr ein anderer Arbeitsbereich angeboten wurde, sprach sie mit Kollegen und Kolleginnen darüber. Einige teilten ihre Skrupel, andere verwiesen sie darauf, daß dies allein die Firmenleitung zu verantworten habe. Schließlich entschloß sie sich ihrerseits, den Wissenschaftler zu informieren, der den Auftrag gegeben hatte. Gegen ihre darauf erfolgende fristlose Kündigung reichte sie eine Klage ein.

Ein weiteres Beispiel zum „Handeln", das zugleich mögliche Entscheidungen und ihre praktische Umsetzung aufzeigt, wird in Kap. 5 gegeben. Zu den jeweiligen „Lösungsversuchen" werden die Konsequenzen in bezug auf den ethischen Kontext dargestellt.

3.7 Literaturempfehlungen

Nachfolgend wird auf verschiedene, überwiegend im angelsächsischen Schrifttum enthaltene Beiträge zur Lehre von Ethik in der Medizin hingewiesen. Eine spezielle Literatur zu den hier entwickelten Lernzielen existiert (noch) nicht. Letztere werden aber in zahlreichen Arbeiten implizit tangiert bzw. als Bestreben der jeweiligen Ausbildungs- und Unterrichtsinitiativen ausgedrückt.

Bickel, J.: Human Values Teaching Programs in the Clinical Education of Medical Students. J. med. Educ. 62 (1987) 369–378

Hebert, P. C., Meslin, E. M., Dunn, E. V.: Measuring the ethical sensitivity of medical students: a study at the University of Toronto. med. Ethic 18 (1992) 142–147

Hope, T., Boyd, K., (im Druck): Ausbildung in medizinischer Ethik in Großbritannien. Das „Oxford Practice Skills Projekt". In: *Reiter-Theil, S.* (Hrsg.): Vermittlung medizinischer Ethik. Theorie und Praxis in Europa. Schriftenreihe des BMBW. K. H. Bock-Verlag, Bad Honnef, 69–80

Kahlke, W., Reiter-Theil, S.: Ausbildung in medizinischer Ethik – Stand und Perspektiven in Deutschland. MMG 17 (1992) 227–233

Mitchell, K. R., Lovat, T. J., Myser, C. M.: Teaching bioethics to medical students: the Newcastle experience. Med. Educ. 26 (1992) 290–300

Reiter-Theil, S., Kahlke, W., Dressel, R.: „Teachers' Training Course". Ein Projekt der Akademie für Ethik in der Medizin. Wien. Med. Wschr. Diskussionsforum Medizinische Ethik, LI/Nr. 9/10 (1993) 49–51

Self, D. J., Baldwin, D. C., Wolinsky, F. D.: Evaluation of teaching medical ethics by an assessment of moral reasoning. Med. Educ. 26 (1992) 178–184

Vinicky, J. K., Connors, R. B., Leader, R., Nash, J. D.: Patients as „Subjects" or „Objects" in Residency Education? J. clin. Ethics 2 (1991) 35–41

II Anwendungsbezogene Beispiele aus verschiedenen Bereichen der Medizin

4 Beziehung zwischen Arzt und Patient

Klaus Gahl

Ärztliches Handeln vollzieht sich vorrangig in der Betreuung eines einzelnen Kranken. Beide Partner der Zweierbeziehung sind dabei eingebunden in vielfältige soziokulturelle Bedingungen. Diese bestimmen auf Seiten des Kranken, des Arztes und der Solidargemeinschaft Voraussetzungen, Möglichkeiten und Zielsetzungen diagnostischen und therapeutischen, präventiven und nachsorgenden Handelns. Auch prägen sie für den Kranken wie für den Arzt und die Gesellschaft im weiteren Sinne Erwartungen und menschliche wie juristisch verbriefte Ansprüche. Die zahlreichen Möglichkeiten des Konfliktes der Belange der drei „Pole" Kranker - Arzt - Gesellschaft bedürfen neben der je sachbezogenen (z. B. ökonomischen, strukturellen, organisatorischen, wissenschaftstheoretischen) auch der ethischen Reflexion.

Die hier vorgestellte Arzt-Patient-Beziehung (AP-Beziehung) ist die ursprüngliche und auch heute noch häufigste „Grundfigur", wie sie zwischen dem Allgemeinpraktiker, dem Internisten und - mit unterschiedlicher Akzentuierung - den meisten ärztlichen Berufszweigen und ihren jeweiligen Patienten „praktiziert" wird. Spezifische AP-Beziehungen (z. B. in der Psychotherapie, Psychiatrie, der Pädiatrie, der Sozialmedizin etc.) bringen unterschiedliche Ausprägungen, Methoden des Handelns und entsprechend unterschiedliche moralische Verhaltensprobleme und ethische Wertorientierungen mit sich, auf die hier nicht eingegangen werden kann.

Die folgenden Skizzen stecken sechs zentrale Problemfelder der Arzt-Patient-Beziehung überblicksweise ab:

1. Asymmetrie der Arzt-Patient-Beziehung
2. Autoritäres und paternalistisches Verhalten des Arztes
3. Entfremdung und Objektivierung versus Zuwendung und Empathie
4. Arzt-Patient-Beziehung als Behandlungsvertrag
5. Aufklärung und „Wahrheit am Krankenbett"'
6. Schweigepflicht und Datenschutz

Die Kasuistiken sind als Situationsskizzen aus dem ärztlichen Alltag oder der klinischen Tätigkeit gedacht, an denen das in der Kapitelüberschrift genannte „Problemfeld" verdeutlicht werden kann. Sie werden hier nicht „aufgeschlossen" oder gar bezüglich ihrer ethischen Dimension „gelöst". Sie sind didaktisches Material. Ebenso sind die Fragen, die den Kapiteln vorangestellt sind, als mögliche „Einstiege" gemeint; auch sie werden nicht beantwortet.

4.1 Asymmetrie der Arzt-Patient-Beziehung

Kasuistik 1: Ein 63jähriger selbständiger Rechtsanwalt, vom Hausarzt wegen einer „Geschwulst"' unter der Leber (Sonographiebefund) eingewiesen, klagt über dumpfe Oberbauchschmerzen, Übelkeit, Brechreiz; seit Wochen verspüre er eine Leistungsminderung, verliere an Gewicht und beobachte eine zunehmende Blässe. Er wisse nicht, was er tun solle: mit dem Essen könne er den Brechreiz nicht beeinflussen, Wärmekissen brächten keine Linderung, „und der Druck . . . die Geschwulst . . . das ist doch bestimmt bösartig."' „Jetzt machen Sie sich mal noch keine Sorgen, erst wollen wir mal untersuchen. Zeigen Sie doch mal den Bauch . . . na-ja . . . da ist doch mehr nötig: Blut, Röntgen, Ultraschall, Computertomographie. Dann sehen wir weiter."

Fragen

- Wie läßt sich die Arzt-Patient-Beziehung als eine „ungleiche" Beziehung (Asymmetrie) charakterisieren?
- Inwiefern ist die Analyse der Asymmetrie nicht nur psychologisch oder „soziologisch" (im Sinne der Analyse der „Mikrosozietät" einer scheinbaren Zweierbeziehung) sondern auch ethisch relevant?
- An welchen Werten ist das beiderseitige Handeln und Verhalten in der skizzierten Zweierbeziehung (Dyade) orientiert?
- Inwiefern prägen die implizierten Werte die AP-Beziehung auf der funktional sachbezogenen Ebene medizinischer Hilfeleistung, der personal-interaktionellen oder der sozialen Ebene beiderseitiger Einbindung in gesellschaftliche, ökonomische und kulturelle Bedingungen und Zielsetzungen?

Theoretische Voraussetzungen und ethische Konsequenzen

Die AP-Beziehung ist durch eine **konstitutive Asymmetrie**, eine Beziehung freiwilliger Abhängigkeit gekennzeichnet: Rat- oder Hilfsbedürftigkeit, physisches, psychisches oder soziales Kranksein, Hinfälligkeit, existentielle Betroffenheit, Dauer und Unabsehbarkeit des Krankseins gegenüber Gesundheit, fachlicher Kompetenz, Sachlichkeit, „Routine" und zeitlicher Begrenzung der Konfrontation mit der Not des Anderen und der Hilfeleistung *(Raspe)*. In dieser ungleichen Partnerschaft vollzieht sich ärztliches und medizinisch-pflegendes Handeln.

Was ist unter dem Aspekt verantwortungsbewußten Verhaltens und Handelns in der so ungleichen Beziehung zu bedenken? Zunächst ist das **Selbstverständnis des Arztes** in seinen Funktionen als Sachverständiger und Sachwalter, als Vertrauensperson und Mensch zu bedenken: Als Sachwalter ist er verpflichtet zu einer seinen Aufgaben angemessenen Aus- und Weiterbildung, auch dazu, Erfahrung zu gewinnen und dieses alles einzubringen in den sachverständigen Umgang mit dem Kranken. Sachwalter für ihn ist er für dessen Grundrechtsansprüche auf realisierbare, vom einzelnen Arzt oder von den Einrichtungen des Gesundheitswesens zu erbringende Leistungen wie auf die Achtung seiner Person. Vertrauen ist praktisch, rechtlich und ethisch nur legitimierbar im personalen Raum von Verantwortung und Mitmenschlichkeit, die neben der personalen auch die funktionale Ebene der AP-Beziehung tragen muß.

Dem Arzt tritt der **Kranke** in seiner leiblichen, psychischen, sozialen und existenziellen Betroffenheit gegenüber. Der Kranke, der in seiner Not, seinem Kranksein medizinischen, ärztlichen Rat sucht, begibt sich nur bedingt freiwillig in die Abhängigkeit des Arztes; er ist in seiner „freien Arztwahl" frei und unfrei zugleich. Mehr noch: auch in seinem Kranksein, das er erleidet und durch sein Verhalten mitgestaltet, ist er aktiv handelnde (Subjekt) und zugleich dem Leiden unterworfene Person (sub-iectus).

In der von Sachlichkeit einerseits bzw. Betroffenheit und Abhängigkeit andererseits geprägten AP-Beziehung lauert die Gefahr der Dominanz, der Bevormundung, nicht selten auch der Manipulation des Kranken. Die Gefahr wird verstärkt durch das häufige (im Kranksein begründete, manchmal vom Arzt oder dem Pflegepersonal erwartete oder gar geforderte) **regressive Verhalten** des Kranken und seine **Verantwortungsdelegation** (nicht selten verknüpft mit einer Erwartungs-, ja Forderungshaltung) an den Arzt oder die Institutionen des Gesundheitssystems.

Die Verantwortungsdelegation kann wohl Ausdruck des Vertrauens des Kranken zu seinem Arzt sein. Sie kann jedoch für den Arzt zur Versuchung eigenmächtigen, dominanten und autoritären Verhaltens wie zur (scheinbaren) Begründung eines paternalistischen Dirigismus werden. Vertrauen ist jedoch nur durch **Verantwortung** „aufzuwiegen", die zu übernehmen die ärztliche Kompetenz, das heißt auch eine durch Erfahrung zu erwerbende menschliche, auch kommunikative Kompetenz erfordert. Es kann gefährdet werden durch Verantwortungsdelegation (Verantwortungsdiffusion oder -verzettelung) des Arztes an konsiliarisch tätige Kollegen. Nicht nur kann der

Kranke „fragmentiert“ werden in Symptome oder Symptomkomplexe seiner Krankheit, auch kann er die persönliche und personale Beziehung zu seinem Arzt verlieren. Der Prozeß der **„Verantwortungsfragmentierung“** wird begünstigt durch die institutionelle Organisation klinischer Versorgung mit häufigem Arztwechsel und unter Umständen hierarchischer Weisungsbindung. Die personelle und institutionelle Fragmentierung ist nicht allein unter dem Gesichtspunkt (krankenhaus-)soziologischer und psychologischer Bedingungen zu analysieren; sie bedarf auch der Reflexion ihrer moralischen Rechtfertigung, wenn die AP-Beziehung als personale tragfähig sein soll.

Die AP-Beziehung hat unterschiedliche **Funktionen**, die auch das Verhalten des Arztes bestimmen. Der primär angesprochene (meist der Haus-)Arzt kann und wird i. d. R. eine andere Beziehung aufbauen als ein Konsiliar-Arzt, der Notarzt eine andere als der Psychotherapeut, der Facharzt eine andere als der im Schichtdienst eingebundene Klinikarzt etc. In der Langzeit-Betreuung wird eine andere Bindung entstehen können als in der Kürze einer Einzelbegegnung. Dennoch ist stets die Gefahr der Asymmetrie als potentieller Situation der Mißachtung des Kranken, die Gefahr auch des Ausblendens der personalen zugunsten der funktionalen Ebene zu bedenken.

Die AP-Beziehung wird durch die Hilfsbedürftigkeit eines Menschen konstituiert. Medizinische Hilfe zu leisten oder medizinischen Rat zu geben, ist ihre vorrangige Funktion, in der sich die Beziehung völlig erschöpfen kann (im Sinne notwendiger Dienstleistung). Wird Kranksein als mögliche existentielle Not, als psychosomatische oder biopsychosoziale Befindensstörung (*von Uexkuell*) gesehen, erhebt sich die Frage, ob und wie und mit welcher Rechtfertigung der Arzt dieser Not anders begegnen kann als mit **Offenheit zu personaler Kommunikation**. AP-Beziehung ist hier trotz ihrer konstitutiven Asymmetrie Begegnung zweier Personen, Anvertrauen und Zuwendung (personale Ebene). Beide Ebenen funktionaler und personaler Beziehung sind nicht nur unter verhaltenspsychologischen und moralischen Gesichtspunkten zu analysieren, sondern auch hinsichtlich ihrer Wertsetzung, ihrer Rechtfertigung, der individuellen und sozialen Verantwortbarkeit, ihrer Orientierung an einem individuell oder sozial geprägten Gesundheitsbegriff mitteilbar, kommunikations- und ggf. konsensfähig zu machen.

Das Verhalten des Arztes kann dabei (unabhängig von dem beiderseitigen Verständnis des Krankseins) autoritär bestimmend, paternalistisch bevormundend, manipulativ oder tolerant gegenüber des Patienten autonomer Willensentscheidung (partnerschaftlich) oder opportunistisch willfährig und servil sein.

Eingedenk der vielfältigen Möglichkeiten, das mitmenschlich tolerante, den Kranken achtende Verhalten zu verfehlen, ist die AP-Beziehung zwar in vielerlei Bereichen konkreten ärztlichen Handelns juristisch geregelt (s. u.); stets aber bleibt das konstitutiv asymmetrische Verhältnis mit seinen verschiedenen Aspekten der Ungleichheit ein Anlaß zur Frage der Wertorientierungen für den Kranken wie für den Arzt.

4.2 Autoritäres und paternalistisches Verhalten

Kasuistik 2: Ein 86jähriger rüstiger Witwer wird wegen Synkopen stationär aufgenommen. Untersuchungsbefund: keine Zeichen der Herzinsuffizienz, Langzeit-EKG mit AV-Blockierungen I. und II. Grades. Die Annahme bradykarder Synkopen liegt nahe. Der dringende Rat zur Schrittmacherimplantation wird vom Patienten abgelehnt: er habe ein langes, schönes Leben gelebt, bis er vor drei Jahren seine Frau verloren habe, nun wolle er „heimgehen“ zu ihr. Der Arzt will sich bescheinigen lassen, daß sich der Patient gegen den Rat einer Schrittmacherimplantation entscheide, und daß die Verweigerung „Folgen haben“ könne (welche, wird nicht gesagt). Daraufhin willigt der Kranke in die Implantation ein.

Kasuistik 3: Eine 42jährige Frau, Mutter von zwei Kindern (19 und 11), geschieden und seit zwei Jahren mit einem gleichaltrigen Mann lebend, entscheidet sich bei der Entdeckung eines Brusttumors gegen die ihr angeratene Amputation und für den kosmetisch akzeptableren Eingriff einer subkutanen Mastektomie (Brustdrüsenentfernung unter Belassung der Brustwarze, mit der Möglichkeit einer form- und konsistenzerhaltenden Prothesenimplantation), obwohl ihr diese als prognostisch unsicherer dargestellt wird. Bei der Operation wird ein fraglich in die Brustmuskulatur infiltrierender Tumor festgestellt. Daraufhin wird sofort die Brust abgenommen. Die Histologie wird als gutartige zystische Mastopathie beschrieben. Die Frau wird postoperativ getröstet mit dem Hinweis, daß mit der zu ihren Gunsten vorgenommenen Amputation jedenfalls die Gefahr einer krebsigen Entartung gebannt sei und daß der medizinische Erfolg ja doch vorrangig sei vor der kosmetischen Einbuße, die schließlich durch eine Prothese wettgemacht werden könne (die psychologische Belastung der Frau wird nicht angesprochen).

Kasuistik 4: Ein 48jähriger Lehrer erleidet einen Herzinfarkt. Eine lange Raucheranamnese macht ihm den Verzicht auf Zigaretten schwer. Bereits in der ersten Woche der Mobilisation (2. Krankheitswoche) nutzt er den Besuch der Toilette, um dort zu rauchen. Wenige Tage später entdeckt der Arzt bei der Visite eine Zigarettenschachtel im Trainingsanzug des Patienten und nimmt sie an sich mit der Bemerkung: „Das ist doch nicht gut für Sie!"

Fragen

- Wie ist jeweils die medizinische Sachlage, die das Verhalten der beteiligten Ärzte und deren sachlich begründete Argumentation bestimmt, zu charakterisieren?
- Ist das Verhalten der Ärzte nur unter dem Aspekt moralischer Angemessenheit (des Fehlverhaltens) zu sehen oder werden hier auch ethisch relevante Grundrechte (Selbstbestimmungsrecht, personale Autonomie) verletzt? Welche Rechte werden u. U. beschnitten?
- Wodurch wird bevormundendes Verhalten der Ärzte begünstigt und scheinbar „präargumentativ" gerechtfertigt?
- Wie ist das Verhalten der Ärzte zu kennzeichnen und wie (nicht psychologisch, sondern wertbezogen) zu begründen und zu rechtfertigen?
- Sind die ärztlichen Handlungsmaximen dem Kranken gegenüber dialogfähig und plausibel und ggf. durch des Kranken eigene Wertorientierung korrigierbar?
- Wie begründen Ärzte ihr paternalistisches Verhalten moralisch? Welche wertorientierte Rechtfertigung gibt es für Paternalismus in der AP-Beziehung?

Theoretische Voraussetzungen und ethische Konsequenzen

Entsprechend dem „Dreischritt" ethischer Bewußtseins- und Kompetenzentwicklung von der analytischen Herausarbeitung der medizinisch-fachlichen und der medizinethischen Konfliktlage zur Wertbegründung und der Artikulations- und Kommunikationsfähigkeit im Dialog können die drei Kasuistiken mit den genannten Fragen angegangen werden.

Die Verhaltensanalyse der Ärzte in den skizzierten Kasuistiken wird schnell Züge elterlicher Fürsorge für unmündige Kinder, **paternalistische Züge** aufdecken. Wie ist Paternalismus zu definieren? Inwiefern ist er ethisch konflikthaft?

Im guten Glauben in der Sicht des Arztes ist Paternalismus stets am Wohl des Kranken orientiert. Gegenüber den Kennzeichen von Bevormundung, Beschneidung von Entscheidungsfreiheit und -möglichkeit, von Entscheidungsabnahme, von Einschränkung des Selbstbestimmungsrechtes, der Autonomie des Kranken, den Kennzeichen von „interference with a (competent) person's will or liberty of action . . . justified by reasons referring exclusively to the welfare . . . or values of the person" (*Dworkin*) ist der Arzt oft genug blind. Er sieht sich wie selbstverständlich und reflexionsenthoben aufgrund seiner Funktion dem Wohl des Kranken und der Verantwortung für ihn als seinen höchsten Handlungsprinzipien verpflichtet. Diese Verantwortung könne nur er mit der erforderlichen Sachkenntnis tragen, nur er könne daher wissend entscheiden. So wird das Argument mangelnder Sachkompetenz auf seiten des Patienten (**ein** Aspekt der asymmetrischen AP-Beziehung!) für den Arzt zur höherrangigen Begründung paternalistischen Handelns gegenüber einer evtl. als „nur emotional“ oder „psychologisch“, als „unvernünftig“ deklarierten Entscheidung des Kranken; er (der Patient) werde meist von Angst, Blindheit, affektivem oder ideologischem Denken bestimmt oder von der sachlichen Unfähigkeit der Folgenabschätzung von Tun oder Unterlassen fehlgeleitet.

Auch psychosoziale Umstände oder Folgen des Krankseins werden als Berechtigung zu paternalistischem Verhalten gesehen: der Kranke müsse im Hinblick auf seine Gesundung ärztlichen Rat annehmen, müsse im Sinne des Arztes gesund werden wollen.

Die Handlungsbegründung des Arztes fußt auf seiner medizinischen Sachkenntnis. Je nach Situation, Person und Funktion (z. B. von Schritten der Diagnostik oder Therapie) ist jedoch eine offene, wahrhaftige Aufklärung zur aktuellen Lage und eine sachkundige, gründliche, verständliche und einfühlsame Beratung (unter Berücksichtigung der aktuellen Fähigkeiten) geeignet, den Kranken im nötigen Umfang auch rational mit-entscheidungsfähig zu machen hinsichtlich weiterführender Maßnahmen – je nach Dringlichkeit der medizinischen Situation auch drängend. Darüber hinaus muß aber der Arzt die Möglichkeit individuell oder sozial plausibel wertorientierter Entscheidungen, eines anderen Wertbildes beim Kranken akzeptieren; ja, er muß sich auch rational nicht nachvollziehbaren, z. B. ästhetisch, existentiell oder religiös bestimmten Entscheidungsorientierungen des Kranken beugen können.

Neben der mangelnden Sachkompetenz werden häufig Inkonsistenz der Selbstentscheidung (inklusive ihrer Wertbegründung), Wechsel von „vernünftiger“ und affektbesetzter Argumentation, ephemere statt prospektiv tragfähige Willensbegründungen, auch Fehlvorstellungen über Krankheit und deren (Behandlungs-)Folgen als Rechtfertigung paternalistischen Verhaltens angeführt. Die Analyse solcher Argumentation des Arztes muß zeigen, ob sie Verbrämung eigener Unzulänglichkeit der Aufklärung, der Unfähigkeit zur Einfühlung oder Intoleranz gegenüber einer individuell oder sozial wertorientierten, u. U. auch bewußt kontra-medizinischen Selbstbestimmung des Patienten ist (Beispiel: Ablehnung von allopathischer zugunsten homöopathischer Medizin oder von moderner technischer Hochleistungsdiagnostik oder -therapie).

Ein rational und dialogisch begründeter, moralisch zu rechtfertigender Paternalismus („justified paternalism“), die verantwortungsbewußte Sorge für den auf Rat und Hilfe angewiesenen Kranken kann ihm den Charakter von Bevormundung und Manipulation nehmen, sofern als ethische Handlungsmaxime Achtung, Wahrung oder Wiederherstellung des Selbstbestimmungsrechtes bzw. der -fähigkeit des Kranken gelten. Ebenso muß ggf. das Handeln im mutmaßlichen Sinne dem Kranken als Person dienen. Die prozessuale AP-Beziehung wird stets auch „Intensitätswechsel“ paternalistischen oder mehr gleichberechtigten („vertraglichen“) oder auf seiten des Patienten vorrangig entscheidenden Verhaltens aufweisen.

Weitere Beispiel für paternalistisches Verhalten sind:

- Täuschung, Vorenthaltung von Informationen mit dem Argument, es tue dem Kranken nicht gut, es belaste ihn, er könne daran zerbrechen, wenn er über seine Krankheit „aufgeklärt“ werde;
- Plazebo-Therapie in der Absicht, den Kranken zu beruhigen, kann unter Umständen die asymmetrische Beziehung stabilisieren, indem der unaufgeklärte Kranke entscheidungsunfähig gehalten wird und der Arzt dann „zu des Patienten Bestem“, in seinem mutmaßlichen Sinne oder Willen handeln kann.
- Vorenthaltung von Analgetika, um dem Kranken die Chance zu geben, an seinen Schmerzen, an seiner Krankheit zu wachsen und zu reifen;
- bevormundende Vermittelung oder Verhinderung von Gesprächssituationen und -konstellationen, um vermutete psychische Belastungen dem Kranken zu ersparen.

Wenn auch verwandt und oft miteinander vergesellschaftet, sind doch paternalistisches und autoritäres Verhalten des Arztes zu unterscheiden. Sieht der paternalistisch handelnde Arzt sich durch seine väterliche Sorge für den sachinkompetenten Patienten moralisch gerechtfertigt, wird **autoritäres Verhalten** häufig mit dem notwendigen Verfolgen der personellen und institutionellen Funktionen, der Ordnung eines möglichst reibungslosen Ablaufes inklusive der Zeitplanung in der Patientenversorgung begründet. Es kleidet sich oft in direktives, anordnendes, befehlendes, disziplinierendes Sprechen, das dem Gegenüber wenig Raum gibt zum Nachfragen, zum Einspruch oder der freien Meinungsäußerung. Auch bedient sich autoritäres Verhalten oft der Mittel von Drohung oder Bestrafung.

Auch hier kann die Analyse von Beispielen autoritären Verhaltens die ethischen Konflikte aufdecken und die Wertordnung (z. B. Achtung der Individualität vor der institutionellen, auch der Solidargemeinschaft verpflichteten Funktion) verdeutlichen und kommunikabel machen für eine gemeinschaftliche Problemlösung. Autoritäres, unsolidarisches Verhalten kann sich im sprachlichen wie (u. U. stärker noch) im non-verbalen Umgang äußern: darin, wie der Kranke in das Gespräch einbezogen oder von tragfähiger Kommunikation ausgeschlossen wird.

4.3 Entfremdung und Objektivierung versus Zuwendung und Empathie

Kasuistik 5: Eine 46jährige ängstlich und fahrig wirkende Frau kommt erstmals in die Sprechstunde. Sie sei beunruhigt durch ziehende Mißempfindungen, Atembeklemmungen und Erschöpfung, durch „Herzschmerzen". Sie habe Angst, weil ihr Vater „kurz vor seinem Herzinfarkt" (im Alter von 49 Jahren) „auch solche Beschwerden" gehabt habe. Sehr rasch in dem Gespräch öffnet die Patientin ihre leichte, weitausgeschnittene Bluse und greift sich an die Brust, um durch den krampfhaften Griff die Schmerzqualität und -lokalisation zu verdeutlichen. – Die Frage des Arztes nach der Belastungsabhängigkeit der Schmerzen, der begleitenden Atemnot, eventueller Herzrhythmusstörungen wie auch die Frage nach den Standardrisikofaktoren Rauchen, hohem Blutdruck oder Fettstoffwechselstörungen werden verneint. Die direkte Krankenuntersuchung erbringt einen normalen Befund. Die darüber hinaus notwendigen technischen Untersuchungen werden verabredet: EKG unter Ruhe- und Belastungsbedingungen, Echokardiogramm, vielleicht Myokardszintigramm. – Das Stichwort Angst und der Vergleich mit dem Vater bleiben unbeachtet.

Fragen

- Inwiefern enthält die in der skizzierten Kasuistik praktizierte Medizin eine Spannung zwischen Entfremdung und Zuwendung, Objektivierung und Empathie? Wie ist die Spannung genauer zu charakterisieren?
- Zu welcher Seite der Polarität hin wird sie in unserem ärztlichen Handeln, im Praxis- oder Kliniksalltag „aufgelöst" oder mindestens verschoben?
- An welchen Maximen orientieren sich die konträren Begegnungsweisen von Zuwendung und Objektivierung?
- Gilt die Spannung nur für den Bereich medizinisch-technischer Diagnostik und Therapie oder auch für das Gespräch zwischen Patient und Arzt über Beschwerden der aktuellen Krankheit und ihre Diagnostik und Behandlung, über frühere Erkrankungen oder prognostische Perspektiven?
- Welche sachlichen und welche personalen und sozialen Werte stehen auf dem Spiel und welche gilt es zu verteidigen in einer wertepluralistischen Gesellschaft?

Theoretische Voraussetzungen und ethische Konsequenzen

Für die AP-Beziehung ist die Spannung von Nähe und Distanz, empathischer Zuwendung und sachlicher Objektivierung konstitutiv. Sie bestimmt nicht nur unser moralisch adäquates oder inadäquates Verhalten, sondern hat auch ethisch relevante Implikationen, die der Aufdeckung bedürfen.

Die (mindestens zum Teil) sachgebotene und notwendige, vom Kranken, oft auch von seinen Angehörigen, auch von der Gesellschaft erwartete und geforderte, scheinbar ausweglose Entwicklung in die **Ver-**

dinglichung des kranken Menschen und in die **Technisierung von Diagnostik und Therapie** charakterisiert den Fortschritt der Medizin. Er trägt Züge schier unaufhaltsamer, nicht steuerbarer und unumkehrbarer Automatie und Entseelung. Ihm ist die größtmögliche Sachlichkeit gemäß dem Paradigma der an der objektiven Naturwissenschaft orientierten Medizin Methode und Ziel. Der Gegenstand, dem die Sachlichkeit angemessen ist, wird aber umgekehrt der Sachlichkeit angepaßt. Wir erleben den zirkulären Reduktionismus der gegenseitigen Anpassung von Objekt und Methode. Der Kranke und sein Kranksein werden zum Zwecke optimaler Diagnostik und Therapie auf die mit naturwissenschaftlicher Methodik erfaßbare Körperlichkeit reduziert, um „durch und durch erkannt", diagnostiziert und dementsprechend behandelt werden zu können. Dieser Entwicklung und der sie leitenden Wertvorstellung folgt die praktizierte Medizin in weiten Bereichen ihrer alltäglichen Ausübung - sehr zum Wohle vieler Kranker!

Auf der anderen Seite steht der kranke Mensch mit seiner Biographie, seinem Leiden, seiner vielleicht von Angst und Hoffnungslosigkeit verdunkelten Sicht in die Zukunft; der kranke Mensch in der gekränkten Leiblichkeit seiner Selbstempfindung, die kranke Person, der gegenüber Zuwendung, Einfühlung, Empathie und humane, anthropologisch konstituierte Solidarität der angemessene Zugang ist.

Es ist auch zu fragen, ob nicht der Kranke durch Verdinglichung, durch medizinische Entseelung sich selbst entfremdet werden kann, indem auch er sein Kranksein nur noch in gestörten Organfunktionen, in Körperdefekten sieht. Die Gefahr des Verlustes der personalen Dimension droht beiden Partnern, dem Arzt wie dem Kranken. Sie droht nicht nur in den offensichtlich technischen Aktivitäten medizinischen Handelns. Auch im ärztlichen Gespräch kann hinter dem medizinisch-funktionalen Interesse (für pathophysiologische oder -mechanische Erklärungen etc.) der Blick für den Leidenden, für ihn als Subjekt seines Krankseins verloren gehen. Offensichtlicher wird die Gefahr der Verdinglichung, der Objektivierung und damit des Verlustes der personalen Sicht des Patienten in den immer stärker technisierten Untersuchungs-, Überwachungs- und Behandlungsverfahren, vielleicht am stärksten zu erleben (und von der Öffentlichkeit kritisiert) in der Intensivmedizin mit ihrer Reduktion des lebensbedrohlich Erkrankten auf seine Vitalfunktionen. Die Spannung von Empathie und Sachlichkeit, von Achtung der personalen Würde und der Entseelung, von Mitmenschlichkeit und Dehumanisierung durch Verdinglichung ist nicht nur als individueller Konflikt, sondern als der ärztlichen Aufgabe immanente Ambivalenz zu sehen (konstitutive Dialektik der Objektivität).

In dem konzeptionellen und praktizierten Reduktionismus verlieren Arzt und Kranker die mögliche individuell-biographische und soziale Sinnhaftigkeit des Krankseins aus den Augen oder werden ihrer erst gar nicht gewahr. Die angestrebte Sachlichkeit oder Objektivität **kann** weiten Bereichen der Krankheit angemessen sein; auch **kann** die Person in ihrer Intimität, ihrem auch leiblichen Selbstempfinden durch die gebotene Sachlichkeit gerade geschützt und bewahrt werden; als kranke Person **kann** sie aber auch durch die Sachlichkeit gerade dem ärztlichen Blick verborgen bleiben (Konflikt zwischen Sach- und Personadäquanz).

4.4 Die Arzt-Patient-Beziehung als Behandlungsvertrag

Kasuistik 6: Ein 32jähriger hochgradig abgemagerter, verwahrloster Stadtstreicher wird innerhalb eines Jahres zum drittenmal angetrunken in die Klinik eingeliefert. Von früheren Aufenthalten ist eine chronisch rezidivierende Bauchspeicheldrüsenentzündung bekannt. Klinische und labormedizinische Befunde bestätigen einen erneuten Schub, so daß die Standardtherapie einer Infusionsbehandlung unter oraler Nahrungskarenz eingeleitet wird. Der Kranke hält sich (wieder) nicht an die Anordnungen, ißt, trinkt (auch Alkohol) und macht keinen Hehl daraus, daß er auch raucht.

Fragen

- Worin ist die Verpflichtung ärztlicher Behandlung eines Kranken begründet?
- Hat die Unterscheidung moralischer und vertraglicher Verpflichtung für das ärztliche Handeln eine Bedeutung?
- Setzt die vertragliche Verpflichtung einen verantwortungsfähigen „Vertragspartner" voraus?
- Welche ethischen Maximen begründen die moralische und die vertragliche Behandlungspflicht und den -anspruch?

Theoretische Voraussetzungen und ethische Konsequenzen

Die traditionelle Vorstellung der AP-Beziehung ist die einer moralischen Verpflichtung des Arztes zur Hilfeleistung für den Kranken. Die Beratungs-/Behandlungsfunktion dieser Dyade ist im rechtlichen Rahmen eines (ungeschriebenen) Behandlungsvertrages und des den Kranken schützenden Deliktrechts justiziabel geregelt. Der Arzt schuldet aufgrund dieses Vertrages in erster Linie eine ordnungsgemäße, den Regeln der medizinischen Wissenschaft entsprechende Untersuchung und Behandlung. Als Voraussetzung für die Rechtmäßigkeit eines diagnostischen oder therapeutischen Eingriffes muß der Patient über Verlauf und Risiko ärztlicher Handlungen informiert werden.

Der Behandlungsanspruch, dem die Behandlungspflicht korrespondiert, richtet sich vorrangig an den hilfeleistenden Arzt, dem das Recht der Behandlungsverweigerung zusteht, sofern nicht der Kranke dadurch gefährdet wird. Innerhalb der „lex artis" ist eine ärztliche Therapiefreiheit eingeräumt, die jedoch durch das Selbstbestimmungsrecht des Kranken eingeschränkt sein kann. So viel zur juristischen Regelung.

Autonomie und Selbstbestimmungsrecht sind die Eckpfeiler der vertraglichen Regelung. Die ethische Reflexion zielt nicht allein auf die normative Begründung der gegenseitigen Rechtspositionen. Sie muß auch bewußt machen, daß die juristische Fixierung nur einen **Minimalkonsens** bezüglich einklagbaren (justiziablen) Verhaltens der Vertragspartner widerspiegelt und die möglichen Konflikte viel stärker im Bereich gegenseitiger Achtung und Toleranz, sachlichen und menschlichen Vertrauens liegen. Die Spannung liegt auch zwischen der moralischen und der vertraglichen Verpflichtung, der sich der Arzt nicht oder nur rechtswidrig entziehen kann. Die Vertrauensbeziehung zwischen dem Kranken und seinem Arzt und die Einbindung ärztlichen Handelns in positives Recht schließen sich ebensowenig aus wie sie einander vertreten können. Auch berechtigt Vertrauen nicht zu Rechtsverletzungen noch kann unter Verweis auf die Rechtsbindung Vertrauen verlangt werden.

Die Gewährung der Selbstbestimmung und Selbstverantwortung wird häufig als durch mangelnde Sachkompetenz und Unfähigkeit der Folgenabschätzung auf seiten des Patienten begrenzt angesehen. Es ist zu fragen, ob nicht der Arzt verpflichtet ist, durch Information und Aufklärung dem Kranken zur Einsicht in medizinische Zusammenhänge und Perspektiven, auch zur Klärung seiner eigenen Ziele zu verhelfen. Auch hier wieder muß das Gespräch den kommunikativen Raum bilden für Achtung und Toleranz, auch für die Akzeptanz der u. U. unterschiedlichen Zielsetzungen der funktionalen, asymmetrischen AP-Beziehung.

Dilemmata erwachsen oft aus der mangelnden Einsichts- und Autonomiefähigkeit, auch häufig aus dem fehlenden Autonomiewillen (besonders bei alten Patienten), oft auch in der Situation, daß Kranke (Kinder, Bewußtlose, momentan oder anhaltend nicht zurechnungsfähige Personen) die Voraussetzung der Selbstbestimmung nicht erfüllen. Da ist der Arzt zum Handeln im mutmaßlichen Sinne des Kranken verpflichtet. Er ist damit in besonderem Maße zur exakten Kenntnis der medizinischen Sachverhalte und der möglichen Einstellung des Kranken aufgefordert. Auch muß er sich der eigenen Wertorientierung, der Rechtfertigung seines Handelns bewußt werden. Verschärft wird das Dilemma dort, wo der Arzt juristisch zur Behandlung gegen den ausdrücklichen Willen verpflichtet ist

(Zwangsernährung, psychiatrische Behandlung von Sexual- oder Kapitaldelinquenten).

4.5 Aufklärung und „Wahrheit am Krankenbett"

Kasuistik 7: Ein 82jähriger Mann wurde vor zwei Jahren an einem Gaumenkrebs umfangreich operiert. Er wurde darüber informiert, daß der „bösartige Tumor" vollständig habe entfernt werden können. Prothetisch leidlich gut versorgt, habe er dann zufriedenstellend sprechen und essen können und habe sich in der Großfamilie geborgen und über zwei Jahre hin recht wohl gefühlt. Er wird jetzt in die Klinik eingewiesen, da der Hausarzt eine höckerig vergrößerte Leber und auf der Röntgen-Aufnahme mehrere Lungenrundherde entdeckt habe. Der Patient wie die 83jährige selbst kränkliche Ehefrau seien vom Hausarzt nicht über den Zustand des Mannes aufgeklärt worden. Tochter und Schwiegersohn sind informiert, sie kümmern sich praktisch und herzlich anteilnehmend um den Kranken, wünschen aber ausdrücklich, daß er nicht aufgeklärt werde. Stationsärzte und Schwestern sind ratlos: man dürfe doch den Schwerkranken nicht so im Ungewissen lassen. Vier Tage später stirbt er.

Fragen

- Was ist und was umfaßt Aufklärung?
- Welche ärztlichen und welche Zielsetzungen auf seiten des Kranken verfolgt sie?
- Welche normativen Prämissen stützen Aufklärungsanspruch und -pflicht?
- Worin unterscheiden sich Aufklärung und Wahrheit am Krankenbett?
- Wo liegen die ethischen Konfliktmöglichkeiten von Aufklärung?

Theoretische Voraussetzungen und ethische Konsequenzen

Der ärztliche (diagnostische oder therapeutische) Heileingriff erfüllt rechtlich den Tatbestand vorsätzlicher Körperverletzung. Er bedarf der Rechtfertigung, die die Einwilligung („informed consent") des Kranken erfordert. Dessen mangelnde Sachkompetenz und Beratungsbedürftigkeit wie die Anerkennung des Kranken als selbstverantwortlicher Person (Selbstbestimmungsrecht) begründen dessen Aufklärungsanspruch und die **ärztliche Aufklärungspflicht**. Rechtlich ist sie mit dem Behandlungsvertrag verknüpft. Sie umfaßt die diagnostische, therapeutische und Verlaufsaufklärung inklusive Risikoaufklärung, die Sicherungs- und Selbstbestimmungsaufklärung. Aufklärung darf – laut BGH – nur entfallen, wenn durch sie Leben und Gesundheit ernstlich gefährdet würden.

Wenn Aufklärung inhaltlich juristisch so detailliert formuliert ist, erhebt sich die Frage, wann sie zum Anlaß eines ethischen Konfliktes werden kann. Normativ für Aufklärung ist die Achtung der personalen Autonomie des Kranken. Aufklärung kann jedoch den Kranken in Entscheidungsnot, Angst, Verzweiflung und Hoffnungslosigkeit bringen. Deswegen gilt es abzuwägen, was juristisch geboten, was medizinisch notwendig und menschlich zuträglich und zumutbar, was verzichtbar und was für die Kooperation erforderlich ist. Eine bevormundende Festlegung dessen, was zuträglich sei, ein Ausnutzen und Ausweiten des therapeutischen Privilegs ist ebenso fragwürdig wie eine rücksichtslose, unzeitige „vollständige Information" über eine aussichtslose Erkrankung (z. B. Krebs). Aufklärung muß informativ und interaktiv **Entscheidungshilfe** gewähren. Die Information hat nicht notwendigerweise (auch juristisch nicht) vollständig zu sein, wohl aber richtig, **wahrheitsgemäß**. Sie vollzieht sich wünschenswerterweise prozeßhaft als Begleitung des Kranken – und sei es erst nur bis zur Entscheidung des Kranken zu einer diagnostischen oder therapeutischen Maßnahme.

Als empathische Umgangsform übersteigt die viel diskutierte und kritisierte, oft aber falsch verstandene **Wahrheit am Krankenbett** die funktional-medizinische wie die juristische Ebene hin zu einer personalen Beziehung zwischen Arzt und Krankem, bestimmt von der Achtung der Würde des Menschen. Prozeßhafte Wahrheitsvermittlung wird zu einer u. U. längerfristigen Begleitung, wo es um chronisch Kranke, um Todkranke oder Sterbende geht.

Aufklärung ist juristisch eine Aufgabe des jeweils den Heileingriff durchführenden Arztes. In den verschiedenen Institutionen des Gesundheitswesens, am deutlichsten in der Klinik, erwachsen u. U. Konflikte auch dadurch, daß viele funktions- und hierarchiegebundene Mitarbeiter eines Behandlungsteams mit unterschiedlichen Einstellungen zu Art und Umfang der Aufklärung, der „Wahrheit am Krankenbett", die Versorgung und Verantwortung für den Kranken tragen. Der Arzt muß deswegen auch die Fähigkeit entwickeln, im Gespräch mit den Mitarbeitern die Bedingungen für Aufklärung i. w. S. (Funktionsablauf, personelle Zuständigkeit, Zeit, den Freiraum) zu analysieren und zu verbalisieren. Ebenso muß er lernen, die individuellen Erfordernisse, die emotionalen und kognitiven Möglichkeiten und des Kranken eigene Einstellung zu erfassen und in der Rechtfertigung seines ärztlichen Handelns zu berücksichtigen.

4.6 Schweigepflicht und Datenschutz

Kasuistik 8: Ein 58jähriger Lehrer wird (1983) stationär wegen des Verdachtes einer Herzinnenhautentzündung (Endokarditis) bei einem prädisponierenden Herzklappenfehler eingewiesen. Die Diagnose wird bestätigt. Die dem Erreger gemäße antibiotische Therapie zeigt über Wochen keinen zufriedenstellenden Erfolg. Der Prozeß an der Herzklappe scheint fortzuschwelen und die anhaltend leicht fieberhaften Temperaturen zu erklären. Jedoch entwickelt sich keine Beeinträchtigung der Herz-/Kreislauffunktion, so daß zu zweifeln ist, ob der protrahiert schwerkranke Zustand, die Abmagerung allein auf die Endokarditis zurückzuführen sind. Diese auch dem Kranken gegenüber geäußerten Zweifel beantwortet er mit der ängstlich vorgebrachten Bitte, einen HIV-Test durchzuführen. Der ist positiv. Im langen Gespräch über das Ergebnis berichtet der Kranke z. T. unter Tränen, er habe in einer benachbarten Großstadt einen Freund, mit dem er seit Jahren homosexuell verkehre. – Wie er denn jetzt behandelt werden könne? Der Kranke geht auf das Angebot einer Beratung im AIDS-Zentrum der nächstgelegenen Universitätsklinik ein. Die empfohlene klinisch-experimentelle Infusionsbehandlung wird dann in der heimischen Klinik vorgenommen. – Nach Bekanntwerden des positiven Tests auf der Station werden das Pflegepersonal und die Ärzte über die notwendigen Hygienemaßnahmen instruiert; Blutentnahmen und Anlage von Infusionen werden vom Chefarzt ausgeführt. – Der Kranke bittet zunächst dringend um Verschwiegenheit gegenüber seiner Frau und seiner Tochter (22jährig), er müsse erst selbst mit dem „Todesurteil" fertig werden. Das Gespräch des Kranken mit seiner Ehefrau etwa eine Woche später erspart es den Ärzten, sie „aufklären" zu müssen. Die Tochter solle jedoch nichts erfahren. – In der Situation des verteilten Wissens wird der Kranke erst über längere Zeit in der Klinik, dann ambulant behandelt. Schulbehörde und Versicherung werden über eine „chronische Endokarditis" informiert. – Die Endokarditis schwelt weiter. Allmählich entwickeln sich unter der Therapie Hautveränderungen „unklarer Genese"; Monate später stirbt der Patient in der AIDS-Station der Universitätsklinik an einer Lungenentzündung.

Fragen

- Welchen Grundrechten des Kranken entspricht die ärztliche Schweigepflicht?
- Mit wessen Rechten – juristischen wie moralischen – kann der Anspruch auf Schweigepflicht konflingieren?
- Welche den Interessen des Kranken übergeordneten Rechte und Pflichten heben die Schweigepflicht auf?
- Wer ist wem gegenüber zur Verschwiegenheit verpflichtet?

Theoretische Voraussetzungen und ethische Konsequenzen

Die Pflicht zur Verschwiegenheit über „was immer ich sehe und höre bei der Behandlung oder außerhalb der Behandlung" gehört seit der Verpflichtung auf den hippokratischen Eid zur ärztlichen Rechts- und Standespflicht. In der gebotenen und rechtlich mehrfach (durch den Behandlungsvertrag, in der ärztlichen Berufs- und Standesordnung und strafrechtlich) abgesicherten und geschützten Verschwiegenheit gründet auch das Vertrauen des Kranken. Die Schweigepflicht korrespondiert einem Grundrecht der Persönlichkeit, dem Schutz ihrer Intimität.

Diese Pflicht wird ständig gefährdet durch

z. B. Informationsweitergabe an Versicherungsträger, öffentliche, auch berufsbezogene Institutionen, auch an Familienangehörige, ja auch innerhalb der unmittelbar den Kranken versorgenden Institution des Krankenhauses. Es ist offensichtlich, daß hier ein Persönlichkeitsrecht des Kranken – wenn auch ausdrücklich oder (wie im Falle der krankenhaus-internen Informationsweitergabe) nolens volens – verletzt wird. Im juristischen wie im Raum ethischer Reflexion gilt es hier, „Güter" abzuwägen für die Interessen und die Menschenwürde des Kranken und die familiären oder gesellschaftlichen, staatlichen Belange und Rechte. Es kann im Fall des rechtfertigenden Notstandes (z. B. im Falle von Seuchen oder kriminellen Gesundheitsschäden) die Schweigepflicht gegenüber Institutionen und der Gesellschaft auch gegen den Willen des Kranken aufgehoben werden.

Der ethische Konflikt liegt u. a in der Wertung der individuellen Menschenwürde einschließlich des Rechtsanspruches auf Verschwiegenheit gegenüber der Sozietät, unter gleichrangiger Achtung des sozialen Netzes (Familie, Versorgungsinstitutionen, Solidargemeinschaft) des kranken Menschen wie der Gemeinschaft und der Gesellschaft.

4.7 Literaturempfehlungen

Dworkin, G. (1977): Paternalism. In: *Reiser S. J., Dyck A. J. & Curran W. J.* (edit.): Ethics in Medicine – Historical Perspektives and Contemporary Concerns. MIT Press Cambridge, Massachusetts, and London, England; pp 190–198
Ein umfassendes amerikanisches Lehrbuch der medizinischen Ethik, das auch für den deutschen Leser, u. a. den Lehrer dieses Faches zur Geschichte medizinethischer Codices wie zu aktuellen (1970) Problemfeldern umfangreich infomativ und anregend ist.

Geisler, L. (1987): Arzt und Patient – Begegnung im Gespräch. Pharma-Verlag, Frankfurt a. M.
Allgemeine Anleitung zur Gesprächsführung mit Kranken unter starker Berücksichtigung der Bedeutung nonverbaler Informationen. Im 2. Teil werden spezielle Probleme des Umgangs mit ängstlichen, schwerchronisch- oder sterbenskranken, alten oder aphasischen Patienten geschildert.

Narr, H. (1987): Arzt – Patient – Krankenhaus. Beck-Rechtsberater, dtv, München)
Darstellung der Rechtslage betr. Behandlungsvertrag, Aufklärungspflicht, Haftung, Schweigepflicht, Sterbehilfe, Schwangerschaftsabbruch etc.

Raspe, H.-H. (1983): Aufklärung und Information im Krankenhaus. Vandenhoeck & Ruprecht, Göttingen
Medizinsoziologische Untersuchung, gestützt auf Patientenbefragungen, zur Praxis der Aufklärung und deren Aufnahme von seiten der Patienten.

Schmeling-Kludas, C. (1988): Die Arzt-Patient-Beziehung im Stationsalltag.
VCH-Verlagsgesellschaft, Weinheim
Das z. T. auf empirische Erhebungen gestützte, durch Kasuistiken didaktisch gute Buch verfolgt die Schritte stationärer Patientenbetreuung von der Aufnahme, durch Diagnostik, Aufklärung und Therapie bis zur Entlassung. Die Darstellung der verschiedenen Gesprächs- und Visitenkontakte zielt auf das psychologische Verständnis der Kranken und weniger auf die ethische Reflexion der Wertorientierung ärztlichen Handelns und Verhaltens in der AP-Beziehung. Sie bietet Hilfen für die Überwindung von krankenhausspezifischen Problemen der Patienten.

Stucke, W. (1987): Die Arzt-Patienten-Beziehung im Krankenhaus. G. Fischer, Stuttgart, New York
Wenn auch aus psychiatrischen Kliniken, liefern die Beiträge auch für den allgemeinmedizinischen Umgang mit Kranken bedenkenswerte Informationen.

5 Fortpflanzungsmedizin

Stella Reiter-Theil, Winfried Kahlke

Fragen

- Ist das Phänomen der Kinderlosigkeit wider Willen ein „gottgegebenes" unveränderliches Schicksal, das es zu akzeptieren gilt, oder ist es eine Krankheit?
- Gilt (auch) für Kinderlosigkeit das in wohlhabenden Kreisen aller Gesellschaften verankerte und legitimierte Recht des einzelnen, seine Krankheiten und Leiden mit allen in der Medizin zur Verfügung stehenden Mitteln heilen oder bessern zu lassen?
- Wird die Fortpflanzungsmedizin der wohlverstandenen Autonomie der Frau und des Paares gerecht oder steht sie im Dienst des bis in die Intimsphäre von Sexualität und Fruchtbarkeit ausgedehnten Leistungsprinzips, „der Körper soll funktionieren"?
- Dient sie dem Wunsch, mit den Mitteln von Naturwissenschaft und Technik noch weitergehend als bisher über das Leben zu verfügen?
- Sollen in unserer Gesellschaft die Sterilität und ihre reproduktionsmedizinische Behandlung aus der Perspektive der Demographie hochindustrialisierter Staaten und stagnierender oder abnehmender Bevölkerungsentwicklung betrachtet werden oder vor dem Hintergrund der Welternährungssituation, die jährlich hunderttausende Kinder das Leben kostet?
- Welche rationalen Argumente sprechen dafür oder dagegen, den Aufwand der reproduktionsmedizinischen Maßnahmen zur Zeugung einzelner gewünschter Kinder der Zahl der Abtreibungen entgegenzuhalten?
- Sind in der Fortpflanzungsmedizin Behandlungsmethoden ärztlich vertretbar, die das Risiko einer Mehrlingsschwangerschaft und des Abtötens eines oder mehrerer Feten (Fetozid) nicht sicher ausschließen können?

5.1 Theoretische Voraussetzungen

Begriffe - Diagnosen - Wertungen

Die aktuelle öffentliche und fachliche Diskussion um die Behandlung der Sterilität und die Bedeutung des Kinderwunsches zeigt, wie eng theoretische Vor-Annahmen über die Entstehung und Aufrechterhaltung der Sterilität, psychologisierende Etikettierungen und moralisierende Bewertungen in die Beurteilung der richtigen und angemessenen Behandlungsstrategien eingehen.

Begriffe wie „idiopathische" oder „unerklärliche" Sterilität vermitteln neben der diagnostischen Unsicherheit den Eindruck, die betreffende Frau, der betreffende Mann entspreche nicht der Norm. Die Diagnose „psychogene Sterilität" suggeriert selbst dann, wenn sie aus Verlegenheit per exclusionem gestellt wird, einen monokausalen Zusammenhang, der wissenschaftlich in dieser Vagheit nicht haltbar ist und auch zur Stigmatisierung der Patientin (oder des Patienten) beitragen kann. Auch der Terminus „Kinderlosigkeit" impliziert eine **Normabweichung** der „Kinderlosen" gegenüber denjenigen, die Kinder haben.

Noch schwerwiegender sind die negativen Konnotationen bei den gängigen Qualifizierungen des Kinderwunsches von Paaren, die sich für eine reproduktionsmedizinische Therapie interessieren. Bezeichnungen wie **„überwertiger"** oder **„neurotischer"** Kinderwunsch unterstellen einen pathologischen Charakter des von den Betroffenen subjektiv als drängend erlebten Wunsches. Inhaltlich werden Kinderwünsche mitunter schematisch auf den Wunsch, die eheliche

Beziehung zu stabilisieren, reduziert, oder es wird eine „Messiaserwartung" des Paares gegenüber dem Kind behauptet, ohne zu berücksichtigen, daß Komponenten dieser oder anderer Motive selbstverständlich auch in die Kinderwünsche nicht-steriler Paare eingehen können. Die sogenannte Messiaserwartung als eine das gewünschte Kind in pathologischer Weise instrumentalisierende Motivationslage wurde demgegenüber nur auf der Basis weniger eingehender Einzelfallanalysen festgestellt (*Goldschmidt* und *De Boor,* 1976, *Goldschmidt,* und *Jürgensen,* 1984). In der psychoanalytischen Originalliteratur wurde diese Motivstruktur mit gebührender Sorgfalt behandelt, während sich in der Sekundärliteratur unzulässige Verallgemeinerungen finden (z. B. *Ludwig-Körner* 1986, *Hölzle* und *Wiesing* 1990). Eine neue Untersuchung erweist vielmehr die (generalisierende) Annahme, Frauen, die sich einer in-vitro-Fertilisation (IVF) unterziehen, seien psychisch auffällig, als Vorurteil (*Wakolbinger* 1991). Nachzuweisen ist vielmehr, daß IVF-Patientinnen gemäß psychodiagnostischen Kriterien nicht als homogene Gruppe betrachtet werden können. Lediglich ein Drittel der untersuchten Frauen eines IVF-Programms erfüllten die Kriterien signifikanter psychischer Probleme – besonders im Bereich einer zwangsneurotischen Symptomatik, Depressivität oder Ängstlichkeit (ebd., S. 135).

Durch die kritische Reflexion der Begriffe im Zusammenhang von Sterilität und Reproduktionsmedizin wird die Verbindung von wissenschaftlicher Darstellung und Bewertung erkennbar. Dabei gilt vor allem zwei Tendenzen kritische Aufmerksamkeit:

1. der Tendenz, unerfüllte Kinderwünsche und Sterilität auf dem Hintergrund eines mechanistischen Menschenbildes nur aus der technizistischen Perspektive des „Reproduzierens" zu betrachten und zu behandeln – oder nicht zu behandeln – und,
2. der Tendenz, in ähnlich reduktionistischer Weise nur auf die hypothetischen psychologischen, **psycho**somatischen, **psycho**pathologischen etc. Bedingungen der Sterilität zu rekurrieren und ein dementsprechend verkürztes und von den Betreffenden nicht unbedingt gewünschtes alternatives Behandlungsangebot zu begründen.

Mit beiden Tendenzen kann eine unreflektiert **paternalistische Haltung** der Behandelnden verbunden sein, die den Respekt vor der Autonomie der Kinderwunsch-Paare als Patienten vermissen läßt (*Reiter-Theil* 1990). Unterschiedliche Auffassungen über die Behandlungsbedürftigkeit und über in Frage kommende Arten der Behandlung des unerfüllten Kinderwunsches/der Sterilität stehen im Zusammenhang damit, ob Sterilität in erster Linie als „Krankheit" gesehen wird, oder ob man vom subjektiv erlebten Leiden der Betroffenen ausgeht. Entsprechend dient die Reflexion möglicher Therapieziele – von der Ausrichtung auf das Symptom „Sterilität" über dessen vielfältige mögliche Ursachen bis zu komplexen Kriterien wie Wohlbefinden oder Minderung des Leidens – dem Ziel, angesichts widersprüchlicher Lehrmeinungen in der aktuellen Situation therapeutische Maßnahmen im Hinblick auf solche Ziele zu begründen, die eine **informierte Zustimmung** der Betroffenen, welche diesen Namen auch verdient, erhalten können.

Methoden und Techniken der Fortpflanzungsmedizin

Die **Ursachen einer „Sterilität"**, wenn nach ein bis zwei Jahren regelmäßigen und ungeschützten Geschlechtsverkehrs keine Schwangerschaft eingetreten ist, liegen – entgegen einer weitverbreiteten Annahme – mit je 40 % etwa gleich häufig beim weiblichen wie beim männlichen Partner und für den übrigen Anteil bei beiden gemeinsam.

Die Angaben über Art und Ausmaß vorwiegend **psychosomatischer** Ursachen der Kinderlosigkeit eines Paares schwanken erheblich.

Eine zunehmende Bedeutung gewinnen offenbar die unterschiedlichsten **Noxen** wie bestimmte Pflanzenschutzmittel, polychlorierte Biphenyle und auch Nikotin, die für die in jüngster Zeit gehäuft gefundene Verminderung der Qualität des männlichen Spermas verantwortlich gemacht werden.

Je nach diagnostizierter somatischer Ursache umfaßt die Behandlung **hormonelle,** andere medikamentöse (antibiotische, immunsupressive u. a.) oder **operative Maßnahmen.**

Eine **Hormontherapie bei der Frau** zielt auf die ovarielle Stimulation ab. Für die erhebliche Zunahme von Mehrlingsschwangerschaften in den letzten Jahren ist neben der IVF (s. u.) vor allem diese Stimulationsbehandlung, deren Effekte letztlich nicht kontrolliert werden können, verantwortlich (sog. Helping Effekt: *Hepp* 1989, S. 228 f.). Beim **Mann** kann eine **hormonelle Therapie** zur Untersützung der Produktion befruchtungsfähiger Samenzellen in ausreichender Menge bzw. der sexuellen Potenz eingesetzt werden.

Bei der **Insemination** werden Spermien zum Zeitpunkt des Eisprungs in die Gebärmutter gespült, wenn diese auf natürliche Weise nicht übertragen werden können. Unter **„homologer Insemination"** versteht man die Verwendung von Sperma des Ehepartners bzw. Lebensgefährten der Frau; **„heterologe Insemination"** bedeutet, daß Samenzellen von sog. Spendern, die meist anonym bleiben, zur Befruchtung verwendet werden. Werden einer Frau Eier implantiert, die aus den Eierstöcken einer anderen Frau entnommen worden sind, so wird dies als **Eispende** bezeichnet. Von **Leihmutterschaft** spricht man, wenn eine Frau mit dem (befruchteten) Ei einer anderen Frau für diese ein Kind austrägt.

Beim **Gameten-Transfer** in einen Eileiter (Gamete Intrafallopian Transfer = GIFT) werden abgesaugte Eizellen zusammen mit Samenzellen in einen oder beide Eileiter gespült, wo sich die Keimzellen dann (unter natürlichen Bedingungen) vereinigen können.

Embryo-Transfer in einen Eileiter (Embryo Intrafallopian Transfer = EIFT) setzt eine extrakorporale Befruchtung der abgesaugten Eizellen mit Samenzellen voraus. Eine extrakorporale Befruchtung erfolgt vor der **in-vitro-Fertilisation** (IVF) mit Embryotransfer (ET), bei welcher die vorgesehene Zahl (inzwischen meistens nicht mehr als drei) Embryonen im Zwei- bis Achtzell-Stadium in die Gebärmutter übertragen werden. Der Gewinnung von Eizellen geht generell eine ovarielle Stimulationsbehandlung voraus, obwohl der Verzicht darauf möglich ist und überdies moralische Folgeprobleme (Risiken, Fetozid) reduzieren würde.

Jede reproduktionsmedizinische Maßnahme bedarf einer klaren Indikationsstellung.

5.2 Fallbeispiel

Das folgende Fallbeispiel veranschaulicht vor allem die Probleme einer „Ethik der Beratung und Betreuung" von Patientinnen und Patienten in der Reproduktionsmedizin, nicht hingegen die Grundfrage nach der moralischen Zulässigkeit der „technischen" Gewinnung und Befruchtung von Eizellen. Diese wohl auf Grund ihrer Subtilität häufig vernachlässigte Perspektive – gegenüber der Dramatik, mit der die Debatte, beispielsweise um die Rechte von Embryonen, geführt wird – verdient es u. E. jedoch, ausführlich reflektiert und bearbeitet zu werden. Sie ist für die **praktische** Umsetzung medizinisch begründeter Entscheidungen im Kontakt mit den Betroffenen ausschlaggebend, während die prinzipielle Frage, ob eine Sterilitätsbehandlung unter Einbeziehung extrakorporaler Befruchtung für die Betroffenen oder die Behandelnden in sich **moralisch** gerechtfertigt werden könne, meist außerhalb des Behandlungskontextes thematisiert und vielfach mit Bezug auf religiöse Überzeugungen oder Konzepte von „Natürlichkeit" entschieden wird.

Ein Paar (Frau S. 37 J., Herr S. 41 J.) kam 1988 auf Grund eines Artikels der Zeitschrift „Eltern" über künstliche Befruchtung in eine Beratungsstelle. Das Paar ist fest entschlossen, seinen Kinderwunsch, der seit vier Jahren unerfüllt geblieben ist, mit Hilfe einer in-vitro-Fertilisation (IVF) zu realisieren.

Die Partnerschaft besteht seit 1982; bis 1984 hätten sie „aufgepaßt", daß keine Schwangerschaft entstehe, denn sie wollten zunächst die Wohnung einrichten, sich beruflich und finanziell festigen. 1984 entschließen sie sich zu einem Kind. Als sich bis 1986 keine Schwangerschaft einstellt, läßt sich Herr S. untersuchen. Die Qualität seiner Spermien ist beim ersten Untersuchungstermin deutlich herabgesetzt, bei einer Kontrolluntersuchung ist das Sperma merklich besser. An einer Klinik wird Frau S. mit dem Samen ihres Mannes inseminiert, um die Chancen einer Befruchtung zu optimieren. Nach einigen erfolglosen Behandlungen ist Herr S. „sehr frustriert" und möchte die Behandlung beenden. Frau S. fürchtet ebenfalls weitere Behandlungen dieser Art, da sie meint, in der Klinik sei es für sie sehr „stressig" gewesen und ziemlich peinlich. Darum seien sie so sehr an einer IVF interessiert, und hier, in der für die Behandlung der Sterilität spezialisierten Einrichtung, erhofften sie sich auch eine persönlichere Betreuung.

Das Paar wird zunächst genau über die Wirkungsweise der IVF informiert und darüber, daß sie vor allem zur Umgehung verschlossener Eileiter geeignet sei; alle anderen Funktionen blieben auch bei dieser scheinbar „technischen" Methode dem Körper überlassen.

Im weiteren Gespräch stellt sich heraus, daß die beiden seit 1985 ihren sexuellen Verkehr auf die fruchtbaren Tage beschränken, was besonders Herrn S. sehr belastet. Frau S. mißt seit zwei Jahren täglich Temperatur, um den Eisprung zu kontrollieren und ihn nicht zu versäumen. Sie führt penibel Aufzeichnungen. Die Schilderung dieser Maßnahmen und deren Begründung verdeutlichen dem Beraterteam, wie wichtig es Frau S. ist, zu erfahren bzw. bestätigt zu finden, daß ihr Körper funktioniert. Auf die Frage, ob beide Partner sich einen Zusammenhang zwischen den geschilderten Anstrengungen, eine Schwangerschaft herbeizuführen, und dem „Nicht-schwanger-werden" vorstellen könnten, antworten sie: Ja, sie hätten davon gehört; Frau S. meint aber ziemlich abweisend, daß sie sich in ihrem Falle einen solchen Zusammenhang absolut nicht vorstellen könne. Der von diesem Paar ausgehende Druck ist für die Berater deutlich spürbar, noch dazu, da sich Frau S. sichtbar verschließt, nachdem psychische Faktoren angedeutet werden. Die Mitglieder des Behandlungsteams haben für ihr weiteres Vorgehen folgende entscheidungsrelevanten Aspekte zu berücksichtigen:

- Aus psychosomatischer Sicht widerstrebt es ihnen, die Auswirkungen des Kinderwunsches auf die Partnerschaft, worunter besonders der Mann zu leiden angibt, einfach mit einer medizinischen Behandlung zuzudecken.
- Sie wissen aus Erfahrung, daß sich der Druck, unter dem das Paar offensichtlich steht, als störender Faktor auf eine IVF auswirken kann; die Frage ist, ob sie deshalb von der gewünschten IVF abraten sollen.
- Nach dem eigenen Arbeitsverständnis erscheint es ihnen unmöglich, sich einfach auf die Forderungen der Patienten wie auf eine „Bestellung" einzulassen oder andererseits die Patienten zu bloßen Bittstellern um eine „Eignungsuntersuchung" für die vorgesehene Behandlung zu degradieren.

Zum weiteren Verlauf:

Das Paar bekommt einen IVF-Termin. In der Wartezeit davor bleibt einmal die Regel aus; der Schwangerschaftstest ist positiv. Frau S. meint daraufhin entrüstet: „Aber ich habe doch einen IVF-Termin!" (Nach einer kurz darauf erfolgten Blutung ist der Test wieder negativ). Während des zwei Monate später unternommenen IVF-Versuchs kommt es trotz befriedigenden Spermiogramms zu keiner Fertilisierung der Eizelle und somit zu keinem Transfer.

In dem folgenden Gespräch nimmt das Beraterteam die Gelegenheit wahr, seinen Eindruck über den Verlauf der gewünschten Prozedur mit dem Paar zu besprechen, nämlich: ob die IVF für Herrn S. eine Möglichkeit sei, der Einengung auf den gezielten und termingebundenen Geschlechtsverkehr zu entgehen, und für Frau S. eine Möglichkeit darstelle, ihren Körper noch genauer auf seine Funktion hin zu überprüfen. Die Offenheit, in der die Partner erstmals miteinander und auch mit den Beratern über ihr Problem reden, ermöglicht ihnen eine neue Einstellung: Nach dem, was sie nun erfahren hätten, hätten sie wohl rückblickend auf eine IVF verzichtet. Sie könnten sich jetzt auch ein Leben ohne Kind vorstellen (*Fiegl* und *Kemeter* 1989).

Wesentliche Fragen und Probleme der Fortpflanzungsmedizin werden in diesem Fallbeispiel aufgedeckt.

- Wie sind angesichts dieser Entwicklung die Überlegungen und Vorgehensweisen des Beraterteams zu beurteilen?
- Um welche Ziele soll es bei der Behandlung von Kinderlosigkeit gehen?
- Bieten die stark technikorientierten Methoden der Reproduktionsmedizin genügend Raum für die Einbeziehung von notwendigen Beratungsgesprächen?
- Mit welchen Behandlungsangeboten könnte die Medizin Paaren mit unerfülltem Kinderwunsch verantwortungsvoll begegnen?

5.3 Ethische Fragen in der Praxis der in-vitro-Fertilisation (IVF)

Der von Frauen oder Paaren vorgebrachte Wunsch nach Behandlung ihrer Kinderlosigkeit wird bei den konsultierten Ärztinnen und Ärzten in der Regel - naheliegenderweise - als eine Nachfrage in Richtung reproduktionsmedizinischer Maßnahmen interpretiert und beantwortet. Wie auch in anderen Bereichen der Medizin hat ihr technikbetonter Fortschritt einen richtungweisenden Einfluß auf ärztliche Entscheidungen.

Die Praxis der Repoduktionsmedizin kann am Beispiel der **in-vitro-Fertilisation** in ihren moralisch relevanten Aspekten behandelt werden. Dabei ist zunächst die Reflexion über mögliche Therapieziele mit den Kinderwunschpatientinnen und ihren Partnern wichtig. Kann und soll es um die Beseitigung der Sterilität im Sinne einer **Krankheit** gehen, oder steht die Frage der Bewältigung des **Leidens an der Sterilität** im Vordergrund? Will das Paar „ein Kind um jeden Preis“? Der Prozeß des gemeinsamen Reflektierens und Sprechens über mögliche Therapieziele ist bereits Teil der Behandlung. Die Frage der Indikation und Kontraindikation der in-vitro-Fertilisation (oder auch einer anderen Behandlung, z. B. Psychotherapie) ist nicht unabhängig von Wertungen, die über die **Selektionskriterien** für in Frage kommende Personen in die Entscheidung des Arztes eingehen: Sollen nur (Ehe-)Paare oder auch alleinstehende Frauen mit Kinderwunsch behandelt werden? Welche Merkmale sollen in Frage kommende Personen (nicht) aufweisen, z. B. Alter, sozioökonomischer Status, Gesundheit, Heterosexualität, soziale Integration u. v. a. m.?

Nach dem Embryonenschutzgesetz werden in Deutschland nur verheiratete oder auf Dauer zusammenlebende Paare zur IVF zugelassen. Dabei ist ausschließlich eine homologe Befruchtung mit Ei- und Samenzellen der betreffenden Partner, nicht hingegen eine heterologe Samen- oder Eispende gestattet. In Ländern, in denen heterologe Inseminationen durchgeführt werden, werden moralische Fragen wie die Anonymität des Spenders, seiner etwaigen Rechte bzw. Pflichten als biologischer Vater sowie das Recht des so gezeugten Kindes auf Kenntnis seiner Abstammung diskutiert. Verbreitet ist die allenfalls administrativ befriedigende „Lösung“ des Problems auf dem Wege, daß durch heterologe Insemination gezeugte Kinder im Alter von 18 Jahren Aufschluß über die Identität des Samenspenders, ihres biologischen Vaters, erhalten. Die Problematik der Identitätsentwicklung des Kindes und Jugendlichen (*Berger* 1993) sowie die resultierende Belastung der Familiendynamik wird hierdurch jedoch keineswegs „beseitigt“.

Angesichts der niedrigen Erfolgsquoten reproduktionsmedizinischer Behandlungen, insbesondere der in-vitro-Fertilisation, kommt der ehrlichen **Aufklärung** der Interessentinnen und ihrer Partner eine besonders große Bedeutung zu. Die durch die Behandlung zu erwartenden Belastungen durch den großen Zeitaufwand, die Anspannung, eine mögliche Verletzung der Schamgrenze, eine Beeinträchtigung der Partnerschaft und der sexuellen und erotischen Beziehung eines Paares müssen ebenso zur Sprache gebracht werden wie das erhöhte Risiko einer Mehrlingsschwangerschaft oder einer Fehlgeburt. Die Aufklärung der Interessentinnen und ihrer Partner soll gegebenenfalls in eine **Beratung und Betreuung** der Betreffenden übergehen, die während der ganzen fortpflanzungsmedizinischen Behandlung aufrechterhalten bleibt. Hierbei ist darauf zu achten, daß sich zwischen der Patientin/dem Patienten und den Behandelnden ein Vertrauensverhältnis entwickeln kann, was bei ständigem Wechsel der Behandelnden nicht möglich ist. Eine Reduktion der ärztlichen Verantwortung allein auf die naturwissenschaftlich-technische Kompetenz wäre ethisch gänzlich unangemessen.

Mit den einzelnen Phasen im Prozeß einer Kinderwunsch-Beratung und -Behandlung, in der es u. U. zur Anwendung der in-vitro-Fertilisation (oder einer anderen Methode) kommt, sind zugleich mehrere ethische Grundprinzipien angesprochen, die gewahrt werden müssen:

- der Respekt vor der Autonomie der Betreffenden, deren gewissenhafte Aufklärung, Beratung und Betreuung;
- die Handhabung eines möglichen Dissenses über Behandlungsziele und Behandlungsmethoden zwischen Arzt und Berater einerseits und Kinderwunsch-Patienten/innen andererseits;
- das angemessene Eingehen auf einen Konflikt zwischen den betreffenden Partnern.

Besonders letztere Konstellation erfordert einen reflektierten Umgang mit der Beziehung zwischen Arzt bzw. Berater und dem Paar, der neben dem Respekt vor der Autonomie des einzelnen auch die Frage der Gerechtigkeit gegenüber beiden Partnern und ihren Motivstrukturen zu berücksichtigen erfordert.

Fetozid - ein moralisches Folgeproblem

Ein Problem außerordentlicher Tragweite ist die bereits zur Praxis gewordene Maßnahme der Tötung („Reduktion") von einzelnen Feten bei höhergradigen Mehrlingsschwangerschaften, die im Zuge des Versuchs, reproduktionsmedizinische Maßnahmen „effizient" zu machen, provoziert oder in Kauf genommen wird - „Fetozid". Um eine höhergradige Mehrlingsschwangerschaft wenigstens „teilweise", nämlich als einfache oder Zwillingsschwangerschaft, zu erhalten und gleichzeitig das Risiko für die werdende Mutter zu vermindern, sei der Fetozid - so die Argumentation der Befürworter - notwendig und vertretbar. „Zur Verringerung dieser Risiken und zur Vermeidung schwerer Leiden für Mutter und Kind wird deshalb eine Reduktion der Anzahl auszutragender Feten auf drei und weniger durch intrauterine Abtötung überzähliger Feten (Fetozid) empfohlen" (BÄK 1989). Dies ist unseres Wissens das erste Mal, daß von einer Ärzteorganisation die Tötung von Feten angeraten wird.

Diese ethisch äußerst problematische Vorgehensweise, die angesichts eines - durch ärztliche Maßnahmen entstandenen! - Handlungsdrucks zur Verhinderung noch größeren Übels verteidigt wird, gilt es im Lichte unterschiedlicher technischer Methoden der Reproduktionsmedizin zu diskutieren. Sind reproduktionsmedizinische Maßnahmen, die zu einer Empfehlung oder einem Verlangen nach Fetozid führen könnten, ärztlich überhaupt vertretbar (*Ruhrmann* 1990)? Bei der Durchführung des Fetozids entscheidet z. B. allein die „technische Erreichbarkeit" des Feten für die tödliche Dosis des intrakardial gespritzten Kaliumchlorids über die „Auswahl" derjenigen, die um der anderen willen sterben sollen. Wie diese Tötung von Feten nicht nachträglich zu vertreten, sondern deren gedankenlose (?) Provokation von vornherein zu verhindern wäre, muß im ethischen Diskurs der Reproduktionsmedizin zentrale Frage und praktisches Anliegen sein (*Hepp* 1989).

5.4 Probleme im Kontext

Anhand der Fragen, der theoretischen Einführung und des Fallbeispiels wurden ethisch relevante Probleme in der Fortpflanzungsmedizin vorgestellt und einer Klärung nähergebracht. Dabei wurden notwendigerweise unterschiedliche Arten und Zusammenhänge von Problemen angesprochen, die auch ganz verschiedene Antworten oder Lösungsversuche erfordern.

Um einerseits die Komplexität durch einen Ordnungsversuch zu reduzieren, andererseits aber vor allem nicht bloß bei offenen oder unlösbaren Fragen und Problemen stehenzubleiben, soll im folgenden abschließend eine Übersicht entwickelt werden, nach der ethische Fragen und mögliche Antworten in der Fortpflanzungsmedizin - auch hier ungenannt gebliebene - eingeordnet und bearbeitet werden können.

Die ethischen Probleme in der Fortpflanzungsmedizin lassen sich sinnvoll nach soziomoralischen Kontexten unterscheiden (vgl. Kap. 2), die wiederum korrespondierenden Lösungsversuchen gegenübergestellt werden können.

Kontext der betroffenen einzelnen: Frau, Mann, Paar

Das Leiden an einem unerfüllten Kinderwunsch, mögliche medizinische Behandlungsangebote und deren Chancen und Risiken bedeuten für Betroffene eine unübersichtliche Situation voll Unsicherheit und Sorge, gemischt mit dem Wunsch und der Hoffnung auf ein eigenes Kind. Das durch die Kontrazeption selbstverständlich gewordene Recht, nach eigenem Wunsch über die Kontrolle der Fortpflanzung (Generativität) zu verfügen, wird zunächst analog auf den Kinderwunsch übertragen und an die Medizin herangetragen. Damit erweitert sich die Perspektive der individuell Betroffenen um die Person des aufgesuchten Arztes, um seine Kompetenz, aber auch um seine moralische Grundhaltung.

Kontext der Beziehung zwischen Arzt und Patient

Der Respekt vor der **Autonomie des Patienten** ist eines der führenden Prinzipien in der heutigen Medizinethik. Dies scheint darauf hinzudeuten, daß entsprechend auch der Wunsch nach medizinischer Behandlung bei ungewollter Kinderlosigkeit unbedingt zu erfüllen wäre. Es gilt jedoch, weitere grundlegende ethische Prinzipien in der ärztlichen Orientierung zu berücksichtigen: das Prinzip der **Schadensvermeidung** und des **Helfens** bzw. Nützens. Medizinische Behandlungsangebote bergen häufig nicht geringe Risiken, die gegen die unerwünschten Effekte abgewogen werden müssen. In der Fortpflanzungsmedizin sind dies u. a. die hohe sekundäre Belastung der Betroffenen durch die Behandlung selbst bei außerordentlich geringer Erfolgsquote (*Hölzle* und *Wiesing* 1990), aber auch direkte unerwünschte Effekte, etwa bei hormoneller Überstimulation der Ovarien zur Gewinnung von Eizellen.

Um die genannten drei ethischen Prinzipien angemessen zu berücksichtigen, muß der Arzt sein Wissen über die Bedingungen und die Folgen der möglichen Therapie in verständlicher Form und vor allem aufrichtig an die Betroffenen weitergeben. Nur auf dieser Basis kann die Forderung nach **Informierter Zustimmung** oder **Ablehnung** einer Behandlungsmöglichkeit erfüllt werden. Sowohl die Indikation der angestrebten Behandlung als auch die Überweisung zu einer anderen Therapie sollte dieses Element der **Aufklärung** enthalten. Gerade in dem sensiblen Bereich von Sexualität und Generativität sollte der ärztliche **Paternalismus** so gering wie möglich gehalten werden (*Reiter-Theil* 1990). Für die Arzt-Patient-Beziehung in der Fortpflanzungsmedizin ebenso wichtig ist die eingehende **Beratung** und **Begleitung** durch die verschiedenen Phasen der Diagnostik, Therapie und Nachsorge.

Kontext der medizinischen Institution

Die ethischen Prinzipien für den konkreten Umgang des Arztes mit dem Leidenden beanspruchen universelle Gültigkeit, bedürfen jedoch stets spezifischer Interpretation und Umsetzung. Diese Prozesse sind in hohem Maße abhängig von der umgebenen medizinischen Institution, dem Behandlungsteam in der Ambulanz oder auf der Station, aber auch von den „Überbauphänomenen“, die zu diesen Gruppen und Institutionen gehören. Die „Philosophie“ einer medizinischen Einrichtung wird gelebt durch die Menschen, die in ihr arbeiten; sie bestimmt aber die Regeln der Interpretation und Umsetzung ethischer Prinzipien.

Ähnlich wie aus ethischer Sicht die Forderung richtig erscheint, jeder heilberuflich Tätige solle sein individuelles Handeln in der professionellen Verantwortung bewußt reflektieren, so sind auch soziale Gruppen mit einem Versorgungsauftrag darauf zu verpflichten, ihre – gemeinsame – Praxis immer wieder kritisch zu überprüfen. Nicht nur die endokrinologische Kompetenz des Arztes in der Sterilitätssprechstunde oder die Hygiene im Operationssaal verlangen Sorgfalt und Aufsicht. Auch die Kompetenzen eines Teams, Patienten in schwierigen Entscheidungs- oder Enttäuschungssituationen zu begleiten, bedürfen der Weiterentwicklung durch **Supervision** oder **Konsilien**. Auf der Ebene komplexerer sozialer Strukturen sind Maßnahmen einer gezielten **Organisationsentwicklung** anzusiedeln, die ebenfalls im Dienste ethischer Prinzipien stehen können. Hier kann es zum Beispiel darum gehen, Arbeitsabläufe, räumliche Bedingungen und Handlungssequenzen im Krankenhaus so zu planen oder umzugestalten, daß unnötige Belastungen der Patienten vermieden werden. Gerade in einer Einrichtung der Reproduktionsmedizin sind die räumlichen und organisatorischen Bedingungen mit großer Sorgfalt auf das Empfinden der Patientinnen und Patienten hin auszurichten; eine noch so sorgfältige Routine muß immer auch die besondere individuelle Lage der Frau bzw. des Mannes und deren durch die hohe Erwartung und Unsicherheit bestimmte angespannte Verfassung berücksichtigen.

Gesellschaftlicher Kontext

In der öffentlichen Diskussion schlägt sich notwendigerweise der **Pluralismus** der moralischen Überzeugungen, auch hinsichtlich der Bedeutung der Fruchtbarkeit sowie der Kinderlosigkeit nieder, dies gilt auch in bezug auf die Rolle der Medizin, des Arztes und die Rechte der Patienten. Zu dieser öffentlichen Diskussion gehört die teils unkritische positive Bewertung einer hochtechnisierten Medizin ebenso wie die fundamentalistische Ablehnung eines jeden fortpflanzungsmedizinischen „Eingreifens in die Natur oder Schöpfung".

Gesetzliche Regelungen haben diesem Pluralismus nach Möglichkeit Rechnung zu tragen, um nicht ihrerseits Ungerechtigkeit und Konflikte zwischen Interessengruppen hervorzubringen. Ob die Einschränkung der Zulässigkeit einer Behandlung durch in-vitro-Fertilisation auf Paare (im Gegensatz zu einzelnen Frauen ohne Partner) und das Verbot der heterologen Insemination nicht gerade diesen Vorwurf der Ungerechtigkeit verdient, muß aus der Sicht der ausgeschlossenen Interessentinnen ohne Partner bzw. der Paare mit andrologisch bedingter Sterilität beurteilt werden und nicht aus der Perspektive der „zugelassenen" Paare.

Auch gegenüber dem Recht und der Rechtsprechung in unserer Gesellschaft nimmt die Ethik wieder die Funktion der kritischen Überprüfung, des Nachdenkens über bereits Vorhandenes, Empirisches, aber auch des Vordenkens über Wünschenswertes, zu Forderndes für sich in Anspruch. Die Spannung zwischen gesetzlicher Wirklichkeit und ethisch begründetem Ideal muß für die kritische Diskussion und für Gesetzesinitiativen fruchtbar gemacht werden. Diese Spannung zwischen den unterschiedlichen, in der Gesellschaft repräsentierten Antworten auf Fragen der Generativität und Sterilität prägt noch viel mehr die öffentliche Diskussion, die auch ihren Ausdruck in den Medien findet. Ethische Gesichtspunkte, die eine für Betroffene in erster Linie informative und hilfreiche, dabei für die angesprochenen Berufsgruppen faire Darstellung der Medizin in den **Medien** gewährleisten würden, stehen allerdings noch weit hinter anderen Prioritäten wie dem Unterhaltungs- oder Sensationswert einer Nachricht zurück. Im gesellschaftlichen und medialen Kontext gilt es daher, noch bewußter und effektiver den „moralischen Standpunkt" zu vertreten.

Über den konkreten Rahmen sozialer Systeme hinaus reichen ethische Fragen z. B. nach der grundsätzlichen **Berechtigung**, mit der in wohlhabenden Ländern umfangreiche Ressourcen zur Zeugung erwünschter Kinder aufgebracht werden, während in armen Ländern der Erde täglich viele Kinder an Unterernährung, mangelnder Hygiene oder fehlender medizinischer Versorgung sterben. Das Prinzip der **Gerechtigkeit** läßt sich nur zum Schein und zur Beschwichtigung moralischer Bedenken auf die objektiven Grenzen der wohlhabenden, demokratischen, in Frieden lebenden Staaten beschränken. Tatsächlich aber stellt diese ungleiche Verteilung von Ressourcen in der Medizin eine Herausforderung an die im Wohlstand lebenden Nationen dar, und das Hinnehmen dieser moralischen Last demonstriert eine Praxis der Ungerechtigkeit.

Das gesundheitspolitisch „Machbare", die Organisation der Medizin nach dem Solidarprinzip in **einem** Land kann nur bei aktiver Ausblendung des Gesamtzusammenhangs der Weltbevölkerung und der auf sie bezogenen **Menschenrechte** als moralisch befriedigend und gerecht beurteilt werden. Eine Lösung für diese Problematik übersteigt jedoch den traditionell gesetzten Rahmen der medizinischen Ethik, kommende Generationen werden sich ihr kaum mehr entziehen können.

5.5 „Lösungsversuche“ und ihre Konsequenzen

Das praktische Handeln in der Fortpflanzungsmedizin sollte die aufgezeigten ethischen Aspekte reflektieren. An einer konkreten Behandlungsentscheidung sollen mögliche „Lösungen“ aufgezeigt werden:

Ein über mehrere Jahre kinderlos gebliebenes Paar kommt in die Praxis einer Frauenärztin mit dem erklärten Wunsch nach einem eigenen Kind. Die Voruntersuchungen bei der Frau ergeben eine Unterfunktion der Eierstöcke bei eingeschränkter Durchgängigkeit der Eileiter. Als Behandlungsmöglichkeiten werden sowohl eine hormonelle Stimulation als auch eine in-vitro-Fertilisation diskutiert (vgl. Kap. 5.1, 5.2). Der Ärztin ist bekannt, daß es bei der Stimulationsbehandlung häufig zu Mehrlingsschwangerschaften kommt. Sie erläutert dem Paar, daß dieses Risiko durch laufende Blutuntersuchungen (Bestimmungen von Hormonspiegeln, Follikelmessung mittels Ultraschall u. a.) und entsprechendes Einhalten zeitlicher Vorgaben zum Sexualverkehr der Partner zwar deutlich reduziert, aber nicht ausgeschlossen werden könne. Mehrlingsschwangerschaften mit drei und mehr Föten könnten eine Gefahr für die Gesundheit der Mutter und die Lebensfähigkeit der Kinder bedeuten und zur Entscheidung über die Vornahme des intrauterinen Abtötens eines oder mehrerer Föten – zum Fetozid – zwingen. Dieses Risiko des sogenannten Hyperstimulationssyndroms (*Hepp* 1989) sei bei der in-vitro-Fertilisation und entsprechender Begrenzung der übertragenen Eizellen bzw. Embryonen auf maximal drei zwar eingeschränkt, gleichzeitig lägen aber die Chancen für eine erfolgreiche Schwangerschaft bei nur 10 bis 15 %; auch müßte das Paar, insbesondere die Frau, wegen der speziellen technischen und operativen Maßnahmen mit einer psychischen und ggf. auch körperlichen Belastung rechnen, deren Ausmaß nicht voraussehbar wäre.

Nimmt die Ärztin den Kinderwunsch des Paares als „oberstes Gebot“ für ihr Handeln, nämlich das Behandeln der Kinderlosigkeit, dann gelten für die verschiedenen Möglichkeiten ihrer Entscheidung jeweils bestimmte methodisch und ethisch relevante Kriterien.

Bei einer hormonellen Stimulationsbehandlung

- Das Risiko einer Mehrlingsschwangerschaft ist trotz laufender Untersuchungen und angesichts der nicht voraussehbaren Selbstkontrolle im Sexualverhalten der Partner nicht auszuschließen.
- Die Mutter/die Eltern können vor der Behandlung zu einem möglicherweise später entstehenden Schuldgefühl wegen eines erforderlichen Fetozids noch keine Aussage machen.
- Das Empfinden der geborenen Kinder bei einer möglichen späteren Information über die zugunsten ihres Lebens getroffene Entscheidung ist nicht voraussehbar.

Diese empirischen Aussagen zu Chancen und Risiken der Methode und zu ihren Rahmenbedingungen müssen ethisch reflektiert werden; für das – hier erwartete – ärztliche Handeln bedeutet das:

- Das Paar muß intensiv aufgeklärt und auf das Risiko samt Konsequenzen hingewiesen werden, um unter dem starken Einfluß des dringenden Kinderwunsches eine freie Entscheidung treffen zu können.
- Für den Fall eines vorzunehmenden Fetozids muß die Entscheidung zu dessen Durchführung von einer Ärztin/einem Arzt getroffen und die Maßnahme von weiteren Beteiligten mit ausgeführt werden.

Bei einer in-vitro-Fertilisierung

- Die Begrenzung der zu übertragenden Eizellen bzw. Embryonen auf maximal drei senkt zwar das Risiko einer Mehrlingsschwangerschaft; um aber die Chancen für eine Implantation mindestens einer befruchteten Eizelle zu erhöhen, muß sich die Frau ggf. einer ein- oder sogar mehrmaligen Wiederholung der Prozedur unterziehen.
- Die Ärztin muß in Erwägung ziehen, daß die (ihr seit langem als Patientin bekannte) Frau mit den geplanten Maßnahmen verbundene seelische Belastung möglicherweise nicht realistisch einschätzen bzw. tolerieren kann.
- Die bei dieser Methode in jedem Fall einzukalkulierende Erfolglosigkeit (pro Zyklusstimulation kommt es in nur ca. 10 % zur Geburt eines Kindes) könnte für das Selbstwertgefühl der Frau und die Beziehung des Paares eine starke Beeinträchtigung bedeuten.

- Der Ärztin ist aus der Literatur bekannt, daß bei etwa 20 bis 40 % mit einem Abort und bei 5 bis 6 % mit einer Extrauteringravidität zu rechnen ist.

Diese empirischen Angaben und Einschätzungen und die folgenden ethischen Fragen muß die Ärztin in ihre Entscheidung einbeziehen:

- Soll das Paar über diese - möglicherweise angstmachenden - statistischen Ergebnisse informiert werden?
- Soll die Ärztin ihre eigene Einstellung zu diesem Verfahren - gewonnen aus empirischen Daten, bisherigen praktischen Erfahrungen und den miterlebten Reaktionen nach erfolgreicher oder erfolgloser Prozedur - der Frau bzw. dem Paar bei deren Entscheidungsfindung mitteilen?

Die hier aufgezeigten Fragen verdeutlichen die notwendige ethische Reflexion der Fortpflanzungsmedizin mit ihren vielfältigen diagnostischen und therapeutischen Verfahren.

5.6 Literaturempfehlungen

Back, K. W., Snowden, R.: The anonymity of the gamete donor. J. Psychosom. Obstet. Gynaecol. 9 (1988) 191-198
Diese für die internationale Diskussion um die heterologe Insemination wichtige Frage wird hinsichtlich ihrer psychosozialen Konsequenzen untersucht, welche in eine ethische Beurteilung einfließen müssen.

Baram, D., Tourtelot, E., Muechler, E., Huang, Ko-En: Psychosocial adjustment following unsuccessful in vitro fertilization. J. Psychosom. Obstet. Gynaecol. 9 (1988) 181-190
Zur ethisch geforderten Patienten-Aufklärung und zur informierten Zustimmung gehört das Risiko des Scheiterns der Behandlung; die ethische Beurteilung der Therapie hat wesentlich auch die möglichen negativen Folgen und Nebenfolgen zu berücksichtigen, die Gegenstand dieser Arbeit sind.

Bayertz, K.: Auf der Suche nach einer neuen Moral. Ethische Überlegungen zum Amstad-Bericht. Schweiz. Med. Wschr. 120 (1990) 3-9
Von Überlegungen zum Amstad-Bericht (Experten-Kommission Humangenetik und Reproduktionsmedizin, Bern) ausgehende Auseinandersetzung mit der Rolle der philosophischen Ethik in bezug auf aktuelle moralische Fragen in Medizin und Technologie.

Beier, H. M.: Die internationale Entwicklung der Reproduktionsmedizin und der Forschung an menschlichen Embryonen 1988. Fertilität 5 (1989) 128-137
Informative Übersicht zur aktuellen Lage der Reproduktionsmedizin einschließlich quantitativer Daten.

Berger, M.: Psychologische und kinderpsychiatrische Aspekte zur Entwicklung von Kindern nach reproduktionsmedizinischer Behandlung ihrer Eltern. Wien. med. Wschr. 7/8 (1993)
Elternschaft und Kindesentwicklung nach In-Vitro-Fertilisation bieten spezifische Aspekte. Die Einstellung der ungewollt kinderlosen Eltern vor und nach den reproduktionsmedizinischen Prozeduren und deren Auswirkung auf die psychosoziale Entwicklung der IVF-Kinder wird beschrieben.

Breckwoldt, M., Reiter, J., Coester-Waltjen, D. (1989): Fortpflanzungsmedizin. In: *Eser, A., Lutterotti, M. v., Sporken, P.*, (Hrsg.): Lexikon Medizin Ethik Recht. S. 348-368, Herder, Freiburg
Übersichtsartikel zur Ethik in der Reproduktionsmedizin unter Einbeziehung rechtlicher Fragen mit ausführlichen deutschsprachigen Literaturangaben.

Bundesärztekammer: Mehrlingsreduktion mittels Fetozid. Dtsch. Ärztebl. 86 (1989): B 1575-1577
Stellungnahme der „Zentralen Kommission der Bundesärztekammer zur Wahrung ethischer Grundsätze in der Reproduktionsmedizin, Forschung an menschlichen Embryonen und Gentherapie", die neben Hinweisen zur Prävention höhergradiger Mehrlingsschwangerschaften die Empfehlung zum Fetozid enthält. Sie hat - trotz ihrer Ergänzung „Mißverständnisse um Mehrlingsreduktion" in einem Folgeheft (B 2048-2049) - erhebliche Widersprüche ausgelöst, u. a. weil sie unzutreffende Kriterien der Überlebenschancen Frühgeborener enthält.

Edelmann, R. J.: Psychological aspects of artificial insemination by donor. J. Psychosom. Obstet. Gynaecol. 10 (1989) 3-13
Überblick und kritische Reflexion der heterologen Insemination durch Samenspende aus psychologischer Sicht; Probleme wie Geheimhaltung, Schuldgefühle, belastende Auswirkungen auf Kind sowie Mutter werden reflektiert, Erfordernisse für eine geeignete psychologische Vorbereitung und Beratung der Interessentinnen bzw. Paare diskutiert.

Fiegl, J., Kemeter, P.: Die in-vitro-Fertilisation aus der Sicht einer gynäkologisch-psychologischen Zusammenarbeit. Fertilität 5 (1989) 156–161
Das Autorenpaar des im vorliegenden Kapitel referierten Fallbeispiels stellt seine interdisziplinäre Zusammenarbeit dar.

Fischer, I.: Der andere Traum vom eigenen Baby – wie eine unfruchtbare Frau die Reagenzglas-Befruchtung empfindet, die ultima ratio der Sterilitätstherapien. GEO Wissen 1 (1989) 47–58
Die Anwendung reproduktionsmedizinischer Techniken, geschildert aus der Perspektive und den Erfahrungen einer betroffenen Frau. – Das Sonderheft GEO Wissen „Sex, Geburt, Gentechnik" enthält weitere qualifizierte, für den Laien gut verständliche Beiträge zur Fortpflanzungsmedizin.

Goldschmidt, O., De Boor, C.: Psychoanalytische Untersuchung funktionell steriler Ehepaare. In: Psyche 30 (1976) 899–923
Psychoanalytischer Basistext.

Goldschmidt, O., Jürgensen, O. (1984) Ergebnisse und Katamnesen bei psychoanalytisch untersuchten funktionell sterilen Ehepaaren. In: *Frick-Bruder, V., Platz, P.*, (Hrsg.): Psychosomatische Probleme in der Gynäkologie und Geburtshilfe. Verlag Berlin, Berlin, S. 147–158
Psychoanalytischer Basistext.

Glover J. et al. (1989): Ethics of new reproductive technologies. The Glover report to the European commission. Northern Illinois University Press, DeKalb
Umfassende Auseinandersetzung und ethische Fragen der Reproduktionsmedizin, einschließlich der Problematik der Samenspende, Leihmutterschaft, Embryonenforschung und Gentherapie.

Grützner, H., Grützner, P., Grützner, B.: Höhergradige Mehrlinge im Wandel der Zeit. Geburtshilfe und Frauenheilkunde 50 (1990) 368–370
Bericht der (von *H.* und *P. Grützner* gegründeten) Internationalen Drillings- und Mehrlings-Initiative über 601 betroffene Familien seit 1980 mit Angaben über Ursachen, Überlebens- und Sterberaten.

Hepp, H.: Höhergradige Mehrlinge – ein klinisches und ethisches Problem der Reproduktionsmedizin. Geburtsh. und Frauenheilk. 49 (1989) 225–233
Differenzierte Darstellung und ethische Kritik der reproduktionsmedizinischen Klinik und Praxis, insbesondere im Hinblick auf die Risiken der Stimulationstherapie und ihrer iatrogenen Folgen (Fetozid).

Hölzle, Ch., Wiesing, U. (1990): In-vitro-Fertilisation – ein umstrittenes Experiment. Springer, Berlin, Heidelberg, New York
Informative Übersicht zum Thema.

Körner, W. (Hrsg.) (1992): Ethik der menschlichen Fortpflanzung. Enke, Stuttgart
Abhandlungen über ethische, soziale, medizinische und rechtliche Probleme in Familienplanung, Schwangerschaftskonflikt und Reproduktionsmedizin.

Krolzik, W., Salzmann, W., (Hrsg.) (1989): Kind um jeden Preis? Beiträge zur ethischen Diskussion der neuen Reproduktionstechniken, Orientierungshilfen für die Beratungspraxis. Neukirchener Verlag, Neukirchen-Vluyn
Kapitel u. a. über die aktuelle Auseinandersetzung um Reproduktionsmedizin und Gentechnik (*G. Altner*), „Herausforderung für Christen und Kirche" (*H. Barth*), „Manipulierte Fruchtbarkeit" (*P. Petersen*), „Fortpflanzungstechnologie und Menschenwürde" (*W.-M. Catenhusen*)

Ludwig-Körner, Ch.: Kinder um jeden Preis? Zur Problematik der Retortenbefruchtung. pro familia magazin 4 (1986) 14–16
Beispiel für grundsätzlich sinnvolle psychologisch-kritische Auseinandersetzung, in der allerdings unzulässige Verallgemeinerungen über die Psychopathologie von Sterilität bzw. Sterilitätstherapie vorgenommen werden.

Reiter-Theil, S.: „Paternalismus" in der Reproduktionsmedizin. Ein Thema für Familientherapeuten? Syst. Fam. 3 (1990) 148– 156
Auseinandersetzung mit einer potentiell paternalistischen Handhabung der Einbeziehung von Psycho- und Familientherapeuten in die Reproduktionsmedizin: Reflexion des Konflikts zwischen Gesichtspunkten therapeutischen Nutzens und dem Respekt vor der autonomen Entscheidung des Patientenwillens.

Ruhrmann, G.: Ethische Überlegungen zum Problem der Mehrlingsreduktion. Der Kinderarzt. 22 (1991) 353–354
Eine kritische Auseinandersetzung aus der Sicht des Kinderarztes.

Sass, H.M. (1989): Menschliche Fortpflanzung unter ethischen Aspekten. In: Schneider, H.P.G., (Hrsg.): Sexualmedizin, Infertilität, Familienplanung. Klinik der Frauenheilkunde und Geburtshilfe, Band 2. Urban und Schwarzenberg, München, Wien, Baltimore, S. 515–539
Übersicht über Methoden der Reproduktionsmedizin unter ethischen Gesichtspunkten.

Schirren, S., Bettendorf, G., Leidenberger, F., Frick-Bruder, V. (1989): Unerfüllter Kinderwunsch. Leitfaden für Diagnostik, Beratung

und Therapie in der Praxis. Deutscher Ärzte-Verlag, Köln
Ausführliche Darstellung über Stand, Verfahren und juristische Aspekte der Reproduktionsmedizin, einschließlich psychotherapeutischer Betreuung des infertilen Paares. Umfangreiches Literaturverzeichnis.

Schroeder-Kurth, T. M., Wehowsky, S., (Hrsg.) (1988): Das manipulierte Schicksal. Künstliche Befruchtung, Embryonentransfer und Pränatale Diagnostik. J. Schweitzer-Verlag, Frankfurt a. M., München
Eine Sammlung in sich abgeschlossener Beiträge über eine engagierte Auseinandersetzung mit den verschiedenen Aspekten des Themas: *H. Langenbucher* (Frauenärztin): Die Medizin des Lebensbeginns; T. M. Schroeder-Kurth (Humangenetikerin): Vorgeburtliche Diagnostik; *S. Wehowsky*, (Journalist): Grenzüberschreitungen - zur Zukunft einer Gesellschaft aus dem Labor; *C. Stephan* (Essayistin): Kiwu oder das Drama des perfekten Kindes.

Shaw, P., Johnston, M., Shaw, R: Counselling needs, emotional and relationship problems in couples awaiting IVF. J. Psychsom. Obstet. Gynaecol. 9 (1988) 171–180
Die referierten empirischen Daten aus klinischen Studien konkretisieren die Forderungen einer prinzipienorientierten Ethik in der Behandlung und Betreuung von IVF-Interessenten.

Wakolbinger, Ch. (1991): Überwertiger Kinderwunsch als Zwangssymptom bei in-vitro-Fertilisationspatientinnen. Diplomarbeit zur Erlangung des Magistergrades der Naturwissenschaften an der Grund- und Integrativwissenschaftlichen Fakultät der Universität Wien
Empirische Untersuchung, deren Ergebnisse geeignet sind, Vorurteile zu erschüttern.

6 Embryonenschutz und Abtreibung

Bettina Schöne-Seifert

Fragen

- Haben Embryonen ein moralisches Lebensrecht? Haben wir moralische Pflichten gegenüber Embryonen? Wie weit gehen sie und wie lassen sie sich rational begründen?
- (Wann) könnte eine Abtreibung moralisch gerechtfertigt sein, obwohl Embryonen ein Lebensrecht hätten? Welches Gewicht kommt dabei etwa einem mütterlichen/väterlichen Anspruch auf Selbstbestimmung, welches der mütterlichen Verantwortung für die Schwangerschaft, welches einem elterlichen Anspruch auf ein gesundes Kind zu?
- Welchen Umgang mit Embryonen verlangt die Verantwortung gegenüber den zukünftigen Menschen, die sich aus ihnen entwickeln?
- Wenn in einer Gesellschaft die Urteile über die moralische Zulässigkeit von Abtreibungen nachhaltig divergieren: welche rechtliche Regelung ist dann in dieser Frage (wiederum in moralischer Hinsicht) richtig?
- Wie ist im Licht der Eingangsfragen die Zulässigkeit von Embryonenforschung, von Transplantationen embryonalen Gewerbes oder von neuen Fortpflanzungstechniken zu beurteilen?
- Gibt es in diesen Fragen spezifische moralische Probleme für Ärzte und Angehörige anderer direkt betroffener Berufsgruppen?

6.1 Theoretische Voraussetzungen: Begriffe und Fakten

Die ethische Diskussion um Pflichten gegenüber ungeborenem Leben war bis vor kurzem weitgehend identisch mit der Debatte um die moralische Zulässigkeit von Abtreibungen, wobei sich die Kontroverse hauptsächlich um Abbrüche im ersten Schwangerschaftsdrittel, also um die Tötung von „Embryonen“, drehte. Als ab etwa 1980 die allgemeine Diskussion auch die technisch möglich bzw. interessant gewordenen Eingriffe an ganz jungen Leibesfrüchten (im Rahmen künstlicher Befruchtungstechniken; zum Zweck der Embryonenforschung) miteinbezog, wurde der Begriff des „Prä(implantations)-Embryos“ geprägt. Wurde vor dieser Sprachregelung zunächst überwiegend gewarnt, weil sie die Gefahr berge, einen moralischen Unterschied zwischen Präembryonen und Embryonen bereits zu präjudizieren, so ist sie nun so weitgehend in das biologisch-beschreibende Vokabular eingegangen, daß inzwischen – umgekehrt – ihrer Vernachlässigung der Vorwurf sachlicher Ungenauigkeit gemacht wird. Überhaupt läßt sich gerade in der Abtreibungsdebatte deutlich erkennen, wieviel moralische Suggestion – gewollt oder ungewollt – bereits an der jeweiligen Begriffswahl hängt, indem etwa Abtreibung einmal als „Schwangerschaftsunterbrechung“ und ein andermal als „Mord an ungeborenem Leben“ bezeichnet wird. Dort aber, wo die Frage der moralischen Unterschiedenheit zwischen **Präembryo** (Leibesfrucht im Stadium zwischen Befruchtung und Einnistung, also in den ersten 14 Tagen der Entwicklung), **Embryo** (Leibesfrucht bis zum Ende der achten Woche nach Befruchtung; zu diesem Zeitpunkt sind alle Organstrukturen angelegt) und **Fetus** (Leibesfrucht zwischen Embryonalstadium und Geburt) zuerst beantwortet werden soll, ist die Benutzung einer einzigen Bezeichnung für alle vorgeburtlichen Stadien – im folgenden wird es „Embryo“ sein – schlicht eine Frage der begrifflichen Ökonomie.

In der Antike wurden frühe Abtreibungen – entgegen dem Eindruck, den der Abtreibungen verbietende Hippokratische Eid erwecken mag – offenbar weithin toleriert und durchgeführt. Diejenigen Ärzte, die damals den Eid ablegten, wollten sich von dieser Praxis – man vermutet, auf dem Boden bestimmter Glaubensvorstellungen – gerade absetzen. Von seinen Anfängen an betrachtete das Christentum vorgeburtliches menschliches Leben als schützenswert, machte dabei aber einen deutlichen Unterschied zwischen frühen und späten Abtreibungen, von denen nur letztgenannte als Mord galten. Diese Auffassung hängt mit der bereits von *Aristoteles* und *Thomas von Aquin* vertretenden Lehre von der sukzessiven Beseelung des Embryos zusammen. Im 19. Jahrhundert schließlich fanden in vielen westlichen Ländern strikte Abtreibungsverbote Eingang in das Strafrecht.

In der ehemaligen DDR bestand seit 1972 eine „Fristenregelung“, d. h. rechtliche Freigabe der Abtreibung in den ersten drei Schwangerschaftsmonaten. In der ehemaligen Bundesrepublik wurde 1975 ein entsprechender Antrag für verfassungswidrig erklärt. Statt dessen bestand hier bis 1993 eine „Indikationsregelung“, nach welcher Abtreibungen nach Vergewaltigung, bei schweren embryonalen Schädigungen, zur Abwendung von Krankheiten oder schweren sozialen Notlagen der Mutter zulässig waren. In der Praxis jedoch wurde die Notlagenindikation so weit – über den Willen des Gesetzgebers hinaus – ausgelegt, daß de facto fast eine Fristenhandhabung daraus resultierte. Die geschätzte Zahl der jährlich durchgeführten Abtreibungen in der ehemaligen Bundesrepublik beträgt mindestens 200 000, bei einer Geburtenrate von 640 000. 1992 ergab eine Meinungsumfrage (Der Spiegel, Januar 92), daß 60 % der gesamtdeutschen Bevölkerung für eine fristengebundene (33 %) oder völlige (27 %) rechtliche Freigabe des Schwangerschaftsabbruchs plädierten, wohinter allerdings – wie im folgenden deutlich werden wird – sehr unterschiedliche moralische Positionen stehen können. 1992 verabschiedete der Bundestag ein neues Gesetz, das im Gefolge der deutschen Vereinigung notwendig geworden war und eine Fristenregelung mit Beratungspflicht für die Schwangere vorsah. Dieser mühsam ausgehandelte politische „Kompromiß“ bekannte sich einerseits dazu, daß ungeborenes Leben „schützenswert“ sei, andererseits zum Selbstbestimmungsrecht der Schwangeren. Das Bundesverfassungsgericht befand im Mai 1993, daß dieser Kompromiß verfassungswidrig und Abtreibung außerhalb der **engen** Indikationen (mütterliche Gesundheit, Vergewaltigung, Embryopathie) rechtswidrig sei. Dennoch sollten Abtreibungen aus anderen als diesen Gründen (ehemals unter die „Notlagenindikation“ fallend) straffrei bleiben, wenn sie nach ausführlicher, am Lebensschutzpostulat ausgerichteter Beratung erfolgten, dürften dann jedoch nicht von den Krankenkassen bezahlt werden.

Die erst in den letzten Jahren wichtig gewordenen ethischen Diskussionen um weitergehende Fragen des Umgangs mit Embryonen betreffen einerseits deren mögliche moralische Ansprüche auf medizinische Behandlung im Mutterleib, andererseits Interessen Dritter an Embryonen als Forschungsobjekten und Gewebespendern. Wieweit Embryonen einen Anspruch auf mögliche intrauterine Therapie – unter Umständen gegen den Wunsch der Eltern? – haben, ist rechtlich überwiegend ungeklärt; hinsichtlich der Verwendung von Gewebe abortierter Embryonen gibt es bei lückenhafter rechtlicher Regelung immerhin standesrechtliche Richtlinien (BÄK 1991), die eine weitestgehende Unabhängigkeit zwischen Abtreibungsentscheidungen und Verwenderinteressen gewährleisten wollen (vgl. Kap. 10). Eindeutig ist die Rechtslage für den Umgang mit Embryonen im Rahmen künstlicher Befruchtungstechniken oder für Forschungszwecke: Hier stellt es das seit 1991 geltende Embryonenschutzgesetz unter Strafe, einen Embryo zu anderen Zwecken zu erzeugen, sich weiterentwickeln zu lassen oder Maßnahmen an ihm durchzuführen, als zur Herbeiführung einer Schwangerschaft bzw. seiner eigenen Erhaltung in der genetischen Mutter (vgl. Kap. 5).

6.2 Ethische Positionen und Probleme bei deren Begründung

Die Grundfrage danach, welche moralischen Rechte - in dem weiten Sinne von moralischen Ansprüchen an unser Handeln - Embryonen haben, wird auch als die Frage nach deren **moralischem Status** bezeichnet. Hier werden sehr unterschiedliche Standpunkte und noch unterschiedlichere Begründungen vertreten. Gelegentlich werden Begriffsanalysen (etwa von „Leben", „Mensch" oder „Person") angeführt, um diese Standpunkte zu rechtfertigen, die aber ohne die Hinzunahme weiterer Voraussetzungen offensichtlich nicht gelingen kann. So läßt sich etwa allein aus den unbezweifelbaren Tatsachen, daß schon in Ei- und Samenzellen artspezifisch menschliches Leben vorliegt und daß mit deren Verschmelzung die Entwicklung eines Menschen beginnt, nicht schlußfolgern, zu welchem Zeitpunkt in seiner Entwicklung diesem Menschen ein Lebensrecht zukommt und wann dies ebenso gewichtig wird wie bei einem erwachsenen Menschen. Ein Erwachsener kann in dieser Hinsicht als unstrittiges Paradigma gelten, da seine Tötung - jedenfalls außerhalb von Notwehr, Krieg oder Todesstrafe - in allen sogenannten zivilisierten Gesellschaften mit moralischen und strafrechtlichen Sanktionen bewehrt ist. Umgekehrt folgt aus der verbreiteten Auffassung, eine „Person" sei nur, wer über bestimmte kognitive Fähigkeiten - Selbstbewußtsein, Zeitgefühl, Planenkönnen u. a. - verfüge (so daß Embryonen danach Nichtpersonen wären) nicht schon, daß Embryonen getötet werden dürften.

Anders als häufig dargestellt spielt sich diese Kontroverse um embryonalen Lebensschutz nicht zwischen Gegnern und Anhängern einer konsequentialistischen (d. h. an Handlungsfolgen orientierten) Ethik ab oder gar zwischen Gegnern und Anhängern einer utilitaristischen Ethik (bei der die Folgen als „Nutzen" kalkuliert werden sollen - s. Kap. 1 S. 5). Vielmehr kam die Kontroverse weitgehend quer zu den verschiedenen Ethiktypen verlaufen. Grob skizziert gibt es hier folgende moralische Positionen [in eckigen Klammern Hinweise auf die verschiedenen jeweiligen Begründungsstrategien]:

1. Embryonen gebührt **voller früher Lebensschutz**
   - von der Befruchtung an [Ebenbild Gottes; Besitz des vollen menschlichen Genoms, also Zugehörigkeit zur Gattung Mensch; Potentialität; Fehlen eines moralisch relevanten Einschnitts in der Embryonenentwicklung]
   - etwa ab 15. Tag nach der Befruchtung [erfolgte Individuierung und damit numerische Identität mit den später aus ihnen werdenden Menschen; Beginn der Gehirnentwicklung]
2. Embryonen gebührt **voller Lebensschutz ab ca. der 10. bis 12. Woche** [Beginn der Synapsenbildung und damit von Hirnaktivität; frühestmöglicher Beginn von Schmerzempfinden bzw. von Bewußtsein; einigermaßen willkürlicher Einschnitt, der irgendwo in der nur graduellen Entwicklung gesetzt werden muß]
3. Embryonen gebührt zunächst **schwacher, dann allmählich zunehmender Lebensschutz** [kraft einer menschlichen Disposition zu Mitgefühl und Fürsorge gegenüber Mitmenschen, denen Embryonen im Laufe ihrer Entwicklung immer „ähnlicher" werden; an der Erhaltung dieser Disposition besteht ein allgemeines soziales Interesse].
4. **Lebensschutz besteht erst ab der Geburt** [vorher - und auch nicht gleich post partum - kein Selbstbewußtsein etc.; Geburt als pragmatisch sinnvolle Grenze zu betrachten].

Zu den Positionen 1 bis 4 kann die Ansicht hinzutreten, Embryonen hätten zwar nicht um ihrer selbst willen ein volles oder frühes Lebensrecht, könnten aber wohl ein **„sekundäres"** haben, nämlich etwa auf dem Umweg über das emotionale Interesse ihrer Eltern an ihnen oder über ökonomische Interessen der Angehörigen oder Gesellschaft an ihnen oder über den Wert, den der Fortbestand der Menschheit habe.

Zusätzlich zu den Begründungen, welche von Anhängern der jeweiligen Positionen angeführt werden, läßt sich über **erklä-**

rende Gründe (im Unterschied zu bereits rechtfertigenden Gründen) spekulieren – insbesondere für die moderate und oft nicht einmal konsistent gehaltene Position, wie sie wohl eine Mehrheit unserer gegenwärtigen Bevölkerung einnimmt: z. B. daß die moralische Säkularisierung, mit der die Auflösung einer allgemeinen Befürwortung starken Lebensschutzes für Embryonen einsetzte, noch nicht annähernd vollständig erfolgt sei; daß an einer vormals bevölkerungsökonomisch sinnvollen Intuition festgehalten werde oder daß ein soziobiologisch zu erklärender Instinkt fortwirke. Schließlich hat auch die oben (3.) in normativer Absicht angeführte Disposition der Achtung vor menschlichem Leben Erklärungscharakter: Wenn die Ausbildung von Dispositionen, auf bestimmte Sachverhalte mit bestimmten Emotionen wie Abscheu, Mitleid oder Sympathie, zu reagieren, für moralisches Verhalten konstitutiv sein sollte, so wäre die Position moderaten Lebensschutzes für so „personenähnliche Nichtpersonen" (*English* 1975), wie Embryonen es mit zunehmender Dauer der Schwangerschaft sind, zumindest verständlich, wenn auch dadurch noch nicht begründet.

Was nun die Begründbarkeit der verschiedenen Positionen betrifft, die mit so viel emotionalem Engagement einander entgegengehalten werden, so ist deren Plausibilität offenkundig abhängig von der Frage, was eine gute, eine plausible Rechtfertigung ausmacht. Die Argumente der Spezieszugehörigkeit, der genetischen Individuierung oder der Potentialität verweisen auf (miteinander zusammenhängende) Werte, die von ihren Anhängern – anders als von deren Gegnern – im Rahmen von Glaubensvorstellungen, Weltbildern oder als selbstevident befürwortet werden. Demgegenüber fordern Vertreter einer vernünftigen Begründbarkeit moralischer Forderungen, daß die Rechtfertigung eines Lebensschutzgebotes gegenüber Embryonen ihre Rationalität zumindest dadurch ausweisen müsse, daß sie in einem Argumentations-, Begründungs- oder Erklärungszusammenhang mit anderen moralischen Haltungen und Urteilen steht, die wir gemeinhin vertreten (**Kohärenz** als Vernunftkriterium). Eben dies aber sei z. B. für das Argument von der Potentialität nicht erfüllt: In keinem anderen Handlungszusammenhang nämlich folge daraus, daß jemand aufgrund bestimmter Eigenschaften (König oder volljährig zu sein) bestimmte Rechte (auf Zepter oder Wahlrecht) habe, daß ihm dieselben Rechte schon bei bloß potentiellem Vorliegen jener Eigenschaften zukämen.

Derartige Plausibilitätsüberlegungen kennzeichnen auch die Argumentation für oder gegen Empfindungsfähigkeit oder Selbstbewußtsein als notwendige Bedingungen für ein embryonales Lebensrecht. Eindeutig begründen läßt sich so, daß wir Embryonen keine vermeidbaren Schmerzen (oder anderen quälenden Empfindungen) zufügen dürfen und daß wir ihnen gegenüber – unter der Bedingung, daß sie ausgetragen werden – verpflichtet sind, spätere Krankheiten und Schäden zu verhindern, wenn das denn möglich ist. So besteht wohl ein allgemeiner Konsens gegen das Austragen von Embryonen, an denen Experimente mit auch nur minimalen Folgerisiken durchgeführt wurden (und bei Annahme eines embryonalen Lebensrechts verbietet es sich damit, solche Forschung überhaupt durchzuführen).

Moralische Probleme tauchen aber alsbald bei den Fragen auf, wieviel Rücksichtnahme und Verzicht auf das Durchsetzen eigener Interessen eine Mutter ihrem späteren Kind in moralischer Hinsicht schuldet und wie hier Politik und Recht verfahren sollen. Je mehr wir über Risikofaktoren während der Schwangerschaft wissen (Drogenkonsum, Schadstoffbelastung am Arbeitsplatz, Stress, unterlassene Vorsorgeuntersuchungen, auch Hausgeburten) desto schwieriger wird es, die Frage, ob Schwangere moralisch oder rechtlich zu „Wohlverhalten" verpflichtet seien, gegen deren Entscheidungsfreiheit und gegen die allgemeinen sozialen Folgen „gesundheitspolizeilicher" Maßnahmen abzuwägen. Nährt eine Einschränkung der Freiheitsrechte schwangerer Frauen nicht die Wahrnehmung von Frauen als bloßen „Brutgefäßen", die vorrangig im Dienste ihrer späteren Kinder stünden? Sind im Konfliktfall Ärzte die Anwälte der Ungeborenen gegen deren Mütter?

Fallbeispiel

Eine Patientin - 25 Jahre alt, ledig - ist zum zweiten Male schwanger. Sie hat seit ihrem 13. Lebensjahr einen insulinpflichtigen Diabetes, der sich bisher komplikationslos hat behandeln lassen. Der sie betreuende Gynäkologe hat die Patientin ausführlich darüber aufgeklärt, daß ein unkontrollierter Diabetes gravierende Risiken für den Embryo darstelle: Die Mißbildungsrate bei schlecht eingestelltem Diabetes liegt zwei- bis viermal höher als normalerweise; und auch die Risiken von Fehl- und Frühgeburten, Atemnotsyndrom und Makrosomie sind hier signifikant erhöht. Die Patientin solle, so raten ihr Gynäkologe und Internist, in der 12. Schwangerschaftswoche stationär zur Insulineinstellung aufgenommen werden, worauf sie sich jedoch nicht einlassen will. Auch eine regelmäßige ambulante oder häusliche Blutzucker-Überwachung lehnt sie ab. In der 21. Schwangerschaftswoche muß die Patientin wegen einer drohenden Fehlgeburt stationär aufgenommen werden, besteht jedoch am dritten Tag auf ihre Entlassung gegen ärztlichen Rat. Ihr Blutzucker, meinen die Ärzte, sei keineswegs befriedigend eingestellt und stelle ein erhebliches Risiko für das Wohlergehen des Fetus dar. Nachdem weitere Gespräche nichts auszurichten scheinen und die Mutter der Patientin, die als einzige der Angehörigen zu Besuch gekommen ist, sagt, sie sei gegen den Willen ihrer Tochter machtlos, erwägen die behandelnden Ärzte, eine Zwangseinweisung verfügen zu lassen. Ist das moralisch zu verantworten?

Offensichtlich wächst die Verantwortung der Gesellschaft für die Gesundheit von Schwangeren auch im Interesse von deren künftigen Kindern. Ein neues Problem in diesem Zusammenhang wird durch wachsende Möglichkeiten zu (meist noch experimenteller) Therapie fetaler Erkrankungen schon im Mutterleib geschaffen: Wieviel eigenes körperliches Wohlbefinden, wieviel Forschungsaufwand und schließlich wieviel Geld sollen Eltern und Gesellschaft auf diese Unternehmungen verwenden, ohne die viele Kinder geschädigt (oder gar nicht) zur Welt kämen?

Für die zentrale Frage aber, **ob** wir Embryonen moralisch schulden, daß sie ausgetragen werden (vielleicht gar unter Einsatz medizinischer Techniken zur Aufrechterhaltung einer gefährdeten Schwangerschaft - siehe die Diskussion um Schwangerschaften in hirntoten Frauen) ist mit den vorangehenden Überlegungen noch nichts gewonnen. Die Diskussion unter denjenigen, die sich auf kohärentistisches Argumentieren (s. o.) beschränken, dreht sich um die Fragen, ob und wann durch Abtreibung ein **Lebensinteresse** von Embryonen verletzt werde. Denn irgendeine Form der Verletzung von tatsächlichen oder unterstellten, subjektiven oder objektiven Interessen liege, darauf können sich viele einigen, bei moralisch unzulässigen Handlungen immer vor. Die Kontroverse dreht sich damit um genau diesen Begriff des Interesses. Eine Seite etwa argumentiert mit rückwirkenden Interessen, die wir auch in anderen Zusammenhängen ernstnähmen. Warum sollten wir dann nicht auch ernstnehmen, daß die Menschen, die sich aus den Embryonen entwickeln, ein rückwirkendes Interesse daran haben, geboren worden zu sein? Die Gegenseite argumentiert damit, daß die Handlungsalternative frühe Abtreibung in diesem speziellen Fall nicht bewirke, daß ein Interesse frustriert werde oder bleibe, sondern daß es gar nicht erst entstehe, womit doch kein gravierendes moralisches Gebot verletzt worden sein könne. Ob - wie die einen meinen - nur Empfindungsfähigkeit (Position 2. s. o.), oder - wie andere meinen - auch Selbstbewußtsein (Position 4. s. o.) eine notwendige Bedingung für Lebensinteresse sei, ist eine weitere Frage, die in diesem Zusammenhang kontrovers diskutiert wird.

6.3 Jenseits der Statusfrage

Eine nicht unerhebliche Fraktion derer, die sich argumentativ an der allgemeinen Abtreibungsdebatte beteiligen, findet es verfehlt, die Frage nach der Zulässigkeit von Schwangerschaftsabbrüchen auf die Frage nach dem moralischen Status des Embryos zu reduzieren bzw. mit der Antwort an dieser Stelle einzusetzen. Hier treffen sich feministische und z. B. tugendzentrierte Ethikansätze darin, daß sie den Entscheidungskontext, die Rolle, Betroffenheit, Wahrnehmung und gesellschaftliche Stellung der **schwangeren Frau** (und u. U. ihres Partners) als den Gegenstand moralisch vorrangiger Untersuchung ansehen, der die

Frage nach dem embryonalen Status überflüssig mache. Die Gegenseite mag zugestehen, daß diese Faktoren wichtig, ja vielleicht ausschlaggebend seien, muß aber insistieren, daß damit bereits eine Antwort auf die Statusfrage impliziert sei: Erst wenn dem Embryo, um dessen Weiterleben es gehe, zum entsprechenden Zeitpunkt kein oder nur ein schwaches moralisches Lebensrecht zugeschrieben werde, rückten die anderen Faktoren - zu Recht - in das Zentrum der Entscheidung. Und dann müßten in der Tat endlich das Selbstbestimmungsrecht sowie die materiellen und vielfältigen psychosozialen Interessen derjenigen Frauen, die eine Abtreibung durchführen lassen möchten, in den Mittelpunkt jeder sozialethischen und rechtlichen Regelung rücken.

Breite Anhängerschaft findet schließlich eine ethische Position, nach der - weitgehend unabhängig von der Statusfrage - die Handhabung von „Leben als Mittel zum Zweck" als moralisch problematisch oder verwerflich angesehen wird. Daß Befürworter einer starken Lebensschutzposition den **„Verbrauch" von Embryonen** in Forschung und Transplantationsgeschäft unerträglich finden müssen, ist offensichtlich. Aber es gibt durchaus auch Stimmen, die zwar eine Abtreibung als solche unproblematisch finden, jedoch jede „Verwertung" von Embryonen und a fortiori deren Zeugung zu Forschungszwecken strikt ablehnen. Das Vergehen bestünde danach nicht eigentlich in der Tötung eines Embryos, sondern in einer bestimmten Grundhaltung gegenüber dem menschlichen Leben. Oft wird hier zur Begründung Kants Kategorischer Imperativ in seiner „Zweckformel" angeführt, der die ausschließliche Instrumentalisierung des Lebens anderer Personen verbietet. Da aber mit dem Akzeptieren von „nichtverwertenden Abtreibungen" Embryonen doch offenbar nicht als Personen und damit nicht als möglicher Gegenstand des Zwecke-Imperativs gesehen werden, ist dies eine Position, deren Konsistenz mit Grund umstritten ist. Ähnliches gilt für jene Argumentation, nach der Abtreibungen als solche unproblematisch, hingegen dann verwerflich sind, wenn sie aus sogenannter embryopathischer Indikation, also wegen einer bestehenden oder künftig zu erwartenden Behinderung des Embryos bzw. Kindes erfolgen (vgl. Kap. 7).

Ein Konsistenzproblem in umgekehrte (zweckrationale?) Richtung stellt sich schließlich dort, wo zwar Abtreibungen und Zeugung von Embryonen zu Forschungszwecken aus moralischen Gründen abgelehnt werden, wohl aber Forschung an sogenannten „überzähligen" Embryonen - jenen, die bei künstlichen Befruchtungen anfallen können - zugelassen wird, obgleich doch auch hier Lebensschutzalternativen wie Embryonenspende oder -tiefkühlung praktisch bestünden.

6.4 Lösungsversuche und Ausblick

Lehnt jemand die Freigabe von Abtreibungen in moralischer Hinsicht ab, so muß er nicht deshalb schon deren strafrechtliche Sanktionierung befürworten. Zum einen müssen bei jeder Bewertung einer rechtlichen Regelung deren Wirksamkeit und mögliche negative Folgen (z. B. Verletzung eines Intimbereichs; Aufweichung des Respekts vor einer Rechtsnorm, dadurch daß sie weitgehend mißachtet wird; Gefahr der Pfuscherei durch illegal arbeitende Abtreiber; eminente und einseitige Belastung von Frauen, materielle Probleme für Schlechtgestellte) mitberücksichtigt werden. Zum anderen stellt sich das grundsätzlichere Problem, wie eine pluralistische Gesellschaft mit irreduziblen Wertkonflikten sozialethisch und rechtlich umgehen soll; denn es erscheint unwahrscheinlich, daß sich in der näheren Zukunft in unserer Gesellschaft die Haltungen zur Abtreibung, Embryonenforschung etc. aufeinanderzubewegen werden. Tendenziell kann natürlich jemand, der Abtreibung als Mord an ungeborenem Leben versteht und deshalb unbedingt meint verhindern zu müssen, entgegengesetzte Ansichten weniger leicht tolerieren als dies umgekehrt der Fall sein dürfte. Zugunsten von Toleranz gegenüber Andersdenkenden und also zugunsten einer möglichst liberalen rechtlichen Regelung können jedoch zwei Argumente angeführt werden:

- Erstens gehört es zum zentralen Selbstverständnis des politischen Liberalismus, daß der Staat sich um die konkurrierenden Vorstellungen vom guten Leben, von moralischen Werten und Prioritäten nicht zu kümmern habe, sondern vielmehr deren jeweilige Realisierbarkeit durch sich selbst bestimmende Bürger gewährleisten solle. Selbst wenn der Preis für solchen Liberalismus einem Abtreibungsgegner horrend vorkommt, mag er doch insgesamt für ein grundlegendes Prinzip in Kauf genommen werden, ohne das an vielen anderen Stellen das Zusammenleben schier unerträglich wäre. So müßte der Abtreibungsgegner auf die Überzeugungskraft seiner Argumente setzen statt auf eine strafrechtliche Sanktionierungsbewehrung seiner Position. Er könnte Toleranz damit als mehr denn einen zähneknirschenden pragmatischen Kompromiß ansehen.
- Zweitens aber, und dies ist im Gegensatz zum ersten kein Argument auf einer sozusagen höherstufigen Betrachtungsebene, ist die Frage nach dem moralischen Status von Embryonen ein relativ **isoliertes Problem**, das sich auf verschiedene Weise beantworten läßt, ohne zugleich in Konflikt mit anderen zentralen Wertauffassungen zu geraten. In gewisser Weise ähneln Urteile über den Wert von Embryonen damit ästhetischen Urteilen. Sollte daraus nicht folgen, daß das Problem zu einem solchen der persönlichen Gewissensentscheidung gemacht werden muß, daß bei Abtreibungen – aus welchem Grunde sie auch immer beabsichtigt sein mögen – Entscheidungshoheit wie Verantwortung bei den Betroffenen zu liegen hat? Natürlich schlösse dies für Ärzte, Pflegende oder nicht öffentliche Krankenhausträger das Recht ein, die direkte oder indirekte Beteiligung an Schwangerschaftsabbrüchen abzulehnen.

Für **Embryonenforschung** oder **Fetaltransplantationen** liegen die Dinge insofern etwas anders, als hier die Interessen an Embryonentötung durch diese Unternehmungen eigentlich erst geweckt werden und sich die Frage ihrer Befriedigung daher zunächst weniger dringlich stellt. Aber immerhin versprechen sie nicht nur interessante Einsichten etwa in die Embryonalentwicklung, sondern nach Meinung vieler tatsächlich auch auf direktem oder indirektem Wege Behandlungsmöglichkeiten für schwere Erkrankungen (z. B. Transplantation von Hirngewebe bei Parkinsonscher Erkrankung; Einsichten in die Krebsentstehung). Offenbar ist jedoch die allgemeine Ablehnung gegenüber einer „Verwertung“ von Embryonen stärker als die gegenüber „bloßer“ Abtreibung (s. o.: „Leben zum Zwecke“). Das mag damit zusammenhängen, daß hier die Wahrnehmung ihren Gegenstand eher in den Kontext der Angst vor vermeintlich skrupellosen Zugriffen von Forschern und Medizinern auf menschliches Leben rückt als in den Kontext des Embryonenschutzes. Als skrupellos dürften aber Experimente mit Embryonen doch wohl nur von denjenigen abgelehnt werden, die von einem Lebensrecht der Embryonen ausgehen. Insofern besteht eine deutliche Spannung zwischen der Befürwortung einer liberalen Abtreibungsregelung einerseits und einer restriktiven Regelung der Embryonenforschung andererseits, wie sie bei uns in weiten Kreisen nebeneinander vorgebracht werden. Es ist dies dieselbe Spannung, die bereits zwischen den ganz üblichen Bekenntnissen zum scheinbar fraglosen Lebensrecht von Embryonen einerseits und zur Abtreibungslibertinage andererseits besteht. Durch das – insofern (dankenswert?) konsequente – 1993er Karlsruher Urteil zur Abtreibungsregelung ist genau diese Spannung, ja Unvereinbarkeit, sichtbar geworden – und das mag auch in die Debatte um Embryonenforschung erneute Bewegung bringen: Sollten sich viele Lebensschutzbekenntnisse bei näherem Hinsehen als weitgehende Lippenbekenntnisse erweisen, so müßte auch die Abwehr gegenüber gut kontrollierten und vielversprechenden „Verwertungen“ abnehmen – und umgekehrt.

6.5 Literaturempfehlungen

Bundesärztekammer. Zentrale Kommission zur Wahrung ethischer Grundsätze in der Reproduktionsmedizin, Forschung an menschlichen Embryonen und Gentherapie: Richtlinien zur Verwendung fetaler Zellen und fetaler Gewebe. Dtsch. Ärztebl. 88 (1991) 2360–63

Engelhardt, T. (1986): The Foundations of Biothics. Oxford University Press, New York, Oxford
Mehrere ausführliche Abschnitte zum moralischen Status von Embryonen und dem Umgang mit ihnen in verschiedenen Kontexten; argumentiert für ein embryonales Lebensrecht nur dann, wenn Dritte ein Interesse daran haben.

English, J.: „Abortion and the Concept of a Person. Canad. J. Philosophy 5 (1975) 233–243
Weithin rezipierter Aufsatz, in dem die Autorin gegen die Relevanz des Personenbegriffs für die Abtreibungsfrage argumentiert.

Eser, A., Koch, H. G. (1988) Schwangerschaftsabbruch im internationalen Vergleich. Rechtliche Regelungen – soziale Rahmenbedingungen – empirische Grunddaten. Nomos, Baden-Baden

Ford, N.M. (1988): When did I begin? Conception of the human individual in history, philosophy and science. Cambridge Univ. Press, Cambridge, New York:
Im Widerspruch zu der Lehrmeinung seiner Kirche argumentiert Ford, katholischer Theologe und Moralphilosoph, mit Hilfe ausführlicher Analysen alternativer Positionen dahingehend, daß ein moralisches Lebensrecht erst „ontologisch individuierten Embryonen“, also nach Abschluß des Präembryonalstadiums, zukomme.

Glover, J. et al. (1989): Fertility and the Family The Glover Report on Reproductive Technologies to the European Commission. Fourth Estate, London
Knappe systematische Untersuchung der ethischen Probleme beim Umgang mit Embryonen in moderner Befruchtungsmedizin, Pränataldiagnostik und Embryonenforschung. Bewußt sehr allgemeinverständlich gehalten.

Hoerster, N. (1991): Abtreibung im säkularen Staat. Argumente gegen den § 218. Suhrkamp, Frankfurt a. M.
Argumentiert knapp und systematisch dafür, daß allein eine völlige moralische und rechtliche Freigabe des Schwangerschaftsabbruchs rational begründbar sei.

Keller, R., Günther, H.L., Kaiser, P. (1992): Embryonenschutzgesetz. Kommentar zum Embryonenschutzgesetz. Kohlhammer, Stuttgart, Berlin, Köln
Naturwissenschaftliche, rechtliche, rechtspolitische und ethische Hintergründe des ESchG bei grundsätzlicher Befürwortung desselben.

Leist, A. (Hrsg.) (1990): Um Leben und Tod. Moralische Probleme bei Abtreibung, künstlicher Befruchtung, Euthanasie und Selbstmord. Suhrkamp, Frankfurt a. M.
Sammlung (und Übersetzung) einiger der bekanntesten neueren Aufsätze zum Thema aus dem angloamerikanischen Sprachraum.

Leist, A. (1990): Eine Frage des Lebens. Ethik der Abtreibung und künstlichen Befruchtung. Campus, Frankfurt a. M., New York
Systematische Untersuchung zur rationalen Begründbarkeit der verschiedenen ethischen Positionen zum Embryonenschutz. Plädiert selbst für verpflichtende Anerkennung eines „übergreifenden Lebensinteresses“ vom Zeitpunkt der Empfindungsfähigkeit an.

Marquard O., Staudinger, H. (1987): Anfang und Ende des menschlichen Lebens. *Lenk, H. et al.* (Hrsg.): Ethik der Wissenschaften. Bd. 4. W. Fink & Schöningh, Paderborn
Relevante Aufsätze aus dem deutschsprachigen Raum mit deutlicher Lebensschutzbefürwortung.

Schöne-Seifert, Der Erlanger Fall im Rückblick: eine medizinethische Lektion? Ethik in d. Med. 5 (1993) 13–23
Diskutiert das Problem von Schwangerschaftserhaltung bei Hirntod.

Sherwin, pp. (1992): Abortion. In *Sherwin, S:* No Longer Patient. Feminist Ethics & Health Care. Temple University Press, Philadelphia, 99–116
Stellt die spezifisch feministische Sicht des Abtreibungsproblems dar

Singer, P. et al (ed.) (1990): Embryo Experimentation. Cambridge Univ. Press, Cambridge, New York
Aufsätze zu den wissenschaftlichen, ethischen, rechtlichen und sozialen Aspekten der Embryonenforschung.

Spaemann, R.: Am Ende der Debatte um § 218 StGB. ZRP 7 (1974) 49–53, Haben Ungeborene ein Recht auf Leben? ZRP 7 (1974) 114–118, *Rüpke, R*: Persönlichkeitsrecht und Schwangerschaftsunterbrechung. ZRP 7 (1974) 73–77
„Klassisch“ zu nennende Kontroverse um embryonalen Lebensschutz im zeitlichen Kontext der früheren bundesrepublikanischen Abtreibungsdebatte. Naturrechtlich begründete Abtreibungsgegnerschaft und eine kritische Antwort darauf.

Steinbock, B. (1992): Life Before Birth. The Moral and Legal Status of Embryos and Fetuses. Oxford Univ. Press, New York, Oxford
Argumentiert für eine moderate Position (Lebensschutz ab Eintritt der Empfindungsfähigkeit) und diskutiert in deren Licht neben der Abtreibung das Spektrum neuerer Probleme wie Befruchtungstechniken, Embryonenforschung und „Mutter-Fetus-Konflikte" wie Drogenmißbrauch in der Schwangerschaft, Fetaltherapie oder Entbindung durch Kaiserschnitt gegen den Willen der Mutter.

7 Eugenik

Winfried Kahlke

Fragen

- Eugenische Zielvorstellungen wurden seit der Jahrhundertwende von Wissenschaftlern der Medizin, der Ökonomie und anderer Disziplinen verfolgt und erreichten im Nationalsozialismus einen Höhepunkt. Hat die Medizin der Gegenwart eine einheitliche Position zur Eugenik?
- Genomanalyse, pränatale Diagnostik, „genetic screening", Embryonenforschung, Genmanipulation sind einige kontrovers diskutierte Stichworte aus dem Arbeitsbereich der sich rasch entwickelnden Genforschung und Humangenetik. Steht bei ihnen der „individuumbezogene" Nutzen der Medizin im Vordergrund, oder handelt es sich um Methoden einer modernen Eugenik?
- Die Humangenetik gerät trotz ihres erklärten Zieles einer individuellen Hilfestellung in Kritik; was bedeutet der öffentlich geäußerte Verdacht, eugenische Zielvorstellungen zu verfolgen, für die Berater/innen?
- Die individuumzentrierte Humangenetische Beratung kann nicht losgelöst von den gesellschaftlichen Folgen neuer Biotechniken und einer möglichen Förderung eugenischer Positionen gesehen werden; gibt es ethisch vertretbare Lösungen in diesem Entscheidungsdilemma?
- Schwangere über 35 Jahre sind von ihrem betreuenden Frauenarzt auf die Möglichkeit vorgeburtlicher Diagnostik zum Erkennen von chromosomalen Erbfehlern am Embryo hinzuweisen; soll es nun zur Fürsorge der Eltern gehören, die Geburt behinderter Kinder selbst abzuwenden?

7.1 Begriffliche und historische Voraussetzungen

Vorbemerkung

Die Verwendung des Begriffs „Eugenik"' als Überschrift für ein Kapitel in einem Kurzlehrbuch über Ethik in der Medizin mag überraschen, in Kreisen der Humangenetik hier oder dort auch als Provokation empfunden werden. Dies hängt zweifellos mit der Rolle der Eugenik im Nationalsozialismus zusammen und mit dem Umstand, daß der für dieses Feld kompetenten Fachwissenschaft, der Humangenetik, die Last einer Vergangenheitsbewältigung aufgebürdet wurde und wird. Eugenische Zielvorstellungen haben aber weder erst mit dem Nationalsozialismus begonnen noch nach dessen Zusammenbruch ihr Ende gefunden. Seit der Jahrhundertwende (*Ploetz* 1895, *Galton* 1905) wird in zahlreichen Veröffentlichungen verschiedener wissenschaftlicher Disziplinen – in erster Linie Medizin, Jurisprudenz, Ökonomie – eine qualitative Bewertung des Erbgutes vorgenommen, Ärzte sollen über den „Erbwert" entscheiden, Begriffe wie „unwertes Leben" „erblich ungeeignet", „Rassenhygiene" kennzeichnen die Positionen; an die Genetiker ergeht die Forderung – zum Teil stellen sie sich diese selbst –, ihre wissenschaftlichen Erkenntnisse in den Dienst der Eugenik zu stellen. Die Bereitschaft, rassenhygienische Zielvorstellungen des Nationalsozialismus zu unterstützen, kann nicht nur wissenschaftlich motiviert gewesen sein: Die Kenntnisse der Genetiker hätten bereits 1933 die Pläne einer negativen oder positiven Eugenik als sinnlos und utopisch erscheinen lassen müssen. „Die deutschen Wissenschaftler jener Zeit haben es versäumt, sich ernsthaft mit den Einsichten der Genetik auseinanderzusetzen“ (*Propping*, 1993).

Nach 1945 kann so mancher „belastete“ deutsche Genetiker seine Karriere bruchlos fortsetzen, namhafte Vertreter warnen vor der „Belastung der Gesellschaft durch die Behinderten“ und erhalten Auszeichnungen für ihre „Kosten-Nutzen-Analysen“; selbstkritische Reflexionen und wissenschaftlicher Diskurs finden auf der offiziellen Ebene der Fachvertretung über einen langen Zeitraum nicht statt – gerade hieran aber hat sich die zum Teil vehemente Kritik in der Öffentlichkeit und unter den Fachwissenschaftlern entzündet. In den letzten zehn Jahren haben sich jedoch viele Genetiker dieser Herausforderung gestellt und einen konstruktiven Dialog gerade auch mit den Behindertenverbänden eingeleitet (*Reif* und *Baitsch* 1986, *Zerres* und *Rüdel* 1993). Eine in die Richtlinien zum Inhalt der Weiterbildung in Humangenetik bzw. Medizinischer Genetik aufgenommene Teilnahme an Seminaren zu psychosozialen und medizinethischen Problemen – von sonst keiner anderen Gebietsbezeichnung oder Facharztsparte bekannt – verdient an dieser Stelle besondere Erwähnung.

Definition

Eugenik bezeichnet den Versuch und die Absicht, durch bestimmte Maßnahmen das Erbgut zu verbessern. Von **„negativer Eugenik“** sprechen wir bei Maßnahmen mit dem Ziel, genetische Schäden bzw. negativ bewertete Erbanlagen zu reduzieren oder zu verhindern. Als **„positive Eugenik“** wird die Bevorzugung oder Herstellung gewünschter Eigenschaften bezeichnet; hierzu würde z. B. die Genmanipulation an Keimzellen mit dem Ziel einer „Verbesserung“ des Gen-Pools gehören.

Francis Galton (1822–1911), dem eigentlichen Begründer der Eugenik („Lehre von der guten Abstammung“), ging es vor allem um eine Verbesserung der nachfolgenden Generationen, d. h. um eine „positive Eugenik“ durch die Vermehrung der Nachkommenschaft von Personen mit (angeblich) hohen Erbqualitäten; *Wilhelm Schallmayer* (1857–1919) – Verfasser der ersten einschlägigen „eugenischen“ Arbeit in Deutschland: „Über die drohende körperliche Entartung der Culturvölker“ – ging es in erster Linie um eine Bekämpfung der Degenerationen, d. h. eine „negative Eugenik“ durch die Verringerung der Nachkommenschaft von Personen mit (angeblich) unterdurchschnittlichen Erbqualitäten *(Weingart, Kroll* und *Bayertz* 1988).

Trotz des Bemühens von Seiten der Genetik, zwischen Eugenik und **Humangenetischer Beratung** klar zu trennen, sehen vor allem Kritiker in der Ausbreitung der Humangenetischen Beratung die auffällige Tendenz, mit ihrem Konzept einer individuellen Beratung letztlich eugenischen Zielen zu dienen.

„Kommen bei einer genetischen Familienberatung eugenische Gesichtspunkte ins Spiel mit dem Ziel, den Bestand an Erbfaktoren einer Bevölkerung zu verbessern, so dürfte eine solche Beratung den Trend zu gesellschaftlichen Zwangsmaßnahmen verstärken. Gerade negative Erfahrungen im NS-Regime sollten für uns eine Warnung sein. . .“ (*Schroeder-Kurth* und *Gründel* (1989).

Die Rolle der Eugenik in Gesellschaft, Politik und medizinischer Wissenschaft

Eine umfassende Auseinandersetzung mit der Eugenik aus ethischer Sicht und das Erkennen der offenen und versteckten Menschenbilder, auf die sie sich gründet, verlangen ein Studium und eine Darstellung der entsprechenden Wissenschaftsgeschichte, welche an dieser Stelle nicht geleistet werden können. Eine ausführliche Abhandlung findet sich in der „Geschichte der Eugenik und Rassenhygiene in Deutschland“ von *Weingart, Kroll* und *Bayertz* (1988) (vgl. auch *Gill* 1991).

Seit ihren Anfängen wird Eugenik vor allem von zwei Vorstellungen bestimmt:

- von der „Utopie einer Menschenzüchtung“; dieser Begriff ist durch die in großer Zahl von anerkannten Wissenschaftlern vorgelegten Empfehlungen und Programme zur „Verbesserung der Rasse" gerechtfertigt, und

- von der – konstruierten – Bedrohung durch Degeneration.

„Die Angstvision von der allgemeinen Dekadenz, Degeneration und vom Biologischen Verfall der modernen Gesellschaft steigerten sich zu einem apokalyptischen Untergangsgefühl. Die sozialen Verwerfungen der modernen Gesellschaft schienen Brutkästen des Untergangs zu sein. Alkoholismus, Erbkrankheiten, sexuelle Ausschweifung, Geschlechtskrankheiten, Elendsquartiere, politische Umtriebe schienen den gesunden, leistungsfähigen, fortpflanzungswürdigen Volksgenossen auszulöschen" (*Schott* 1992).

Auf diese Ideologie gründet sich die wissenschaftliche Steuerung menschlicher Fortpflanzung. Damit stellt sich die Frage, ob sich in den gegenwärtig möglichen und angewendeten Methoden über die individuumbezogene Hilfe hinaus eine „Kontinuität eugenischer Utopien" (*Weingart, Kroll* und *Bayertz* 1988) erfüllt. Gegenwärtig wird die Diskussion zur Eugenik bzw. zu Behandlungsmethoden, die durch ihre Verbreitung – gewollt oder ungewollt – eugenische Folgen haben, durch folgende Momente bestimmt und intensiviert:

- die wissenschaftliche Forschung und technologische Entwicklung in der Gentechnik und methodisch verbundenen Teilgebieten sowie Großforschungsprojekten, z. B. der Genomanalyse;
- verstärkte Propagierung prädiktivmedizinischer Programme (z. B. genetisches Screening) und ökonomische Begründungen (z. B. Kosten-Nutzen-Analysen über behinderte Neugeborene);
- die Vergegenwärtigung der menschenverachtenden Maßnahmen zur Durchsetzung rassehygienischer Ziele im Nationalsozialismus.

Die Tatsache, daß gerade in der **Medizin** eine vorauseilende Bereitschaft den bevölkerungspolitischen Zielsetzungen vor und im Nationalsozialismus entgegenkam und diese zum Teil noch überboten hat, zwingt zur Auseinandersetzung mit dem diesem Handeln zugrunde liegenden Menschenbild und seinem Bezug zu Handlungsmaximen in der Medizin überhaupt. Als eindrucksvolles Beispiel sei verwiesen auf die **„Sterilisation geistig Behinderter"**: in den letzten Jahrzehnten wurde sie im allgemeinen stillschweigend praktiziert, ohne daß, etwa in der Diskussion um die ärztliche Berufsordnung, das Problem ausführlich behandelt und eine ethisch begründete Entscheidungshilfe gegeben wurde; erst das Betreuungsgesetz hat hier Klärungen gebracht. Dies schließt auch die Frage ein, ob die von Kritikern humangenetischer Empfehlungen und Verfahren unterstellte Parallele zwischen Auffassungen und Handlungen in der Medizin des Nationalsozialismus einerseits und der gegenwärtigen wissenschaftlichen Forschung und technologischen Weiterentwicklung bestimmter Methoden andererseits begründet ist und ob sich ein – und falls ja, welcher – Zusammenhang in einer Ethik-Diskussion über die Hintergründe aufzeigen läßt (*Bleker* und *Jachertz* 1989).

Während – vom moralischen Standpunkt aus gesehen – in der Zurückweisung und Verurteilung nationalsozialistischer Euthanasieprogramme weitestgehender Konsens unterstellt werden kann, gilt dies nicht für die Forschung und Entwicklung und schon gar nicht für die Anwendung bestimmter Verfahren (z. B. Pränataldiagnostik, Sterilisation geistig Behinderter, Gentherapie und Genomanalyse) und für Aussagen über den Bezug zur Eugenik. Ein heftiger Streit ist entbrannt über die These, die bevölkerungspolitischen Konzepte seit der Jahrhundertwende bis hin zu den Euthanasie-Programmen in der Medizin des Nationalsozialismus und die Zielsetzungen der hier genannten wissenschaftlichen und technologischen Bereiche seien von ihren Motiven her vergleichbar. Bereits das gleichzeitige Erwähnen von z. B. Humangenetischer Beratung und Eugenik löst vielfach Unmut und Protest aus.

Historischer Wandel und Disput über Begründungszusammenhänge mit der Medizin im Nationalsozialismus

Im Rückblick auf die vergangenen hundert Jahre finden wir in verschiedenen Bereichen der Wissenschaft und Politik Bezüge zur

Eugenik. Sie reichen von Empfehlungen für Einzelpersonen oder Familien, im Falle des Vorliegens oder Risikos von Erbkrankheiten eine Fortpflanzung zu verhüten, über Empfehlungen der Tötung von behinderten Neugeborenen (Infantozid), der Zwangssterilisation geistig Behinderter bis zu dem Extrem rassehygienisch begründeten systematischen Ausmerzens bestimmter Bevölkerungsgruppen (Genozid). Um die Jahrhundertwende entstehen zahlreiche Beiträge, die im Sinne eines normativen Menschenbildes eine **Bewertung von Leben** ausdrücken, z. B. durch die Forderung, Kinder mit Mißbildungen zu töten (*Ploetz* 1895); die religiöse Absolutsetzung des Lebens wird aus eugenischen Gründen als unmenschlich und unsozial abgelehnt. Weite Kreise der Gesellschaft sind offenbar bereit, eine abgestufte Klassifizierung nach „lebenswert" und „lebensunwert" zuzulassen (*Dörner* 1988). Weiterer Ausdruck dieser Richtung ist das im Verlauf des 20. Jahrhunderts unter wechselnden Begriffen vertretene Konzept des „psychopathisch Minderwertigen". Die Bewertung menschlichen Lebens nach seiner Nützlichkeit, wie sie der programmatischen Forderung einer „Freigabe der Vernichtung lebensunwerten Lebens" (*Binding* und *Hoche* 1920) zugrunde liegt, ist in vielfältigen Abstufungen und Differenzierungen Basis einer bestimmten Argumentation. „Zur Euthanasie bei mißgebildeten Säuglingen" wird von anderer Seite (*Singer* 1979/1984) geäußert: „Sofern der Tod eines geschädigten Säuglings zur Geburt eines anderen Kindes mit besseren Aussichten auf ein glücklicheres Leben führt, dann ist die Gesamtsumme des Glücks größer, wenn der behinderte Säugling getötet wird." Für die Frage, ob dies verwerflich ist: „entscheidend sind vielmehr Eigenschaften wie Rationalität, Autonomie und Selbstbewußtsein. Mißgebildete Säuglinge haben diese Eigenschaften nicht. Sie zu töten kann daher nicht gleichgesetzt werden mit dem Töten normaler menschlicher Wesen."

In diese fast hundertjährige Zeitspanne fällt die Phase, in welcher die Medizin in Deutschland die Euthanasie-Programme des Nationalsozialismus erfüllt. Die Analyse der Forderungen und Empfehlungen in Vergangenheit und Gegenwart hat also sowohl wegen des zeitgeschichtlichen Ablaufs als auch wegen verwandter eugenischer Begründungen die These gemeinsamer Grundnormen zu prüfen und das dem jeweiligen Entscheiden und Handeln zugrunde liegende Menschenbild im medizin-ethischen Diskurs zu definieren und zu bewerten.

7.2 Ethische Probleme durch Verfahren und Anwendungsbereiche mit eugenischem Bezug

Zur Gentechnik und ihrer Anwendung in verschiedenen Bereichen von Biologie und Medizin gibt es sehr kontroverse Positionen:

- Weil der mißbräuchliche Einsatz gentechnischer Methoden praktisch nicht zu verhindern sei, müsse – auch im Rückblick auf die Geschichte der Eugenik als einer der folgenreichsten angewandten Disziplinen der Biologie mit den verheerenden Konsequenzen – die Entwicklung dieses Forschungsgebietes drastisch eingeschränkt bzw. ganz gestoppt werden.
- Auf der anderen Seite steht die Meinung, daß – da z. B. durch gentechnische Manipulation Träger einer Erbkrankheit, bei Eingriffen in die Keimbahn auch ihre Nachkommen, geheilt werden können – eine solcherart erzielte Elimination eines Defektes keinen Eingriff in die Lebensrechte des Individuums darstelle und mit Eugenik nichts gemein habe.

Die Möglichkeit, den Gentext zu entziffern und ihn zu ändern, hat in den vergangenen zwei Jahrzehnten nicht nur die Genetik, sondern mit ihr die gesamte Biologie und Medizin fundamental verändert und dazu geführt, die Prioritäten ihrer ursprünglichen Ziele neu zu definieren. Der Umfang der auf dieser Entdeckung basierenden wissenschaftlichen Forschungsarbeiten ist kaum noch überschaubar und hat zugleich Fragen ethischen Inhalts aufgeworfen: Entscheidungskonflikte treten auf, die häufig in ein Dilemma münden, nämlich entweder **individuumbezogen** zu argumentieren oder mit dem Hinweis auf systematische Anwendung bestimmter Methoden **eugenische Folgen** zu prognostizieren, die schließlich zu verminderter Akzeptanz bestimmter Menschengruppen in unserer Gesellschaft führen könnten. Da es oft dieselben Methoden sind, die sowohl zum „Segen" wie zum „Fluch" führen können, gibt es keine Kriterien, nach denen diese Methoden als ethisch zulässig oder unzulässig zu deklarieren wären.

Auf der Suche nach ethisch begründbaren Lösungswegen sind die folgenden Fragen zu diskutieren:

- Ist es zulässig, den möglichen individuellen Nutzen gegen die mögliche Gefährdung und Benachteiligung anderer (z. B. durch mißbräuchliche Anwendung) abzuwägen? (**Priorität**)
- Wird die Genmanipulation an der menschlichen Keimbahn (nur) aus emotionalen oder religiösen Gründen als grenzüberschreitender Einbruch in eine Tabu-Zone abgelehnt, oder muß sie angesichts mangelnder Folgenabschätzung als eine grundsätzliche Gefährdung der menschlichen Existenz gesehen werden? (**Grundsatzentscheidung**)
- Ist die wissenschaftliche Forschung grundsätzlich frei oder muß sie sich mit der sicheren Beherrschbarkeit ihrer Folgen selbst begrenzen? (**Verantwortung**)

Die letztgenannte Frage kann dahingehend weitergeführt werden, daß in einer Zeit, in der die hier angesprochenen Großforschungsbereiche stark anwendungsorientiert sind, der davon letztlich betroffenen Gesellschaft das Recht zustehen müsse, eine unter gesellschaftsrelevanten Kriterien aufgestellte Priorität bei den Forschungszielen einzufordern.

Nachfolgend soll an einigen Beispielen – und bewußt unvollständig – auf einen möglichen eugenischen Bezug verwiesen werden, der durch bestimmte gentechnische oder über die Gentechnik entwickelte Methoden entstanden ist.

Humangenetische Beratung

Die Geschichte der Genetik und die Entwicklungen auf der molekularbiologischen Ebene stellen die Institutionen und die Ausführenden der Humangenetischen Beratung vor schwierige Aufgaben; die bis heute eingeschlagenen Lösungswege werden in Fachkreisen und in der Öffentlichkeit jeweils sehr kontrovers diskutiert; neben der Hilfe für viele Ratsuchende kann über die langfristigen Auswirkungen dieses präventiv- und prädiktivmedizinischen Bereiches der modernen Medizin ein abschließendes Urteil (noch) nicht gefällt werden.

Genetische Beratung als „ein ärztliches Angebot an alle, die eine genetisch bedingte Erkrankung oder Behinderung oder ein genetisch bedingtes Risiko für sich selbst oder Nachkommen befürchten" (*Wolff* 1993), schließt per Definition weder eine Begrenzung ihres Anwendungsbereiches ein noch kann (oder will) sie die Konsequenzen aus dem an die Klienten gegebenen Rat und Wissen beeinflussen. Um einer mißbräuchlichen, dem eigentlichen Ziel einer ärztlichen Beratung abträglichen Inanspruchnahme entgegenzuwirken, sind in den vergangenen Jahren aus dem Kreise der betreffenden Berufsgruppe **Prinzipien genetischer Beratungen** entwickelt worden (Berufsverband Medizinische Genetik 1990, Kommission für Öffentlichkeitsarbeit und ethische Fragen der Gesellschaft für Humangenetik e.V. 1991). Die Beratungskonzepte der Humangenetik – wie auch immer diese aus ethischer Sicht bewertet werden mögen – werden jedoch von einer auch in anderen Bereichen der Medizin vorherrschenden Entwicklung **anwendungsorientierter Techniken** unterlaufen. Deren Kapazität, z. B. für die Pränatale Diagnostik, hat jene für die entsprechend erforderliche genetische Beratung bei weitem überschritten (*Schroeder-Kurth* 1989).

Der Zunahme genetisch-diagnostischer Leistungsangebote wird eine entsprechend gesteigerte Inanspruchnahme folgen, ohne daß die erhaltenen Informationen in eine fachkompetente Beratung eingebettet sind. Während die Berufsgruppe der Genetiker bemüht ist, für eine ärztlich begründete Indikationsstellung ethische Prinzipien in ihren Beratungskonzepten zu berücksichtigen, ist dies von der Laborindustrie und den unmittelbaren Anwendern ihrer Produkte nicht zu erwarten.

In den ethischen Diskurs zur genetischen Beratung gehört auch die Frage nach **Autonomie** und **Paternalismus**. Kann das Beratungsgespräch gegenüber ratsuchenden, nicht selten besorgten und ängstlichen Patienten und Klienten wirklich „nicht direktiv" sein (vgl. Kap. 4)? Von einigen Beratungszentren wurde anläßlich einer Befragung von medizinischen Genetikern in 19 Nationen ein nicht direktives Beraten auch gar nicht gefordert (*Wertz* 1989).

Zentraler Punkt in der Diskussion über genetische Beratung ist die Einstellung gegenüber **behinderten Menschen** und ihrer Akzeptanz im persönlichen Umfeld wie in unserer Gesellschaft. Diese Frage kann nicht wissenschaftlichen Abhandlungen vorbehalten bleiben, sondern muß gemeinsam mit Betroffenen und deren Angehörigen behandelt werden. Ein Dialog zwischen Selbsthilfegruppen und Humangenetikern – mit eindrucksvollen und zum Teil sehr kontroversen Beiträgen – hat bereits begonnen: die ausführliche Dokumentation der Arbeitstagung „Dialog zwischen Selbsthilfegruppen und Humangenetikern – Erwartungen und Befürchtungen" Bonn, 29. 11. – 01. 12. 1991 (*Zerres* und *Rüdel* 1993) verdeutlicht den unverzichtbaren Nutzen einer solchen Kooperation als Grundlage für gegenseitiges Verstehen und differenzierteres ärztliches Entscheiden.

Fallbeispiel

Das folgende Fallbeispiel soll eine von vielen Entscheidungssituationen darstellen, an denen ethische Probleme der Humangenetischen Beratung exemplarisch gemacht werden können (vgl. „Das Rollenspiel", S. 139):

Bei einem 38jährigen Mann wurde eine Chorea Huntington diagnostiziert, jene hirnatrophische Form des „Veitstanzes", deren Verlauf über zusätzliche fortschreitende Veränderungen schließlich in eine hochgradige Demenz mündet. Die Ärztin in der Humangenetischen Beratung klärt den Patienten, der noch drei jüngere Geschwister hat, darüber auf, daß diese Erbkrankheit meist zwischen dem 35. und 50. Lebensjahr auftritt und bei weiteren Geschwistern noch zum Ausbruch kommen kann. Der Patient versagt seine Zustimmung zur Weitergabe der Diagnose an seine Geschwister.

Die Ärztin stellt den Fall in der Institutsbesprechung vor. Die folgenden Fragen sind zu diskutieren:

- muß dem Wunsch des Patienten auf Verschwiegenheit uneingeschränkt entsprochen werden?
- soll die Ärztin die Geschwister informieren, nachdem ihre Bemühungen, den Patienten zu einer Zustimmung zu überreden, gescheitert sind?
- sollen die Geschwister, auch gegen den Willen des Patienten, zu einer Familienuntersuchung aufgefordert werden, ohne die zum Ausschluß anstehende Diagnose zu nennen?
- soll dem zuständigen Hausarzt, auch gegen den Willen des Patienten, die Diagnose mitgeteilt und ihm die weitere Entscheidung überlassen werden?

Der Konflikt der Ärztin wird noch dadurch verstärkt, daß der Patient andeutet, die Frau seines Bruders sei wahrscheinlich seit ein paar Wochen schwanger. Falls im weiteren Verlauf für den Vater des erwarteten Kindes ein (späteres) Ausbrechen der Krankheit sicher scheint:

- wie soll dem Wunsch nach pränataler Diagnostik zur Feststellung des Erkrankungsrisikos für das Ungeborene begegnet werden?
- wie soll bei positivem Befund mit dem möglichen Wunsch des Abbruchs der Schwangerschaft verfahren werden angesichts der Tatsache, daß der Ausbruch der Krankheit erst nach dem 30. Lebensjahr zu erwarten ist und über dann gegebenenfalls mögliche Behandlungschancen heute nichts ausgesagt werden kann?

Einige der hier aufgeführten Fragen mögen aus ethischer Sicht eindeutig zu beantworten sein, andere weisen auf die möglichen Entscheidungskonflikte hin, die aus einer Inanspruchnahme genetisch-diagnostischer Maßnahmen erwachsen können. Die Auswirkungen und Herausforderungen des prädiktiven Gentests haben auch innerhalb der Selbsthilfeorganisation der Betroffenen zu Spannungen und Konflikten geführt (*Engel* 1993).

Pränataldiagnostik

Im Rahmen der Humangenetischen Beratung stellt die Empfehlung einer vorgeburtlichen Prüfung auf einen möglichen Defekt des heranreifenden Kindes eine Entscheidung dar, die von der Situation der betroffenen Familie ausgeht und sich nur auf diese bezieht. Dieses Verständnis von Humangenetischer Beratung spräche zunächst gegen ein Befassen unter dem Stichwort Eugenik. Erst ihre zunehmende Verbreitung, Propagierung und Nachfrage – bei der ärztlichen Betreuung älterer Schwangerer gehört sie wegen des mit dem Alter der Mutter (und des Vaters) häufiger auftretenden Down-Syndroms („Mongolismus") zur Routine – haben sie in die Eugenik-Debatte einbezogen. (Dabei gibt es Fachvertreter, die die mit dieser Methode angestrebte Reduzierung von pränatal zu diagnostizierenden Behinderungen in der Bevölkerung für eher fraglich oder sogar unwahrscheinlich halten, da in prädisponierten Familien der Kinderwunsch aufgrund pränataler „Sicherheitsmöglichkeiten" weniger reflektiert wird, die nicht erkrankten Anlageträger aber pränataldiagnostisch nicht erfaßt und so möglicherweise in größerer Zahl als bisher geboren werden).

Die weit verbreitete pränatale Diagnostik kann die folgenden Situationen schaffen:

- Frauen (oder Paare), welche eine Abtreibung grundsätzlich ablehnen, geraten durch die Empfehlung der pränatalen Diagnostik vor allem bei einem „positiven" Befund in Konflikt, der bei unterschiedlicher Reaktion der Partner noch verschärft werden kann;
- bei Verzicht auf pränatale Diagnostik und der Geburt eines behinderten Kindes entstehen in der Umgebung nicht selten versteckte oder offene Vorwürfe und soziale Isolierung gegenüber dem behinderten Kind und dessen Angehörigen;
- in einem Beratungsgespräch mit einem betroffenen Paar kann es für den Berater/die Beraterin – je nach dessen/deren Einstellung – einen Konflikt bedeuten, mit dem Paar das Für und Wider abzuwägen und die eigene Position auszuklammern;
- Frauen können durch die von breiten Bevölkerungskreisen als „segensreich" eingeschätzte pränatale Diagnostik unter psychischen Druck und schließlich durch Angst und Besorgnis in eine für die Schwangerschaft eher ungünstige Verfassung geraten.

Fallbeispiel

Ein junges Ehepaar kommt mit seinem von einem Down-Syndrom betroffenen („mongoloiden") Kind in ein Ethik-Seminar zum Thema Humangenetische Beratung – ja oder nein?". Während der knapp zwei Jahre alte Junge unbekümmert im Raum herumkrabbelt, berichtet die Mutter, wie sie nach anfänglich tiefer Traurigkeit eine Beziehung zu dem Kind entwickelt hat, die sie sich nie hätte vorstellen können. Das Paar wünscht sich ein zweites Kind; hätte aber auch dieses ein Down-Syndrom, wären die Eltern mit der familiären Versorgung bei der gleichzeitig unverzichtbaren Berufstätigkeit überfordert. In der Elterngruppe von Down-Syndrom-Kindern wird die Möglichkeit besprochen, in einer zweiten Schwangerschaft eine vorgeburtliche Diagnostik durchführen zu lassen. Die Mutter beschreibt ihren Konflikt: ein zweites behindertes Kind sei kaum zu verkraften. Falls die Pränataldiagnostik ein Down-Syndrom ergäbe, könne sie eine Abtreibung vor ihrem von derselben Behinderung betroffenen Kind nicht verantworten und würde unter Schuldgefühlen leiden. Sie habe dabei auch jene Mutter in der Elterngruppe vor Augen, die nach positiver Pränataldiagnostik das mit Down-Syndrom behaftete Kind bewußt ausgetragen habe, in der Elterngruppe aber dem mehr oder weniger versteckten Vorwurf ausgesetzt sei, nicht schicksalhaft, sondern aus freiem Entschluß ein Down-Syndrom-Kind geboren zu haben.

Genetisches Screening in der Bevölkerung

Durch Fortschritte in der molekularen Genetik ist es möglich geworden, die **Anlageträgerschaft (Heterozygotie) für rezessiv erbliche Krankheiten** festzustellen. Bekanntestes Beispiel hierfür ist der Heterozygoten-Test bei zystischer Fibrose (Mukoviszidose), einer Erkrankung, bei der durch einen gestörten Salz- und Wassertransport in den Körperdrüsen der physiologisch produzierte Schleim durch seine zähe Konsistenz vor allem die Funktion der exokrinen Drüsen (z. B. Bauchspeicheldrüse) und der Lunge beeinträchtigt. Heterozygoten-Tests für andere Erkrankungen werden sicher in wenigen Jahren verfügbar sein. Eine flächendeckende Anwendung des Heterozygoten-Tests könnte also die Anlageträger in einer Bevölkerung ausfindig machen. Allein die Möglichkeit eines solchen Bevölkerungs-Screenings hat bereits die folgenden Probleme geschaffen:

- Der Test wird niemandem verweigert werden können; selbst ein streng individuumbezogener Einsatz im Rahmen humangenetischer Beratung kann dem wirtschaftlichen Interesse anderer Anbieter kaum entgegenwirken;
- eine Automatisierung der Untersuchung birgt die Gefahr, die pränatale Diagnostik zu fördern, ohne daß die Ratsuchenden beraten werden und ausreichende Hintergrundinformationen erhalten;
- Überlegungen einer ärztlichen Aufklärungspflicht über die Möglichkeit des Tests, etwa im Rahmen der Schwangerschaftsvorsorge, oder eine entsprechende Forderung aus der Versicherungswirtschaft hätten eine eindeutig eugenische Zielsetzung;
- die von zystischer Fibrose Betroffenen – in Deutschland wird die Zahl auf über 5 000 geschätzt – würden als Menschen, die durch eine bevölkerungsweite Aktion vermeidbar werden sollen, diskriminiert.

Der Berufsverband Medizinische Genetik e.V. (1990) hat in seiner „Stellungnahme zu einem möglichen Heterozygoten-Screening bei zystischer Fibrose“ entsprechende Rahmenbedingungen und Voraussetzungen gefordert, die den Gefahren einer unbeschränkten Anwendung Rechnung tragen sollen.

Betroffene äußern sich folgendermaßen: „Unsere Botschaft an Humangenetiker ist einfach: Das Leben mit Mukoviszidose ist zwar beschwerlich, trotzdem leben wir gerne und können es unmöglich akzeptieren, daß durch ein allgemeines Bevölkerungsscreening die Kranken verhindert werden, statt die Krankheit zu heilen. Wir lehnen die Abtreibung als normale Antwort auf Mukoviszidose ab und fordern als Voraussetzung für ein individuelles Screening das humangenetische Beratungsgespräch, das auch korrekte Informationen über das mögliche Leben mit Mukoviszidose enthalten muß“ (Arbeitskreis Leben mit Muskoviszidose 1989). „Auch Ärzte wissen über Mukoviszidose oft nicht viel mehr als die Bedeutung des Namens“(*Kruip* 1993).

„Einbecker Empfehlung“: Grenzen ärztlicher Behandlungspflicht bei schwerstgeschädigten Neugeborenen

Auf Einladung der Deutschen Gesellschaft für Medizinrecht (DGMR) wurde auf einer Arbeitstagung 1986 das Thema des Therapieabbruchs beim schwerstgeschädigten Neugeborenen von Medizinern, Juristen und Theologen gemeinsam bearbeitet. „Ziel der Tagung war es nicht nur, den Wissensstand und das gegenseitige Verständnis der Teilnehmer zu erweitern, sondern Empfehlungen zu erarbeiten, um den Ärzten Entscheidungshilfen zu geben und um zu mehr Rechtssicherheit zu gelangen“ (zit. aus dem Vorwort der Herausgeber, *Hiersche, Hirsch* und *Graf-Baumann* 1987). Die hieraus entstandene sog. **„Einbecker Empfehlung“** der Deutschen Gesellschaft für Medizinrecht will den Ärzten ihren Ermessensraum aufzeigen bei der Entscheidung, eine Therapie zu beginnen, zu unterlassen oder eine begonnene Behandlung abzubrechen. Dazu heißt es u.a.:

„Die ärztliche Behandlungspflicht wird nicht allein durch die Möglichkeiten der Medizin bestimmt. Sie ist ebenso an humanethischen Beurteilungskriterien und am Heilauftrag des Arztes auszurichten. Es gibt daher Fälle, in denen der Arzt die medizinischen Behandlungsmöglichkeiten insbesondere zur Herstellung und Aufrechterhaltung der Vitalfunktion und/oder der massiven operativen Intervention nicht ausschöpfen muß.“

Diese Voraussetzungen werden nach der Empfehlung bei einer Zahl von beispielhaft aufgelisteten schweren Schäden, deren Behandlung nur als ein Hinauszögern des sicheren Todes zu verstehen sei, als erfüllt angesehen oder auch, wenn „es trotz der Behandlung ausgeschlossen ist, daß das Neugeborene jemals die Fähigkeit zur Kommunikation mit der Umwelt erlangt“. Ebenso werden aber Beispiele aufgeführt, bei denen zwar ein Leben mit Behinderungen bevorsteht, das Unterlassen lebenserhaltener Maßnahmen aber nicht gerechtfertigt ist.

Die Veröffentlichung der Empfehlungen hat nicht nur zu einer verstärkten Auseinandersetzung mit den angesprochenen Problemen, sondern auch zu einer Reihe von Protesten geführt (Bundesvereinigung Lebenshilfe für geistig Behinderte e. V. 1991, Arbeitskreis zur Erforschung der „Euthanasie"-Geschichte 1991, Eingabe beim Petitionsausschuß des Deutschen Bundestages aus der Heilpädagogischen Fakultät der Universität Köln, *Wulfes* und *Hofmann* 1990). Als Reaktion auf die kritischen und ablehnenden Äußerungen hat eine Überarbeitung der Einbecker Empfehlung stattgefunden (1992).

Die Fragen nach **„Lebensrecht"** und **„Lebenswert"** begründen die Aufnahme der Einbecker Empfehlung in das Kapitel „Eugenik", wenngleich es primär um Probleme der Euthanasie geht. Einzelne Thesen der Empfehlungen, insbesondere aber die vollständige Dokumentation der den Empfehlungen vorangegangenen Arbeitstagung stellen eine wichtige Quelle an Aussagen dar, die für eine differenzierte Auseinandersetzung unter ethischen Gesichtspunkten bedeutsam sind. Dies gilt z. B. für die Aussage, daß eine Verpflichtung zu lebenserhaltenden Maßnahmen nicht bestehe, wenn „es trotz der Behandlung ausgeschlossen ist, daß das Neugeborene jemals die Fähigkeit zur Kommunikation mit der Umwelt erlangt"' – welche ethischen Prinzipien untermauern diese Empfehlung, welche stehen ihr entgegen? Auch wäre der Frage nachzugehen, warum bei der Erarbeitung der Empfehlungen die Berufsgruppe der Heil- und Sonderpädagogen nicht beteiligt wurde, die am ehesten kompetente Aussagen über die Entwicklungschancen aus der eigenen beruflichen Erfahrung heraus machen können. Betroffene selbst oder deren Angehörige waren offenbar auch nicht beteiligt worden. Deshalb sei hier Folgendes zitiert: „In den Vorüberlegungen zur Abfassung dieser Empfehlungen war auch an das Krankheitsbild der ‚Osteogenesis imperfecta' (Glasknochenkrankheit) gedacht, als typischer Fall für eine Behinderung, die nicht weiter behandelt werden sollte. Plötzlich erinnerte sich ein Arzt daran, daß es irgendwo in Deutschland einen Glasknochenkranken gäbe, der seinen Doktor gemacht habe und sogar als Schauspieler und Autor eine gewisse Bekanntheit erlangt habe. Daraufhin wurde die Osteogenesis imperfecta nicht in den Katalog der todesgeweihten Behinderungsarten aufgenommen. Der Mann, von dem er sprach, war ich, und hätte es nicht der Zufall gefügt, daß ich tatsächlich etwas bekannter bin als einige meiner Schicksalsgefährten, hätten auch wir unseren Platz in den ‚Einbecker Empfehlungen' gefunden" (*Radtke* 1993).

Sterilisation geistig Behinderter

Die Abhandlung dieser Frage unter dem Stichwort Eugenik soll zugleich ausdrücken, daß die langjährigen Diskussionen über eine rechtliche Regelung immer auch geprägt waren von Verweisen auf das Erbgesundheitsgesetz vom 14. 7. 1933; dessen § 1 lautete: „Wer erbkrank ist, kann unfruchtbar gemacht werden, wenn nach den Erfahrungen der ärztlichen Wissenschaft mit großer Wahrscheinlichkeit zu erwarten ist, daß seine Nachkommen an schweren körperlichen oder geistigen Erbschäden leiden werden".

Der Streit um das Pro und Contra einer – wie sehr auch immer eingeschränkten – Zulässigkeit der Sterilisation geistig Behinderter wird neben divergierenden ethischen Begründungen von der Tatsache beeinflußt, daß nach 1945 in zahlreichen Gutachten eugenische Begründungen wie zur Zeit des Nationalsozialismus aufgeführt werden und solche Gutachten zum Teil von nationalsozialistischen Vertretern der Rassenhygiene stammen. Die Auseinandersetzung mit dem Problem der Sterilisation geistig Behinderter im Kontext möglicher ethischer Begründungen soll deshalb ihren medizingeschichtlichen Entwicklungsprozeß nicht ausklammern.

In dem lange währenden Dilemma der Rechtsunsicherheit bzw. des Fehlens klarer rechtlicher Regelungen hatte die Bundesärztekammer **Richtlinien** zur „Zulässigkeit einer Sterilisation geistig Behinderter aus eugenischer oder sozialer Indikation" (1986) veröffentlicht mit der Absicht, zur Sterilisation geistig Behinderter oder entsprechender Begutachtung aufgeforderten Ärzte Entscheidungshilfe zu leisten. (Die Staatsanwaltschaft von Berlin hatte sich 1986 gezwungen gesehen, hundert Akten zu beschlagnahmen, um die Rechtmäßigkeit der Eingriffe von Sterilisation zu überprüfen.) Die Deutsche Gesellschaft für Medizinrecht (DGMR) hat ebenfalls in ihrem II. Einbecker Workshop Richtlinien erarbeitet (1988).

Das Bundesministerium der Justiz machte in den Erläuterungen zum entsprechenden Diskussionsentwurf eines Betreuungsgesetzes klar, daß weder Interessen der Allgemeinheit, noch der Verwandten oder des ungezeugten Kindes Grundlage einer **gesetzlichen Regelung** in dieser Frage sein können. Das Problem konzentriert sich - jedenfalls juristisch - auf eine „Notlage". So soll der Betreuer in eine Sterilisation einer einwilligungsunfähigen geistig Behinderten nur einwilligen können, wenn eine der in Paragraph 218 a StGB aufgeführten Notlagen zu befürchten ist. Die Argumentation mit der Unzumutbarkeit, nämlich einer zur Versorgung und Erziehung unfähigen geistig Behinderten ihr Kind wegnehmen zu müssen, wird von anderer Seite als Grund gedeutet, die sozialen Folgen für die Gesellschaft vermeiden zu wollen. Auch die „Unzumutbarkeit" gegenüber dem Kind, (das in den allermeisten Fällen nicht geistig behindert zur Welt kommt), eine geistig Behinderte zur Mutter zu haben, wird als Argument gebracht.

In der **ethischen Diskussion** geht es um die Frage, ob die Sterilisation als ultima ratio erwogen werden darf, wenn alle anderen kontrazeptiven und pädagogischen Maßnahmen ausgeschöpft sind. Sterilisation ohne Einwilligung der/des Betroffenen stellt eine Verletzung der körperlichen Integrität und damit auch der Würde des Menschen dar. Die Entscheidung, ob im „wohlverstandenen Interesse" der Betroffenen oder des möglichen zukünftigen Kindes ein höherwertiges Gut als das der leiblichen Unversehrtheit zu berücksichtigen ist, wird immer nur im Konflikt getroffen werden können. Das kann bedeuten, sich für das Handeln mit der geringeren Schuldübernahme entscheiden zu müssen.

Statt eines Fallbeispiels

Medical Tribune berichtet in seiner Klinik-Ausgabe vom 7. Februar 1989 über die Tagung „Partnerschaft und Sexualität bei Menschen mit geistiger Behinderung", die von der Evangelischen Akademie Bad Boll in Verbindung mit der Ärztekammer Nord-Württemberg veranstaltet wurde. Über dem Untertitel „Psychologen fordern Grundrecht auf sexuelle Entfaltung" steht als Hauptüberschrift „Die sollen sich fortpflanzen dürfen". Der Tagungsbericht schließt mit der folgenden Anmerkung der Redaktion:

„Es mag ja sein, daß die Vorkämpfer des Rechts der geistig Behinderten auf eigene Kinder das Wohl der Eltern im Auge haben. Aber haben sie auch an die armen Nachkommen gedacht? Was mag wohl im Kopf eines Kindes vorgehen, wenn es – vielleicht im Alter von 4 oder 6 Jahren – erkennen muß, daß seine Eltern schwachsinnig sind? Und wie soll überhaupt das alltägliche Leben dieses Kindes aussehen: Sollen in den Behindertenheimen dann neben Kuschelecken für genitale Liebesspiele auch Kinderzimmer eingerichtet werden?"

7.3 Schlußbemerkungen

Das Stichwort „Eugenik" trifft einen zentralen Punkt des gesellschaftlichen Zusammenlebens sowie der sozial- und wirtschaftspolitischen Grundlagen. Es geht um – zumeist unausgesprochene – **Bewertungsmaßstäbe des menschlichen Individuums:** körperliche und seelische Gesundheit sind nicht mehr nur Wunsch des einzelnen, sondern zum Maßstab für Leistung und die Erfüllung einer zunehmend offener geforderten oder stillschweigend voraussgesetzten Norm geworden. Behinderte Menschen können eine solchermaßen definierte Norm für das menschliche Dasein zumeist nicht erfüllen.

In dem 1988 als Ratsdokument von der Europäischen Gemeinschaft vorgelegten Programm „Prädiktive Medizin: Analyse des menschlichen Genoms" wird mit Bezug auf die nicht vollständig auszuschaltenden umweltbedingten Risikofaktoren gefordert, über die genetische Prädisposition die stark gefährdeten Personen identifizieren zu können. „Wenn die Gene identifiziert worden sind, die mit einem erhöhten Risiko für die gängigen Krankheiten... in Verbindung stehen, wird sich die Möglichkeit zu Reihenuntersuchungen der Bevölkerung ergeben... Dies wäre der beste Weg, um die Europäer generell davon zu überzeugen, daß die Schaffung eines Europas der Gesundheit nicht nur eine Frage der Öffentlichkeitsarbeit, sondern gelebte Realität ist". Auch die sogenannte „Bioethik-Konvention" des Europarates verdient in dieser Diskussion besondere Aufmerksamkeit (Council of Europe, 1993; *Feyerabend, Fuchs, Kobusch* und *Paul* 1994; *Paul* 1994). Mit der Begründung, eine für die Mitgliedsländer der Europäischen Union einheitliche Regelung anzustreben, werden zugleich Vorschläge formuliert, die z. T. den in Deutschland geltenden Gesetzen entgegenstehen oder vom Inhalt her auf starke Kritik stoßen, wie z. B. die unter bestimmten Bedingungen für zulässig gehaltene Forschung an nichteinwilligungsfähigen Personen („incapacitated persons").

Auslese-Utopien sind der mehr oder weniger reflektierte Ausdruck einer egozentrischen Beanspruchung von Sonderrechten auf Kosten anderer, insbesondere Behinderter, ungeborener und kommender Generationen (*Altner* 1990). Die in diesem Eugenik-Kapitel aufgeführten Beispiele wollen anregen und auffordern, die ethischen Fragen und Probleme herauszuarbeiten, die in den verschiedenen Verfahren, Empfehlungen und Entwicklungstendenzen verborgen sind. Ausgehend von den medizinethischen Grundprinzipien (*Beauchamp* und *Childress* 1987)

- **Respekt vor der Autonomie**
- **Hilfeleistung**
- **Vermeidung von Schaden**
- **Gerechtigkeit**

sollte dieser Prozeß bis zur ethischen Bewertung des jeweiligen Entscheidens und Handelns führen.

Die molekulare Genetik mit ihren Möglichkeiten eines eugenischen Instrumentariums stellt die menschliche Solidargemeinschaft vor eine besonders harte Bewährungsprobe. Vor dem historischen Hintergrund der letzten hundert Jahre ist den erkennbaren Ausgrenzungen in ihren Anfängen zu wehren. Der erste Schritt ist die **Beteiligung der Betroffenen** bei der Diskussion über Möglichkeiten und Maßnahmen der prädiktiven Medizin. Nur mit einem „informed consent" der Betroffenen kann die Medizin den Ansprüchen der Ethik genügen und eugenischem Mißbrauch vorbeugen.

7.4 Literaturverzeichnis und Literaturempfehlungen

1. Quellen

Altner, E.: Taumelnd am Steuer der Evolution? Publik-Forum II (1990) 14–15

Arbeitskreis zur Erforschung der „Euthanasie"-Geschichte: Memorandum gegen die neue Lebensunwert-Diskussion. Mabuse 73 (1991) 43–45

Beauchamp, T. W., Childress, J. F. (1987): Principles of Biomedical Ethics. Oxford University Press, New York, Oxford

Berufsverband Medizinische Genetik e.V.: Richtlinien zur Durchführung molekulargenetischer diagnostischer Leistungen. Richtlinien zur Durchführung cytogenetischer Diagnostik. Grundsätze genetischer Beratung. Med. Genetik 4 (1990) 4–6

Binding, K., Hoche A.: (1920): Die Freigabe der Vernichtung lebensunwerten Lebens. Leipzig

Bleker, J., Jachertz, N. (Hrsg) (1989): Medizin im Dritten Reich. Deutscher Ärzteverlag, Köln

Bundesärztekammer: Zulässigkeit einer Sterilisation geistig Behinderter aus eugenischer oder sozialer Indikation. Dt. Ärztebl. 84 (1987) B-1979

Bundesvereinigung Lebenshilfe für geistig Behinderte e. V. (August 1991): Stellungnahme zur Einbecker Empfehlung „Grenzen der ärztlichen Behandlungspflicht bei schwerstgeschädigten Neugeborenen" Marburg Council of Europe: (18. November 1993): Steering committee on Bioethics: The draft Convention for the protection of human rights and dignity of the human being with regard to the application of biology and medicine: Bioethics Convention. Straßburg (vgl. auch Entwurf für Bioethik-Konvention. Das Parlament, 15. 7. 94, S. 14)

Dörner, K. (1988): Euthanasie gestern – Sterbehilfe heute. In: *Bock, Th.* (Hrsg.): Lebens-

Wert: Beiträge zur Ethik-Diskussion. DGSP-Schriftenreihe; Bd. 5, Psychiatrie-Verlag, Bonn

Engel, St. (1993): Der prädiktive Gentest - dargestellt am Beispiel der Huntingtonschen Chorea. In: *Zerres, K., Rüdel, R.* (Hrsg.): Selbsthilfegruppen und Humangenetiker im Dialog - Erwartungen und Befürchtungen. Enke, Stuttgart, S. 114–120

Feyerabend, E., Fuchs, U., Kobusch, W., Paul, J.: Erlaubt wird, was machbar ist. Vom Wahnsinn der Normalität - die Bioethik-Konvention. Soziale Psychiatrie 2 (1994) 28–31

Galton, F. (1905): Eugenics, Its Definition, Scope, and Aims, Sociological Papers. S. 45–50. (zit. nach *Weingart, P., Kroll, J., Bayertz, K.* (Hrsg.) (1988): Rasse, Blut und Gene. Geschichte der Eugenik und Rassenhygiene in Deutschland. Suhrkamp, Frankfurt a. M.

Gill, B. (1991): Gentechnik ohne Politik. Wie die Brisanz der Synthetischen Biologie von wissenschaftlichen Institutionen, Ethik- und anderen Kommissionen systematisch verdrängt wird. Campus Verlag, Frankfurt, New York.

Hiersche, H.-D., Hirsch, G., Graf-Baumann, T. (Hrsg.) (1987): Grenzen ärztlicher Behandlungspflicht bei schwerstgeschädigten Neugeborenen. Springer, Berlin, Heidelberg, New York

Hiersche, H.-D., Hirsch, G., Graf-Baumann, T. (1988): Die Sterilisation geistig Behinderter. II. Einbecker Workshop der Deutschen Gesellschaft für Medizinrecht. Springer, Berlin, Heidelberg, New York

Kommission für Öffentlichkeitsarbeit und ethische Fragen der Gesellschaft für Humangenetik e.V.: Stellungnahme zur postnatalen prädiktiven genetischen Diagnostik. Stellungnahme zum Heterozygoten-Bevölkerungsscreening. Med. Genetik 2 (1991) 10–12

Kruip, St. (1993): Geboren werden als embryonales Hindernislaufen. In: *Zerres, K., Rüdel, R.* (Hrsg.): Selbsthilfegruppen und Humangenetiker im Dialog. Erwartungen und Befürchtungen. Enke, Stuttgart, S. 108–113

Ploetz, A. (1895): Grundlinien einer Rassenhygiene, I.Theil: Die Tüchtigkeit unserer Rasse und der Schutz der Schwachen. Ein Versuch über Rassenhygiene und ihr Verhältnis zu den humanen Idealen, besonders zum Socialismus. Berlin

Propping, P. (1993): Genetik des Menschen – Ein Fach mit problematischer Geschichte. In: *Zerres, K., Rüdel, R.* (Hrsg.): Selbsthilfegruppen und Humangenetiker im Dialog. Erwartungen und Befürchtungen. Enke, Stuttgart, S. 1–11

Radtke, P. (1993): Humangenetik – was bringt sie für Behinderte? In: *Zerres, K., Rüdel, R.* (Hrsg.): Selbsthilfegruppen und Humangenetiker im Dialog. Erwartungen und Befürchtungen. Enke, Stuttgart, S. 60–67

Reif, M., Baitsch H. (1986): Genetische Beratung. Hilfestellung für eine selbstverantwortliche Entscheidung? Springer, Berlin, Heidelberg

Schott, H. (1992): Die Stigmen des Bösen: Kulturgeschichtliche Wurzeln der Ausmerze-Ideologie. In: *Propping, P., Schott, H.* (Hrsg.): Wissenschaft auf Irrwegen: Biologismus, Rassenhygiene und Eugenik. Bouvier, Bonn

Schroeder-Kurth, T. M., Gründel, J. (1989): Genetische Beratung. In: *Eser, A., v. Lutterotti, M., Sporken, P.* (Hrsg.): Lexikon Medizin, Ethik, Recht. Herder, Freiburg, S. 367–377

Schroeder-Kurth, T. M. (1989): Versorgung der Bevölkerung der Bundesrepublik mit humangenetischen Leistungen: Beratung und Diagnostik. In: *Schroeder-Kurth, T. M.* (Hrsg.).: Medizinische Genetik in der Bundesrepublik Deutschland. J. Schweitzer, Frankfurt, S. 19–47

Singer, P. (1979): Practical Ethics University Press Cambridge (Deutsche Übersetzung: Praktische Ethik. Reclam, Stuttgart 1984)

Weingart, P., Kroll, J., Bayertz, K. (1988): Rasse, Blut und Gene. Geschichte der Eugenik und Rassenhygiene in Deutschland. Suhrkamp, Frankfurt a. M.

Wertz, D. C. (1989): The 19-nation survey; genetics and ethics around the world. In: *Wertz, D. C., Fletcher, J. C.* (eds.): Ethics and human genetics. Springer, Berlin, Heidelberg, New York, pp 1–79

Wolff, G. (1993): Entwicklung, Aufgaben und Ziele Genetischer Beratung. In: *Zerres, K., Rüdel, R.* (Hrsg.): Selbsthilfegruppen und Humangenetiker im Dialog. Erwartungen und Befürchtungen. Enke, Stuttgart S. 37–48

2. Literaturempfehlungen

Bayertz, K. (1987): GenEthik: Probleme der Technisierung menschlicher Fortpflanzung. Rowohlts Enzyklopädie, Reinbek.
Die Entwicklung in den Gen- und Reproduktionstechnologien wird mit ihren vielseitigen Folgen ausführlich analysiert. Sie betrifft

nicht nur die erkenntnistheoretische Struktur des Forschungsprozesses, sondern stellt Technik und Wissenschaft in einem neuen Zusammenhang dar. Die drei Teile enthalten die Überschriften „Auf dem Wege zur Autoevolution“, „Die Zerstörung der menschlichen Substanz“ und „Subjektivität und Selbstveränderung“; den Schluß bildet ein Epilog „GenEthik und reproduktive Moral“.

Kevles, D. J., Hood, L. (eds): (1992) The Code of Codes. Scientific und Social Issues in the Human Genome Project. University Press, Cambridge/Mass. Deutsche Ausgabe: Der Supercode. Die genetische Karte des Menschen. Artemis und Winkler München (1993)
In diesem umfassenden „kritischen Insider-Bericht“ über das Genomprojekt werden die geschichtlichen und technologischen Entwicklungen sowie die juristischen, gesellschaftlichen und ethischen Aspekte dieses zur Zeit wohl größten Gen-Forschungsvorhabens der Welt von insgesamt 12 Experten dargestellt.

Nolte, F. (1994): Huntington, R. p., PKU. Gentechnik in der Medizin und ihre Gefahren. Universitas 7, S. 627–640
Eine sehr gute, knappe Darstellung der Möglichkeiten und Auswirkungen der Gentechnologie, der Hintergründe von Erbkrankheiten und des komplexen Zusammenspiels von Umwelt und Genen.

Paul, J. (1994): Im Netz der Bioethik. DISS (Duisburger Institut für Sprach- und Sozialforschung)
Der Autor gibt einen Überblick über zahlreiche europäische Projekte mit ethischem Bezug und kommt nach sehr kritischer Bewertung zu der Aussage, daß sich „bereits ein fast undurchdringliches Netz von Institutionen gebildet (hat), das weitgehend unbeobachtet von der Öffentlichkeit an den Parlamenten vorbei ein neues Menschenbild schafft, das sich nur noch an der Körperlichkeit orientiert und nach dem wieder zwischen nützlichem und unnützem Leben differenziert werden kann.“ (Zitat aus dem Klappentext).

Weß, L. (Hrsg.) (1989): Die Träume der Genetik. Gentechnische Utopien von sozialem Fortschritt. Greno, Nördlingen
Das Buch vereint eine mit biographischen Skizzen unterlegte Darstellung der Geschichte der Genetik mit zahlreichen Dokumenten (von *Ploetz*, 1895 bis *Lederberg* 1962), die zur Frage einer Wechselwirkung der genetischen Sozialutopien mit der genetischen Wissenschaft wichtige Aussagen liefern.

Zerres, K., Rüdel, R. (Hrsg.) (1993): Selbsthilfegruppen und Humangenetiker im Dialog. Erwartungen und Befürchtungen. Enke, Stuttgart
Das – im Quellenverzeichnis bereits mehrfach zitierte – Buch enthält die Referate und Diskussionen der Arbeitstagung „Dialog zwischen Selbsthilfegruppen und Humangenetikern – Erwartungen und Befürchtungen“, die vom 29. 11. – 1. 12. 1991 in Bonn stattgefunden hat. Für die Beschäftigung mit den Problemen der Entwicklung der Genetik kann es durchaus als Pflichtlektüre empfohlen werden: eindrucksvolle Beiträge Betroffener – keine Leidensgeschichten, sondern von großer Sachkenntnis zeugende Problemdarstellungen – verdeutlichen die unverzichtbare Notwendigkeit, bei Tagungen mit so gesellschaftsrelevanten Fragen der modernen Medizin nicht auf die Sach- und Fachkompetenz der Betroffenen zu verzichten.

8 Versorgung und Therapie psychisch kranker und gestörter Menschen

Stella Reiter-Theil

Fragen

- Wo liegen ethisch relevante Implikationen der Konzeptbildung von psychischer Gesundheit bzw. Krankheit?
- Inwiefern bringen Psychiatrie, Psychotherapie und Psychodiagnostik eigene und – gegenüber der Medizin insgesamt – andersartige ethische Probleme hervor, die spezifische ethische Antworten erfordern?
- Welche Konsequenzen sind aus der gegenwärtigen Heterogenität wissenschaftlicher und ethischer Ansätze in Psychiatrie und Psychotherapie zu ziehen?
- Welche ethischen Zielorientierungen liegen Reformbewegungen der Psychiatrie zugrunde?
- Wie ist es zu erklären, daß den sozialen und institutionellen Bedingungen für die Realität psychisch kranker Menschen und deren Behandlung so große Bedeutung beigemessen wird?
- Lassen sich ethische Forderungen formulieren und begründen, die zu einer Verbesserung der Situation psychisch kranker Menschen beitragen können?
- Welche sind besondere ethische Herausforderungen für die therapeutische Arbeit mit psychisch kranken oder gestörten Menschen?
- Welche Ansatzpunkte gibt es in der Psychiatrie und Psychotherapie für eine allgemeine ethische Orientierung dem Patienten gegenüber?
- Mit welchen Mitteln könnte ein breiteres und tieferes Verständnis psychischer Störungen bei Studierenden und Angehörigen der Heilberufe erreicht werden?

8.1 Konzepte psychischer Gesundheit und Krankheit

Die Konzeptualisierung psychischer Gesundheit bzw. Krankheit ist untrennbar verbunden mit den in einer Epoche und Kultur vorherrschenden **Menschenbildern**. Konzepte wie Identität, das Verhältnis zu sich selbst, zu anderen Menschen und zur Umwelt, Autonomie im Sinne von Selbstbestimmung und Vernunft, Kategorien wie Vertrauen und Mitgefühl, die Erfahrung des Getrennt- oder Verbundenseins mit anderen und der Natur – sie alle gehören zu den verschiedenen Menschenbildern einer Zeit und Gesellschaft. Sie fließen ein in vorwissenschaftliche und auch wissenschaftliche Vorstellungen von psychischer Funktion, Gesundheit, Krankheit, Normalität und Abweichung.

Um die gegenwärtige Theorienbildung über psychische Gesundheit und Krankheit zu verstehen und in ihrer historischen und systematischen Bedeutung einordnen zu können, bedarf es einer vergleichend angelegten Auseinandersetzung mit sowohl medizinischen als auch psychologischen Konzepten. Beispiele aus der Geschichte der Psychiatrie wie die frühen institutionellen Vorläufer des psychiatrischen Krankenhauses, die beginnende Professionalisierung der Psychiatrie als medizinisches Fach und damit verbundene gesellschaftliche Veränderungen im Umgang mit „Geisteskranken" und psychisch gestörten Menschen – diese Phänomene zeigen das bis heute erkennbare **Doppelgesicht der Psychiatrie**: hier die zunehmend therapeutisch wirksame Behandlung psychischer Störungen, dort die Kontrolle über psychisch auffällige und sozial abweichende Menschen.

Die Einführung eines **somatischen Konzepts psychischer Krankheit** durch *Griesinger* ermöglichte erstmals die allmähliche Überwindung der bis dahin allgemein vorherrschenden Tendenz, psychisch auffällige Menschen in erster Linie zu kasernieren, von der übrigen Gesellschaft abzusondern, und bereitete einer prinzipiellen Gleichstellung der psychisch Kranken mit den anderen Patienten der Medizin den Weg. Dennoch sollte es in der Bundesrepublik Deutschland noch bis in die späten Sechziger Jahre dauern, bis die Einsicht, daß Unterbringung und Betreuung psychisch kranker Menschen dringend durch grundlegende Reformen humanisiert werden mußten, auch zu angemessenen politischen Konsequenzen führte (Psychiatrie-Enquête).

Schon diese wenigen Hinweise mögen genügen, die enge Verflechtung zwischen wechselnden und widersprüchlichen Konzepten psychischer Krankheit, den aus diesen abgeleiteten therapeutischen, sozialen bzw. ordnungspolitischen Maßnahmen und jeweils geltenden **Normvorstellungen** zu zeigen – Normvorstellungen darüber, wie sich Menschen in der Gesellschaft zu verhalten haben, was der Normalität entspricht und was nicht, welches Verhalten einer Behandlung oder Kontrolle bedarf usw. Diese Verflechtung mit sozialen und ethischen Normen ist es auch, die der Psychiatrie jene kritik- und reflexionswürdige **Ideologieanfälligkeit** eingebracht hat. Tragische Beispiele für die Mißbrauchbarkeit der Psychiatrie im Dienste totalitärer Ideologie sind die Zwangssterilisation psychisch kranker oder zu psychisch Kranken erklärter Menschen und die Euthanasie unter dem nationalsozialistischen Regime, ebenso die Zwangs„behandlungen" politischer Dissidenten (nicht nur) in der früheren Sowjetunion, die in psychiatrischen Institutionen unter Beteiligung von Ärzten und Pflegepersonal durchgeführt wurden.

Der Blick auf diese extremen Formen des Mißbrauchs ärztlichen Wissens und Könnens gegenüber wehrlosen Patienten soll aber die Gratwanderung der Psychiatrie zwischen Heilkunst und gesellschaftlicher Kontrollinstanz nicht verdecken. Einerseits wird Psychiatrie in Krisensituationen der Selbstgefährdung oder bei unerträglicher Belastung von Betroffenen, Angehörigen und Außenstehenden als Retterin gebraucht und geschätzt; andererseits wird sie im Einzelfall oder auch generell, aus Erfahrung oder Vorurteil, mitunter beschuldigt, Gesunde krank zu machen oder zu Unrecht zu behandeln und festzuhalten. Gerade in dieser Zuspitzung der Gegensätze kann deutlich werden, welch enge und reflexionsbedürftige Beziehung zwischen Theoriebildung und Diagnostik sowie Behandlung und der Bewertung psychischer Gesundheit und Krankheit in der Gesellschaft besteht.

Jede Auseinandersetzung mit den unterschiedlichen Positionen und Programmen vermag eine Polarisierung der **Schulen** und **Bewegungen** zu aktivieren, die in Psychiatrie und Psychotherapie vertreten sind. Im Interesse einer wissenschaftlichen Integration sind Bemühungen um Dialog und die Orientierung an intersubjektiven Kriterien zu unterstützen. Daneben gilt es, Tendenzen entgegenzuwirken, die den Anschein erwecken, als könne jede „Schule" ihre eigene, zu ihr passende „Ethik" vertreten, die von den „Ethiken" anderer „Schulen" verschieden sei. Eine solche Partikularisierung der Geltung von Auffassungen, beispielsweise über Qualitätskriterien der Therapie, die therapeutische Grundhaltung oder die Bewertung und Verwendung empirischer Forschungsergebnisse kann nicht im Interesse des Fachgebietes liegen und schon gar nicht in dem der Patienten.

Es ist nicht möglich, die Theoriebildung und Diagnostik psychischer Störungen und Krankheiten in diesem Buch in ihrer Gesamtheit angemessen darzustellen. Diese Vielfalt der Konzepte, Klassifikations- und Diagnosesysteme hängt mit den nebeneinander bestehenden Traditionen und Schulen in Psychiatrie und Psychotherapie zusammen. Verschärft wird das Problem durch die teilweise unbefriedigende Validität und Reliabilität der Diagnosen. Noch tiefer aber reicht die **„anti-psychiatrische" Kritik**, die in ihrer radikalsten Form die Möglichkeit psychiatrischer Diagnostik und demzufolge die Berechtigung psychiatrischer Institutionen und Interventionen überhaupt bestritten hat (z. B. *Thomas Szasz*). Auch wenn diese radikale Position innerhalb der Fachwelt von Psychiatrie und Psychotherapie keinen oder kaum mehr Rückhalt findet, so bleiben doch bei Laien und Betroffenen nach wie vor Unsicherheiten und Ressentiments aufrecht, denen einerseits mit Verständnis, andererseits mit Aufklärung und Transparenz zu begegnen ist. In dieser Aufgabe bedürfen die Fachvertreter einer konstruktiven Unterstützung durch die Medien, wobei für die Berichterstattung und Kommentierung die gleichen ethischen Prinzipien gelten sollten wie für die individuelle Information und Aufklärung des Patienten.

Eine Ethik wissenschaftlichen und therapeutischen Handelns muß, wenn sie auf universellen Prinzipien (*Beauchamp* und *Childress* 1989) aufbaut, erst mittels Ableitung von **Handlungsregeln** und deren **Interpretation im jeweiligen Praxiszusammenhang** auf konkrete Probleme hin „kontextualisiert“ werden (s. Kap. 1). Diejenigen, die sich mit pychischen Problemen und Leiden hilfesuchend an die Psychiatrie oder Psychotherapie wenden, müssen darauf vertrauen können, daß die Behandelnden - von der Diagnostik bis zur Rehabilitation - eine allgemein verbindliche therapeutisch-ethische Orientierung verfolgen, die die Interessen des Patienten wahrt.

Neben Psychiatern - mit medizinischer Ausbildung - und Pflegepersonal, das auch therapeutische Aufgaben erfüllen kann, gibt es in Psychiatrie und Psychotherapie weitere Berufsgruppen mit Behandlungskompetenz, vor allem Klinische Psychologen. Eine „Professionelle Ethik“, die sich allein an der jeweiligen Grundausbildung - Medizin, Psychologie, Pflege o. a. - ausrichtet, würde dem **Universalitätsanspruch** der Ethik in der Betreuung von Patienten nicht gerecht. Es wäre auch weder wünschenswert noch praktikabel, wenn in einem psychiatrischen Krankenhaus, in einer psychologischen Beratungsstelle oder in einer psychotherapeutischen Gemeinschaftspraxis zusammenarbeitende Kollegen unterschiedlicher Ausbildung ihre therapeutisch-ethische Grundhaltung vor allem in Abgrenzung zueinander definierten. Um die vielfach in der klinischen und therapeutischen Praxis schon erreichte, auch interdisziplinäre Übereinstimmung in der ethischen Grundhaltung zu festigen, um bestehende Konflikte und Herausforderungen meistern zu können, bedarf es vielmehr einer intensiveren, auch theoretischen Aufarbeitung der gemeinsamen ethischen Grundfragen und Grundlagen von Psychiatrie und Psychotherapie. Es ist eine verstärkte Kooperation zwischen den beteiligten Berufsgruppen erforderlich, wenn allgemeine und verbindende Grundsätze einer Ethik formuliert werden sollen, die den bleibenden Unterschieden hinsichtlich Kompetenzen und Verpflichtungen gegenüber Patienten und Dritten Rechnung trägt. Dieses Ziel wird durch entsprechende Angebote in der Ausbildung, Weiter- und Fortbildung zu unterstützen sein. Hier hat Österreich mit dem 1992 verabschiedeten Psychologen-Gesetz und dem Psychotherapie-Gesetz (das die psychotherapeutische Kompetenz an eine qualifizierte Weiterbildung, unabhängig vom Quellenberuf, bindet) eine Bresche für die Ethik geschlagen, indem „Ethik“ sowohl im Studium der Psychologie als auch im Psychotherapeutischen Propädeutikum verbindlich in die Curricula integriert wurde.

8.2 Ethik in der Medizin und Ethik in der Psychiatrie

Die moderne Ethik in der Medizin ist zentral am **Konzept der Selbstbestimmung** ausgerichtet und fordert von allen heilberuflich Tätigen, die Autonomie des Patienten zu achten. Ist diese Forderung im Kontext der Psychiatrie, im Umgang mit psychisch nicht gesunden Menschen, weniger gültig als in anderen Feldern der Medizin? Ist der psychiatrische Patient ein „Sonderfall“ für die Ethik in den Heilberufen? Sicher nicht. Um einer solchen, hinsichtlich ihrer Folgen verhängnisvollen und gefährlichen Auffassung zu widersprechen, mögen folgende Hinweise auf zwei empirische Sachverhalte genügen:

- Menschen, die psychiatrische oder psychotherapeutische Hilfe benötigen, sind keineswegs von vornherein in ihrer Selbstbestimmungsfähigkeit beeinträchtigt. Die Urteils-, Entscheidungs- und Handlungskompetenz kann vollständig intakt sein, leicht bzw. in Teilbereichen, vorübergehend oder auch langfristig beeinträchtigt sein. Eine Generalisierung, wonach diese Patientengruppen grundsätzlich weniger kompetent wären als Patienten in anderen Bereichen der Medizin oder gar inkompetent, für sich zu entscheiden, wäre unzulässig.

- Menschen, die an akuten oder chronischen Krankheiten leiden, von Schmerzen oder Angst betroffen sind, also grundsätzlich alle Patienten der gesamten Medizin, erfahren unterschiedliche Formen und Ausmaße der Beeinträchtigung ihrer Selbstbestimmungskompetenz. Dieses allen in der Medizin Erfahrenen bekannte Phänomen zeigt, daß eine kategorische Unterscheidung von „psychiatrischen" versus „nicht-psychiatrischen" Patienten hinsichtlich der Fähigkeit, über sich selbst zu verfügen, nicht haltbar ist.

Daraus darf allerdings nicht gefolgert werden, daß alle - oder auch nur die meisten - Patienten infolge ihrer Schmerz- und Angstzustände inkompetent wären und daß deswegen das ethische Prinzip, die Autonomie des Patienten zu respektieren, nur eingeschränkte Gültigkeit hätte. Im Gegenteil. Es ist keine besondere Kunst, die Autonomie eines Menschen zu respektieren, der seinen Willen klar und nachvollziehbar artikulieren und vertreten kann. In all jenen Fällen, in denen dieser Wille der „Linie" des Behandelnden und seines Hauses entspricht, wird das Prinzip auch nicht zum Problem. Zur Herausforderung für den Behandelnden - aber auch zum **Prüfstein** für dessen ethische Orientierung - werden dagegen Konstellationen, in denen Unklarheiten oder Konflikte über die Interessen des Patienten auftreten, wie sie in allen Bereichen der Medizin vorkommen können.

Grundvoraussetzungen psychischer Gesundheit, beispielsweise die Möglichkeit, Identität und Autonomie zu entwickeln und auch angesichts von Belastungen oder Gefährdungen aufrechtzuerhalten, sind zugleich notwendige Bedingungen der moralischen Kompetenz eines Menschen, über sein Leben sinnvoll zu verfügen.

Eine Besonderheit in der Behandlung von psychisch gestörten Menschen liegt darin, daß in Fällen, in denen eine Beeinträchtigung der Kompetenz des Patienten als Zeichen einer Störung zu erkennen ist, gerade eine **Therapie** dieser Störung vielfach zugleich eine Wiederherstellung oder zumindest Verbesserung dieser beeinträchtigten Kompetenz mit sich bringen kann. Die Auseinandersetzung mit ethischen Fragen im Kontext der Psychiatrie und der Psychotherapie kann also nicht nur zur Sensibilisierung dafür beitragen, daß das Prinzip des Respekts vor der Autonomie gerade auch bei vulnerablen Patientengruppen mit eingeschränkter Kompetenz seine Gültigkeit behält. Ethik in der Psychiatrie und in der Psychotherapie bedeutet auch, Aufmerksamkeit dafür zu entwickeln, wie die Kompetenz und Autonomie von Patienten therapeutisch gefördert werden kann, und diese Erkenntnisse nach Möglichkeit in andere Bereiche hineinzutragen.

8.3 Institutionelle und soziale Bedingungen

Noch nach dem 2. Weltkrieg spiegelten die institutionellen Bedingungen der Unterbringung und Betreuung von Patienten, die häufig an chronifizierten psychischen Störungen litten, die ablehnende gesellschaftliche Einstellung gegenüber psychisch Kranken wider: Mangelndes Verständnis, geringe Toleranz und Angst hatten ihre Entsprechungen in gemeindefernen Anstalten, „totalen Institutionen" und „Asylen" (*Goffmann* 1972) mit geschlossenen Abteilungen, deren Ausstattung in materieller wie personeller Hinsicht deutlich hinter derjenigen anderer medizinischer Versorgungseinrichtungen zurückstand. Aus den neuen Behandlungsmöglichkeiten für psychische Leiden mit Psychopharmaka, die in den frühen 50er Jahren die Psychiatrie eroberten, resultierte eine historisch bedeutsame Chance zur Humanisierung des psychiatrischen Krankenhauses. Um die möglich gewordenen Umgestaltungen zu veranschaulichen, sei nur stellvertretend auf die Veränderung des Berufsbildes vom „Wärter" der

Patienten zum therapeutisch tätigen Pflegepersonal in der modernen Psychiatrie hingewiesen. Dennoch bleiben den Kritikern der Psychiatrie, die seit den 60er und 70er Jahren eine weit in die Öffentlichkeit hineinreichende Diskussion auslösten, immer noch genügend Anschauungsbeispiele für unbefriedigende Verhältnisse in den psychiatrischen Krankenhäusern, die zu Reformbemühungen, therapeutischen und therapiebegleitenden sozialen Maßnahmen Anlaß geben. Die Reformen der Psychiatrie in den 60er und 70er Jahren waren unterschiedlich radikal.

In Italien wurde von der „**Demokratischen Psychiatrie**" die vollständige Auflösung der psychiatrischen Krankenhäuser gefordert mit dem Ziel, alle betroffenen Patienten mit Hilfe gemeindenaher Versorgungseinheiten in die Gesellschaft zu reintegrieren (*Basaglia* 1971). In Großbritannien wurden schon früh Formen der „**therapeutischen Gemeinschaft**" entwickelt und erprobt, die eine weitgehende Umstrukturierung des hierarchisch organisierten psychiatrischen Krankenhauses und eine betonte Öffnung nach außen ebenso ermöglichten wie selbständige Aktivitäten und Einrichtungen von Patienten und Ex-Patienten, z. B. „Patienten-Clubs". Sozialpsychiatrische Reformen der Umgestaltung des psychiatrischen Krankenhauses in eine therapeutische Gemeinschaft breiteten sich international aus, während das italienische Vorgehen in seiner Radikalität ein Einzelfall blieb. Auch in der Bundesrepublik Deutschland wurden sozialpsychiatrische Reformen unternommen.

Um den Geist der **sozialpsychiatrischen Bewegung** und damit zugleich ihr ethisches Selbstverständnis im Ansatz nachvollziehen zu können, seien hier einige ihrer Prinzipien genannt. In der therapeutischen Gemeinschaft kann und sollte der Patient **Subjekt** seiner Therapie werden, statt - wie zuvor in der Anstalt - nur Objekt zu sein. Ein Anliegen der Sozialpsychiatrie ist die Wahrung der **Rechte des Patienten**, einschließlich des „Rechts, von Psychiatrie verschont zu bleiben", wie es der Sozialpsychiater *Erich Wulff* einmal formulierte. Dabei kann es nicht nur um geltendes Recht gehen, es geht vielmehr auch um zu reformierendes Recht. Eine wissenschaftliche Selbstverpflichtung der Sozialpsychiatrie besteht darin, Zusammenhänge zwischen **gesellschaftlichen Bedingungen** und dem Auftreten psychischer Krankheit zu untersuchen, die präventiv, therapeutisch und rehabilitativ ausgewertet werden können.

Gegenwärtig läßt sich die Lage der Psychiatrie in Deutschland als eine der **Pluralität von Lehrmeinungen** kennzeichnen. Mitte der 70er Jahre begann mit der Psychiatrie-Enquête der Bundesregierung eine umfassende kritische Bestandsaufnahme zur psychiatrischen Versorgung, die nach jahrelanger Arbeit von Experten durch Empfehlungen zur weitergehenden Reform der Psychiatrie abgeschlossen wurde. Diese Empfehlungen können allerdings noch nicht als allgemein realisiert gelten. Die historische ebenso wie die aktuelle Auseinandersetzung mit ethischen Fragen im Kontext der Psychiatrie muß immer wieder die Notwendigkeit der **Humanisierung** des gesellschaftlichen und medizinischen Umgehens mit psychischer Krankheit und psychisch kranken Menschen thematisieren. Dabei würden wir es uns zu leicht machen, eine geschichtliche Tendenz zur Humanisierung zugunsten uns Späteren einfach zu unterstellen. Verständnis und Toleranz gegenüber „nicht normal" empfindenden und sich verhaltenden Menschen bedürfen des bewußten **Übens** im zweifachen Sinn des Wortes, bedürfen der Unterstützung durch sichtbare Modelle und Vorbilder. Nicht erleichtert wird diese Haltung durch Uneinigkeit und Konkurrenz in der Psychiatrie und Psychotherapie selbst, wobei einerseits die Pluralität der Theorien, der diagnostischen und Therapiekonzepte auf die Betroffenen verunsichernd wirkt, andererseits aber auch ein Mangel an explizit ethischem Grundkonsens über gemeinsame Ziele Anlaß zu Kritik bietet. Die häufig verzerrte Darstellung des psychisch Kranken in den Medien, ebenso wie dessen Angehörigen und nicht zuletzt auch derjenigen, die sich professionell behandelnd und pflegend mit dem Patienten befassen, ist hier ebenfalls kritisch zu vermerken. Insbesondere die Suggestion einer schuldhaften **Verursachung** von psychischer Krankheit durch „die Familien" - man denke an das berüchtigte Konzept der „schizophrenogenen Mutter“ oder die lange zu Unrecht geglaubte „Double-bind-Hypothese“ – kann nur dazu beitragen, das Leid der Betroffenen und Beteiligten weiter zu vergrößern.

Die Versorgung und Therapie psychisch kranker und gestörter Menschen wurde – historisch gesehen – von unterschiedlichen gesellschaftlichen Institutionen wahrgenommen, die verschiedenartige Konzepte der Verursachung und Behandlung entwickelten. Seit der Spezialisierung und Etablierung der Psychiatrie als Fach sind die medizinischen Rahmenbedingungen zunehmend in den Vordergrund getreten. Insbesondere im Zuge der Entwicklung der Psychotherapie in ihren unterschiedlichen Orientierungen und Formen sind auch andere Berufsgruppen – neben Psychiatern und Pflegern – in der Therapie psychisch kranker oder gestörter Menschen tätig, vor allem Klinische Psychologen. Die Arbeit mit dem Patienten vollzieht sich nicht nur im Rahmen psychiatrischer Institutionen, sondern auch in **psychotherapeutischen** oder **psychosomatischen Einrichtungen**, die sowohl im Rahmen der Medizin als auch der Psychologie, z. B. an Universitätsinstituten, angesiedelt sein können. Weitere Versorgungseinrichtungen, die neben Psychotherapie vor allem psychologische Beratung im Sinne der Vor- und Nachsorge anbieten, sind Beratungsstellen verschiedener Träger, die unterschiedlichen ethischen Rahmenrichtlinien (z. B. der katholischen oder evangelischen Kirche) unterliegen. Es müssen aber auch Patientengruppen erwähnt werden, die in **medizinischen Abteilungen** oder in der **Praxis niedergelassener Ärzte** wegen somatischer Krankheiten behandelt werden, deren psychische Störung oder Krankheit nicht oder nicht ausreichend erkannt und behandelt werden. Gerade in der wachsenden Gruppe älterer Patienten mit teilweise langer Verweildauer in medizinischen Einrichtungen oder Altersheimen bedürfte eine beträchtliche Zahl dringend qualifizierter psychiatrischer, psychotherapeutischer oder psychologischer Betreuung, die jedoch mangels verfügbarer Ressourcen gar nicht oder nicht angemessen geleistet werden kann.

8.4 Zur Ethik der Praxis in der Psychiatrie und Psychotherapie

Welche Behandlungsmethoden und therapiebegleitenden Maßnahmen – die wesentlich mit der jeweiligen diagnostischen Orientierung zusammenhängen – sind nach dem Stand der Kunst im besten Interesse und zum **Wohl** des betreffenden Patienten? Wie ist der gebotene Respekt vor der prinzipiellen **Autonomie** jedes Patienten zu verwirklichen, wenn eine vorübergehende oder dauernde Einschränkung der Urteilsfähigkeit des Patienten infolge Erkrankung oder Behandlung vorliegt? Konkret stellt sich diese Frage bei der **Aufklärung** des Patienten über diagnostische und therapeutische Maßnahmen sowie die Teilnahme an Forschungsprojekten, der er zustimmen muß („Informed Consent“), wenn sie ethisch gerechtfertigt sein soll.

Diese Forderung nach Aufklärung und Informierter Zustimmung, die in der ethischen Diskussion in der Medizin zentrale Bedeutung hat, gilt gleichermaßen für die Behandlung des psychisch kranken Menschen; sie muß dabei aber im Hinblick auf die besonderen Bedingungen ihrer Realisierbarkeit im psychiatrischen Alltag untersucht und diskutiert werden. Dabei sind mögliche Gründe für ihre Relativierung oder Umgehung (beispielsweise durch stellvertretende Entscheidung) differenziert und kritisch zu analysieren: Handelt es sich um Gründe, die mit der aktuellen oder chronischen Verfassung bzw. Situation des Betroffenen zusammenhängen, oder werden etwa organisatorische Hindernisse oder „Zwänge“ angeführt, die einer ethisch überzeugenden Vorgehensweise bei der Aufklärung und Einholung der Informierten Zustimmung entgegenstehen („soviel Zeit haben wir hier nicht“; „die Schwester darf solche Fragen nicht beantworten“)? Je nachdem, aus welchen Gründen die Realisierung des „Informed Consent“ eingeschränkt wird, resultieren unterschiedliche Konsequenzen – Umstrukturierung des Klinikalltags zugunsten des Patientengespräches, bessere Kooperation zwischen den verschiedenen Berufsgruppen im Krankenhaus oder eben die Bestellung eines Patientenvertreters mit sorgfältiger Begründung.

Eine schwerwiegende und mitunter schwer zu handhabende Frage ist die Beteiligung von **Angehörigen** psychisch kranker oder gestörter Menschen. Wie sind Aufklärung und Schweigepflicht gegenüber Angehörigen des Patienten zu gestalten?

In der Auseinandersetzung mit einer überzeugenden Handhabung des Verhältnisses zwischen professionellem Helfer (Arzt, Psychologe, Therapeut, Sozialarbeiter, Pflegekraft) und Patient oder Angehörigen ist wie in der allgemeinen Medizinethik der „**Paternalismus**" ein vieldiskutiertes Thema. Abgeleitet von dem antiken Ideal der „väterlich" geprägten Beziehung des Arztes zu seinen Patienten, eignet sich der Begriff des Paternalismus einerseits dazu, therapeutisch begründete Maßnahmen im besten Interesse (aus der Sicht des Arztes) des Patienten – gegebenenfalls auch ohne dessen Einsicht und Einwilligung – durchzusetzen und zu rechtfertigen; andererseits aber steht diese Tradition der Priorität entgegen, die heute dem Respekt vor der Selbstbestimmung des Patienten, seiner Autonomie eingeräumt wird. Paternalistisches Handeln bedarf daher einer sorgfältigen Begründung, die auf einer klaren Definition des Begriffs aufbauen muß (*Culver* und *Gert* 1982).

Zu diesem Thema gehört auch die Auseinandersetzung mit subtilen Formen der – moralischen – Beeinflussung von Patienten in bezug auf **Therapieziele** und **Lebensziele**. Bereits die Wahl einer psychotherepeutischen Behandlungsmethode bedeutet, zusammen mit der Übernahme des impliziten Menschenbildes, die Favorisierung allgemeiner Werte. Hinzu kommen die für psychotherapeutische Schulen charakteristischen (oder auch unterentwickelten) Vorstellungen darüber, wie mit dem Problem der **Beeinflußbarkeit** (Suggestibilität) des Patienten in ethisch verantwortbarer Weise umzugehen sei.

Neben den Prinzipien der **Achtung vor der Autonomie**, der **Verpflichtung zu helfen und nicht zu schaden**, haben sich Psychiatrie und Psychotherapie daher auch der Forderung nach **sozialer Gerechtigkeit** zu stellen. Zeichen dieses Engagements sind in den psychiatrischen Reformversuchen zu sehen, in den Bemühungen, breiten Bevölkerungsschichten und nicht nur wenigen Privilegierten qualifizierte Therapie zugänglich zu machen sowie nicht zuletzt darin, Therapiekonzepte zu entwickeln, die eine zu ausschließliche Fixierung auf das individuelle Krankheitsgeschehen und die individuelle Bewältigung von Leiden überwinden und dem sozialen Charakter menschlichen Erlebens in Krankheit und Gesundheit mehr Rechnung tragen.

Gegenüber dem Thema „Paternalismus" ist die Behandlung unter Anwendung von Zwang hingegen ein Problem, das die Härten – seien sie begründet und gerechtfertigt oder nicht – des psychiatrischen Systems zum Vorschein bringt. Eine Beschäftigung mit der Zwangstherapie und Zwangseinweisung vermag bei Diskutanten häufig Entrüstung und heftige Debatten auszulösen. Die jeweils „richtige" Beurteilung dieses Problems scheint dem aus der eigenen Position heraus Argumentierenden meist evident und geradezu zwingend. Eine möglichst vorurteilsfreie Untersuchung der Bedingungen der Anwendung von Zwang sollte m. E. die (latent) vorhandene Identifikation mit den Betroffenen bzw. Beteiligten methodisch integrieren. Betroffen und beteiligt sind selbstverständlich nicht nur die Patienten, sondern auch deren Angehörige, einbezogene Mitmenschen sowie wesentlich alle Helfer, die unter Handlungsdruck stehen oder zu stehen glauben. Dabei wäre anzustreben, die **Betroffenheit** dahingehend kommunizierbar zu machen, daß ein zunehmend differenzierter Diskurs über die Gründe solcher Maßnahmen möglich wird und sie im Lichte von Alternativen zu diskutieren.

Weitere Problembereiche, anhand deren eine Auseindersetzung mit komplexen ethischen Fragen – paradigmatisch – erfolgen kann, sind die Therapie von Drogenabhängigkeit(en), das Pro und Contra der Drogentherapie durch Ersatzstoffe (Methadon, Codein), die Suizidprophylaxe bzw. Krisenintervention (vgl. Kap. 9), das Problem der Sterilisation geistig behinderter Personen (vgl. Kap. 7), des weiteren die Frage der Forschung an nicht einwilligungsfähigen Menschen (vgl. Kap. 12) oder die Frage der Einsichtnahme in die Krankenakten durch Dritte.

8.5 Fallbeispiel

Psychiatrie und Psychotherapie sind keine **neuen** Fächer oder „Technologien", die die Medizin vor grundsätzlich neue ethische Fragen stellen. Aber das traditionelle Bild vom Arzt, Therapeuten, Pfleger ebenso wie vom Patienten hat sich gewandelt: weg vom „Paternalismus" – der kein auf die somatische Heilkunst beschränktes Phänomen darstellt – hin zu dem Ideal einer partnerschaftlichen Therapeut-Patient-Beziehung, in der Achtung und Für-Sorge gleichermaßen wichtig sind. Um die Illusion eines doch nur scheinbaren „Überblicks" über Theorien, Methoden und Ergebnisse zu vermeiden, wurden in diesem Kapitel ausgewählte Problemfelder in notwendig selektiver Weise dargestellt.

Das folgende Fallbeispiel bezieht sich auf die Behandlung von Drogenabhängigkeit – hier im Rahmen eines sog. Methadonprogramms. Im Zentrum des Interesses steht der therapeutisch-ethische Konflikt der Behandelnden um Schweigepflicht, Vertraulichkeit und ärztliche Verantwortung Dritten gegenüber angesichts der AIDS-Problematik.

Das Beispiel erscheint nicht nur geeignet, wesentliche **Ebenen** der ethischen Reflexion einer solchen Problemkonstellation zu veranschaulichen. Es macht auch deutlich, daß durch mangelnde Professionalität in der Planung und Durchführung eines Methadonprogramms ethische Probleme wie die dargestellten vorprogrammiert sind. Ethik in der Therapie umfaßt, wie dieses Beispiel belegt, auch die Forderung, durch verantwortungsvolles Vorausdenken der Entstehung von Konflikten vorzubeugen.

Herr W., 31 Jahre alt, ist seit acht Jahren opiatabhängig. Er lebt seit sieben Jahren mit Frau M., die ebenfalls opiatabhängig ist, zusammen. Das Paar hat ein gemeinsames Kind von sechs Jahren.

Herr W. wird im Rahmen seiner – von ihm gewünschten – Aufnahme in das Methadonprogramm einem freiwilligen und anonymen Screening unterzogen, das unter anderem auch einen HIV-Test enthält.

Bei der Untersuchung wählt der Patient ein so auffälliges Code-Wort für seine Befunde, daß Frau Dr. Z., die für die medizinische und psychosoziale Betreuung der Teilnehmer des Methadonprogramms verantwortlich ist, dieses Wort nicht mehr vergißt. Durch Zufall erfährt sie, daß der HIV-Befund des Patienten W. positiv ist. Nachdem Herr W. aber ausdrücklich von seinem Recht Gebrauch macht, keine Information über seine Befunde zu erhalten, sieht Frau Dr. Z. keine Möglichkeit, mit ihm über die aus seinem Befund zu schließenden Gefahren einer Ansteckung seiner Partnerin zu sprechen.

Frau Dr. Z. stellt bei ihren regelmäßigen Gesprächen mit Herrn W. fest, daß dieser jede Konfrontation mit seinem Befund aus dem HIV-Test angstvoll vermeidet. Der Patient fühlt sich den Konsequenzen, die ein positives Ergebnis – also eine Infektion – im Hinblick auf seine Partnerschaft hätte, nicht gewachsen. Mit seiner Lebensgefährtin über eine HIV-Infektion zu sprechen, wagt er nicht, aus Angst, sie könnte ihn deswegen verlassen. Herr W. wird in seiner Beziehung zu Frau M. emotional völlig blockiert. Seine Unfähigkeit, sich mit der Wahrheit zu konfrontieren und die Verantwortung für die Konsequenzen zu tragen, bereitet ihm Schuldgefühle.

Das Dilemma des Patienten wird auch zum Dilemma der behandelnden Psychiaterin: In der gegenwärtigen Situation ist es schwer zu entscheiden, welche Folgen – aus der Aufklärung oder aus deren Vermeidung – größeren Schaden bewirken: psychische Dekompensation und möglicher Verlust der Partnerschaft gegenüber schweren Angst- und Spannungszuständen sowie zunehmenden Beziehungsstörungen.

Bei der Diskussion dieses Falles besteht die Möglichkeit, unterschiedliche Ebenen zu unterscheiden, auf denen moralische Konflikte auftreten:

- **Gewissenskonflikt der Ärztin/Therapeutin**
  Schweigepflicht versus Verhütung von

Schaden (Ansteckung), Respekt vor der Autonomie des Patienten versus Verhütung von Schaden für Dritte, Verantwortung bzw. mögliche Haftung im Falle einer Infektion der Frau/des Kindes versus Achtung des Willens von Herrn W.;

- **Konflikte auf seiten des Patienten:** Aufklärung und Verantwortung versus Ungewißheit und „Freiheit" von Verantwortung, Angst vor der Wahrheit versus mögliche Schuld, Haltung des Vermeidens und Verleugnens; mutmaßlicher, möglicherweise verdeckter Konflikt zwischen Herrn W. und Frau M., wie mit der Information „HIV-positiv" umzugehen sei;
  Angst vor Verlust der Partnerin infolge Diagnose versus Selbstanklage, Schuldgefühl;
  Achtung: möglicherweise durchaus „realistische" Selbsteinschätzung mangelnder Stabilität und „berechtigte Ängste" vor Partnerverlust beim Patienten;
- **Konflikt in der Therapeutin-Patient-Beziehung**
  Unklarheit auf seiten der Therapeutin, ob nicht die Wahl eines so auffälligen Code-Wortes auf die Möglichkeit hinweist, die Verweigerung der Aufklärung über den Befund in Frage zu stellen;
  kategorische Achtung des verbalisierten Patienten-Willens versus psychotherapeutische Interpretation und Handhabung der – vermuteten – Ambivalenz des Herrn W. in der Frage der Aufklärung;
  Versuche, den Patienten therapeutisch zu stützen und zu entlasten versus Versuche, den realen Schuldanteil des Patienten mit Handlungskonsequenzen herauszuarbeiten;
- **Konflikte auf institutioneller Ebene**
  Verpflichtung der Frau Dr. Z., ihre Schweigepflicht einzuhalten und den Willen des Patienten zu respektieren versus Interesse der beteiligten Institutionen (resp. deren Repräsentanten), Schaden zu verhindern oder zu begrenzen und Anklagen vorzubeugen;
  Konflikt zwischen hierarchisch übergeordneten Personen und Frau Dr. Z. in der Frage, ob hier die Einhaltung der Schweigepflicht oder die Verhinderung möglichen Schadens Vorrang haben soll; Anlaß zu Kritik und systematischer Veränderung der Handhabung des Screenings im Rahmen des Methadonprogramms, um in solchen Fällen ärztliche/therapeutische Handlungsfähigkeit und Transparenz für Patienten herbeizuführen;
- **Konflikt auf gesellschaftlicher Ebene:** Kontroverse über die Frage, welche Rechte, welchen Schutz HIV-positive Personen genießen sollen angesichts der Ansteckungsgefahr anderer; Frage nach den Folgen, wenn sich alle Betreuer von HIV-positiven Personen so verhalten würden wie Frau Dr. Z.

8.6 Literaturempfehlungen

Basaglia, F. (Hrsg.) (1971): Die negierte Institution oder die Gemeinschaft der Ausgeschlossenen. Ein Experiment der psychiatrischen Klinik in Görz. Suhrkamp, Frankfurt
Paradigmatisch für die Bewegung der „Demokratischen Psychiatrie" in Italien: die Umgestaltung der psychiatrischen Klinik in Görz.

Beauchamp, T. L., Childress, J., (1989[3]): Principles of Biodmedical Ethics, Oxford University Press, New York, Oxford

Becker, P., Minsel, B. (1982): Psychologie der seelischen Gesundheit. Bd. 1 Hogrefe, Göttingen
Theoretische Grundlagen des psychologischen Verständnisses von psychischer Gesundheit; Überblick über verschiedene psychotherapeutische Perspektiven; Systematisierungsversuch.

Bloch, S., Chodoff, P. (eds) (1991): Psychiatric ethics. Oxford University Press, New York, Melbourne
Wichtiger Sammelband zum Thema.

Culver, C. M., Gert, B. (1982): Philosophy in Medicine. Conceptual Ethical Issues in Medicine and Psychiatry. Oxford University Press, Oxford
Auseinandersetzung mit zentralen medizinethischen Fragen unter besonderer Berücksichtigung der Psychiatrie; interessant der Beitrag zum „Paternalismus".

Dörner, K., Plog, U. (1984): Irren ist menschlich oder Lehrbuch der Psychiatrie. Völlig neu bearbeitete Ausgabe, 1. Auflage. Psychiatrie-Verlag, Rehberg-Loccum
Einführung in die Psychiatrie; Schwerpunkt: therapeutische Haltung; kann als „angewandte Ethik" gelesen werden.

Edwards, R. B. (ed.) (1982): Psychiatry and ethics. Insanity, rational autonomy, and mental health care. Prometheus Books, Buffalo, New York
Die einzelnen Kapitel zeigen die Heterogenität der Konzepte in der psychiatrischen Diagnostik; nicht isoliert zu lesen, sondern auf dem Hintergrund von Kontroversen.

Glatzel, J. (1975) Die Antipsychiatrie. Psychiatrie in der Kritik. G. Fischer, Stuttgart
Fundamentale Kritik der „Antipsychiatrie": *Szasz, Cooper, Laing* u. a.; Kritik des „Etikettierungsansatzes"; Kritik an der Gleichsetzung von „Krankheit" und „Abweichung"; geradezu eine „Abrechnung" mit der Bewegung der „Antipsychiatrie".

Gleiss, I., Seidel, R., Abholz, H. (1973): Soziale Psychiatrie. Zur Ungleichheit in der psychiatrischen Versorgung. Fischer, Frankfurt a. M.
Einführung und Überblick zu Fragen der Sozialpsychiatrie.

Goffmann, E. (1972): Asyle. Über die soziale Situation psychiatrischer Patienten und anderer Insassen. Suhrkamp, Frankfurt a. M.
Klassiker für die Kritik an den Verhältnissen in psychiatrischen Krankenhäusern.

Heigl-Evers, A., Heigl, F. S.: Ethik in der Psychotherapie. Psychother. med. Psychol 39 (1989) 68–74
Zur Anwendung ethischer Grundprinzipien in der Psychotherapie mit psychoanalytischem Schwerpunkt.

Helmchen, H. (1986): Ethische Fragen in der Psychiatrie. In: *Kisker, K.P., Lauter, H., Meyer, J. E., Müller, C., Strömgen, E.* (Hrsg.): Psychiatrie der Gegenwart 2^3. Springer, Berlin, Heidelberg, New York, S. 309–368
Profunde Übersichtsarbeit zur Einführung in die Thematik.

Pöldinger, W., Wagner, W. (Hrsg.) (1991): Ethik in der Psychiatrie. Springer, Berlin, Heidelberg, New York
Sammelband zum Symposium „Ethik in der Psychiatrie", Mai 1990 in Basel;
Beiträge zur Problematik aus der philosophischen Ethik, aus der klinischen Ethik sowie aus der Perspektive der Anwendung in Therapie und Weiterbildung.

Reiter-Theil, S. (1988): Autonomie und Gerechtigkeit. Das Beispiel der Familientherapie für eine therapeutische Ethik. Springer, Berlin, Heidelberg, New York
Vergleichende Untersuchung der Ethik in Familientherapie, Psychoanalyse, humanistischer Psychotherapie und Verhaltenstherapie; Ansatz der „postkonventionellen Moral" (*Kohlberg*) für eine allgemeine therapeutische Ethik.

Reiter-Theil, S.: Autonomy and Beneficence. The Ethics of Electroconvulsive Therapy. Convulsive Therapy 8 (1992) 237–244
Auseinandersetzung mit ethischen Fragen der EKT.

Reiter-Theil, S., Erich, H., Reiter, L.: Der ethische Status des Kindes in der Familien- und Kinderpsychotherapie. Prax. Kinderpsychol. Kinderpsychiat. 42 (1993) 14–20
Darstellung des Defizits an explizit ethischer Reflexion der Rechte von Kindern in der Familien- bzw. Kinderpsychotherapie am Beispiel des Informed Consent.

Reiter-Theil, S. (1993): Wertfreiheit, Abstinenz und Neutralität? Normative Aspekte der Psychoanalyse und Psychotherapie. In: *Eckensberger, L. H., Gähde, U.* (Hrsg.): Ethische Norm und empirische Hypothese. Beiträge zum Forschungsschwerpunkt Ethik - interdisziplinärer Ethikdiskurs der Deutschen Forschungsgemeinschaft. Suhrkamp, Frankfurt a. M., S. 302–327
Beitrag zur Rekonstruktion der ethischen Orientierung in der Psychotherapie.

Rosenhan, D. (1979): Die Kontextabhängigkeit psychiatrischer Diagnosen. In: *Keupp, H.* (Hrsg.): Normalität und Abweichung. Urban und Schwarzenberg, München, Wien, Baltimore, S. 113–117
Vielzitierte Studie über die mangelnde Zuverlässigkeit und Gültigkeit psychiatrischer Diagnosen; empirische Basis kritischer Argumentation.

Schreiber, H. L. (1989): Ethische und rechtliche Probleme der Zwangsbehandlung. In *Marquard, O., Seidler, E., Stauding, H.* (Hrsg.): Medzinische Ethik und soziale Verantwortung. W. Fink & F. Schöningh Verlag, Paderborn
Darstellung der ethischen Problematik und der Rechtsgrundlagen von Zwangstherapie in Deutschland.

Waller, H., (Hrsg) (1982): Zwangseinweisung in der Psychiatrie. Zur Situation in der Bundesrepublik Deutschland, in Österreich und in der Schweiz. Huber, Bern, Stuttgart, Wien
Vergleich der Situation der Zwangseinweisung in den Ländern BRD, A, CH.

9 Begegnung mit Sterben und Tod

Paul-Werner Schreiner, Klaus Gahl

Der Mensch **ist** sterblich und **weiß** als bewußtseinsbegabtes Lebewesen um seine Sterblichkeit. Er entwickelt als einzelner und in seiner Lebens- und Kulturgemeinschaft Vorstellungen vom Tod, auch von seinem eigenen Tod. Durch das Altern oder auch durch das konkrete Erfahren von krankheitsbedingtem oder gewaltsamem Tod wächst seine Ahnung von Sterben und Tod; dieser Prozeß läßt bei vielen Menschen Angst vor Sterben und Tod entstehen; nicht wenige erleben dies als Bedrohung der eigenen Person. Die Gewißheit, sterben zu müssen, die Gewißheit des potentiellen oder aktuell nahen Todes verändert sowohl das Verhältnis des Menschen zu sich selbst als auch das zu seiner Umwelt, zu seinen Angehörigen und zu den ihn in Krankheit und körperlicher oder seelischer Hilfebedürftigkeit betreuenden Menschen.

Die folgenden Ausführungen haben ganz überwiegend die Situation im Krankenhaus im Auge. Gleichwohl betreffen sie auch die Situation sowohl der in freier Praxis tätigen Ärzte als auch der in der ambulanten Pflege oder in Pflegeheimen mit der Betreuung vorwiegend älterer Menschen betrauten Pflegepersonen. Die Darstellung von Belastungen und Problemen im Umgang mit sterbenden Kindern würden den hier gesteckten Rahmen und den Erfahrungsbereich der Autoren sprengen.

Die sich für pflegerisch und ärztlich tätige Personen im Zusammenhang mit Sterben und Tod stellenden ethischen Fragen lassen sich in vier Themenblöcke gliedern:

- Todesdefinitionen
- Sterbehilfe (Euthanasie), Sterbebegleitung
- die wechselseitige Beziehung zwischen den gesellschaftlichen Werthaltungen sowie der Zielsetzung des Krankenhauses und den davon bestimmten Handlungsabläufen im Krankenhaus
- Suizid und Suizidabwendungspflicht.

Fragen

- Inwiefern beeinflussen Werthaltungen und Lebenseinstellungen der Gesellschaft gegenüber Sterben und Tod Erwartungen von Kranken und deren Angehörigen an die Institutionen des Gesundheitsversorgungssystems? Welche Konflikte können sich daraus für die in diesen Institutionen Tätigen ergeben?
- Mit welchen moralischen Problemen sehen sich die Angehörigen der verschiedenen Berufsgruppen (nicht nur Pflegende und Ärzte) in Krankenhäusern und Pflegeheimen angesichts der ihnen übertragenen Aufgaben (Sterbebegleitung, Sterbebeistand, Gespräche mit Angehörigen usw.) konfrontiert?
- Was ist humanes und menschenwürdiges Sterben und wie ist es in den Krankenhäusern und Pflegeheimen möglich?
- Kann die Wahrung der Menschenwürde eine Maxime für ärztliches und pflegerisches Handeln in der Grenzsituation akuter Lebensbedrohung sein?
- Was ist Sterbehilfe? Wie ist sie juristisch abgesichert und ethisch zu rechtfertigen?
- Sind Vorausverfügungen, nicht wiederzubeleben („do not resuscitate orders“) ethisch vertretbar? Wer entscheidet (nach welchen Kriterien) über Diagnostik- und Therapieverzicht bzw. -abbruch? Wer entscheidet über eine vorzunehmende Wiederbelebung?
- Welche Bedeutung haben Patientenverfügungen („Patienten-Testamente“) oder Patienten-Vertreter?
- Ist Selbstmord ethisch vertretbar?
- Wie ist die juristisch fixierte Hilfeleistungs- und Suizidabwendungspflicht gegen den frei verantwortlichen Entschluß einer autonomen Person, Hand an sich zu legen, zu rechtfertigen?

9.1 Zwei Fallbeispiele als Hinführung zum Thema

Auch die beiden im folgenden ausgeführten Fallbeispiele sind als Anregung gedacht; sie sollen mögliche mit Werthaltungen verbundene Spannungen im klinischen Alltag verdeutlichen.

Erstes Fallbeispiel: Ein alltäglicher Fall

Ein 74jähriger Mann (Herr A.) lebt mit seiner gleichaltrigen Frau (Frau A.) in einer eigenen 3-Zimmer-Wohnung. Die beiden alten Menschen versorgen sich weitgehend selbst. Unterstützung und Hilfe erhalten sie im Bedarfsfall von der im selben Haus mit ihrer Familie lebenden Tochter (Frau B.) sowie von dem mit seiner Familie in der Nachbarschaft lebenden Sohn (Herrn C.). Gesundheitlich sind Herr und Frau A. nicht nennenswert eingeschränkt. Sie werden seit vielen Jahren von ihrem Hausarzt betreut.

Eines morgens fühlt sich Herr A. nicht wohl; während des Frühstücks verspürt er einen kurzen heftigen Schmerz in der Brust, der rasch wieder vergeht; es bleibt lediglich ein Ziehen in der linken Schulter. Herr A. setzt sich nach dem Frühstück in seinen bequemen Fernsehsessel. Frau A. berichtet den Vorfall ihrer Tochter, die die Symptomatik richtig zu deuten weiß und umgehend den Hausarzt verständigt, der auch bald kommt.

Der Hausarzt läßt sich von Herrn A. genau berichten, was am Morgen geschehen ist. Nach kurzer Untersuchung erklärt er Herrn und Frau A., daß er den Verdacht habe, daß Herr A. einen Herzinfarkt erlitten hat, daß aber die Diagnose nur im Krankenhaus gesichert werden könne und es folglich, auch aus Gründen der Überwachung und einer adäquaten Behandlung, besser sei, wenn Herr A. für einige Tage ins Krankenhaus ginge. Herr A. meint, dies sei doch wohl nicht nötig, ihm gehe es ja schon wieder gut; so etwas sei doch in seinem Alter nichts Ungewöhnliches. Frau A. ist verunsichert und aufgeregt; sie unterstützt aber schließlich ihre Tochter in dem Bemühen, Herrn A. zu überreden, der Krankenhauseinweisung zuzustimmen. Herr A. willigt schließlich ein.

Der Notarztwagen wird bestellt. Während der Fahrt zur Klinik kommt es bei Herrn A. zum Kreislaufstillstand. Er wird durch Herzdruckmassage und maschinelle Beatmung über einen endotrachealen Tubus wiederbelebt. In der Klinik wird ein passagerer Herzschrittmacher gelegt. Die Kreislaufsituation stabilisiert sich; die Atmung wird noch für einige Stunden maschinell unterstützt. Nach der Extubation ist Herr A. wieder bedingt ansprechbar, aber sehr verwirrt. Nach zwei Tagen wird der Herzschrittmacher versuchsweise abgeschaltet; die Herzfrequenz liegt ohne Schrittmacherstimulation bei 50/min. Der Zustand von Herrn A. ändert sich mit dem Abschalten des Schrittmachers nicht. Während der Visite wird die Indikation zur Schrittmacherimplantation erörtert und der Entschluß zu dieser Maßnahme gefaßt. Das Pflegepersonal wird in diese Entscheidungsfindung nicht einbezogen.

Die Angehörigen werden über die geplante Schrittmacherimplantation informiert. Frau A. ist unsicher; einerseits spürt sie, daß sie von dem Menschen, mit dem sie ein halbes Jahrhundert zusammengelebt hat, Abschied nehmen muß, andererseits vermag sie aber nicht der Position ihrer Tochter entgegenzutreten, daß doch alles getan werden müsse, damit der Vater wieder gesund werde. Einige Zeit nach der Implantation des Herzschrittmachers erfahren die Angehörigen, daß sich der Zustand von Herrn A. soweit stabilisiert habe, daß er in eine Normalstation verlegt werden könne.

Herr A. wird in einem 4-Bett-Zimmer untergebracht. Sein Zustand ist unverändert; er ist weiterhin verwirrt und erkennt die Angehörigen, die ihn täglich besuchen, nicht. Er ist pflegebedürftig. Medizinisch bietet Herr A. keine Probleme, die besondere Maßnahmen erforderlich machen würden. Die tägliche ärztliche Visite konzentriert sich auf die Kontrolle des Herzrhythmus und der Pumpleistung des Herzens. Wiederum nach einiger Zeit werden Frau A. und Frau B. vom Stationsarzt zu einem Gespräch gebeten. Dieser informiert sie darüber, daß Herr A. kein „Behandlungsfall" mehr sei, sondern ein „Pflegefall"; medizinisch könne sein Zustand nicht mehr verbessert werden. Es müsse entschieden werden, ob Herr A. nach Hause verlegt und dort gepflegt werden könne oder ob eine Heimunterbringung eingeleitet werden solle.

Im Familienrat wird die neu entstandene Situation diskutiert. Frau A. möchte ihren Mann zu Hause pflegen, muß sich aber von Tochter und Schwiegertochter sagen lassen, daß dies nicht zu schaffen sei; sie seien wegen eigener Berufstätigkeit nicht in der Lage, der Mutter bei der Pflege des Vaters zu helfen. Der Sozialdienst vermittelt einen Platz in einem Pflegeheim. Da sowohl bei Familie A. als auch bei deren Kindern Vermögen vorhanden ist, werden die Kosten für den Pflegeplatz privat beglichen.

Nach einigen Wochen – der Zustand von Herrn A. hat sich nicht verändert; er wird täglich von seiner Frau und in regelmäßigen Abständen auch von den Kindern und deren Familien besucht – meint der Sohn nach einem Besuch, dies sei doch wohl kein Leben mehr, und wirft die Frage auf, ob man den Vater nicht erlösen könne. Herr A. stirbt nach einem Jahr; entscheidendes Ereignis war eine Lungenentzündung, die im Einvernehmen zwischen Arzt und Angehörigen nicht mehr behandelt wird.

Zweites Fallbeispiel: Ein Selbstmord

Ein 41jähriger Krankenpfleger wird in komatösem Zustand nach Einnahme von 100 Tabletten Diazepam 10 mg und einer unbekannten Menge Alkohol in die medizinische Intensivstation gebracht. Die körperliche Untersuchung ergibt außer symmetrisch abgeschwächten Muskelreflexen keinen auffälligen Befund. Laborchemisch zeigt sich eine leichte Leberschädigung. Die übrigen routinemäßig bestimmten Laborparameter im Blut befinden sich im Normbereich.

Kurz vor der Tabletteneinnahme hatte der Patient noch mit einem Freund telefoniert und ihm gegenüber seine Selbstmordabsichten geäußert. Dies veranlaßte den Freund, den Patienten in seiner Wohnung aufzusuchen, wo er ihn bereits bewußtlos vorfand. Es lag ein am selben Tag handschriftlich verfaßter Abschiedsbrief des Patienten an seine Freundin vor, der als Original in die Klinik mitgegeben wurde. Aus dem Brief geht deutlich der Beweggrund für die wohl seit mehreren Tagen geplante suizidale Handlung hervor. Auch ist dem Brief zu entnehmen, daß der Patient vor der Einnahme des Diazepams versucht hat, mit seiner Freundin telefonisch Kontakt aufzunehmen, was jedoch nicht gelang. Neben der Bitte um Verzeihung, dem Versuch des Schuldausgleiches und Gedanken an die Mutter findet sich in dem Brief folgender Satz: „Vielleicht werde ich vor meinem Tod gefunden, dann versuche ich es wieder."

Als Notfalltherapie wird in der Intensivstation nach Intubation eine Magenspülung durchgeführt, wobei allerdings keine Tablettenreste sichtbar werden. Anschließend erhält der Patient intravenös ein Antidot. Wenig später erwacht er, wird unruhig, atmet aber ausreichend gut spontan. Komplikationen aus internistischer Sicht entwickeln sich nicht. In den folgenden Stunden tritt eine deutliche Besserung der Vigilanz ein, so daß ein Gespräch mit dem Patienten möglich wird. Er distanziert sich von seinen suizidalen Absichten und ist bereit, sich einer stationären psychiatrischen Behandlung in einer Klinik seiner Wahl zu unterziehen. Zuvor möchte er jedoch noch seine persönlichen Belange regeln, wozu er sich zuversichtlich äußert; er spricht sogar von Plänen für die Zukunft. Da eine akute Suizidalität nicht vorliegt, kann einen Tag nach der Aufnahme mit der Vorgabe, sich bei einem niedergelassenen Neurologen vorzustellen, die Entlassung erfolgen.

9.2 Zur Problematik von Todesdefinitionen

Der Tod wird seit jeher als das Ende des Lebens angesehen – wenn auch im religiösen Lebensgefühl nur als Ende des irdischen Lebens und als Übergang zu einem neuen, anderen. Todesvorstellungen waren stets – und sind es z. T. noch immer – mit mythischen Bildern verbunden.

Die neuzeitliche naturwissenschaftliche Medizin orientiert sich zur Erkennung des eingetretenen Todes an **biologischen Kriterien**: vom Kreislaufstillstand bis zum unumkehrbaren (irreversiblen) Funktionsausfall des gesamten Gehirns – und in Zukunft vielleicht nur Teilen des Gehirns. Nun wird aber ein Mensch schon als tot angesehen, bevor dieser „biologische Tod" eingetreten ist. „Nicht der absolute biologische Tod . . ., das endgültige Aufhören der letzten Lebensvorgänge im Zell-, Gewebe- und Organverband eines menschlichen Körpers, sondern das unwiderrufliche Aufhören der (steuernden) Lebensfunktionen Kreislauf, Atmung und Hirntätigkeit" ist maßgebend für das „Daseinsende des Individuums Mensch" (*Kuhlendahl* 1970, S. 89).

Zu unterscheiden sind **Todesdefinitionen** von den **Kriterien** der jeweiligen Definition und den **Methoden** der Feststellung. Erkenntnisse der Biologie und der Medizin über die (Patho-)Physiologie der im Sterben allmählich erlöschenden Lebensprozesse haben ebenso wie die medizinisch-technischen Möglichkeiten des Eingreifens in diese Vorgänge gezeigt, wie „unscharf" Leben und Tod gegeneinander abgrenzbar sind. Dieser Tatsache tragen Begriffe wie „biologischer Tod", „partieller oder Organtod" (speziell „Hirntod"), „dissoziierter Tod", „klinischer Tod", „Individualtod" und „sozialer Tod" Rechnung; in der Reihe dieser Begriffe ist auch der Gegensatz von „natürlichem" und „unnatürlichem" Tod zu nennen.

Im Kontext dieses Kapitels sollen zwei Aspekte eingehender betrachtet und hinsichtlich ihrer ethischen Implikationen untersucht werden:

- das Begriffspaar „natürlicher“ und „unnatürlicher“ Tod
- die Hirntoddefinition.

„Natürlicher“ und „unnatürlicher“ Tod

Jedes Lebewesen (zumindest jedes höherentwickelte Lebewesen), damit auch der Mensch, muß sterben; insofern gehört der Tod zur Natur auch des Menschen. *Pflanz* (1970) stellt den „natürlichen Tod“ einem „unnatürlichen“ gegenüber: „Unter einem natürlichen Tod kann man verstehen jedes Sterben, das letztlich durch Rückbildungsvorgänge zu erklären ist, durch das Altern der Gewebe und der Zellen, durch Beanspruchung und Abnutzung bedingt. Unnatürlicher Tod hieße dann jeder Tod als Folge von Krankheit, Unfall oder anderen von außen her wirkenden Ursachen. Man würde dann den unnatürlichen Tod verstehen im Sinne des vermeidbaren Todes“ (*Pflanz* 1970, S. 27).

Diese Charakterisierung des natürlichen und des unnatürlichen Todes setzt das Natürliche als Wert, den es zu achten und zu schützen gelte; das heißt aber auch in seiner Konkretion als natürlicher Tod. Der unnatürliche Tod als dem natürlichen entgegenstehend wird aber in der Realität nicht nur als „**vermeidbar**“ verstanden (deskriptiv); aus der Vermeidbarkeit wird gefolgert, daß er auch vermieden werden müsse (normativ). Hier erhebt sich die Frage, ob jeder durch Krankheit bedingte Tod als unnatürlich und damit vermeidbar angesehen werden kann. Wohl prägt diese Auffassung das Bewußtsein vieler Menschen; ihr entspringen Erwartungen und Forderungen an die Medizin. Wo aber kann zwischen den „natürlichen Rückbildungsvorgängen“ und Kranksein auslösenden und verursachenden Prozessen (Arthrose mit reaktiver Arthritis, Arteriosklerose mit arterieller Verschlußkrankheit und Herzinfarkt oder Schlaganfall usw.) eine Grenze gezogen werden? Und wo ist in der biologischen Umwelt die Möglichkeit von Infektionen und den daraus resultierenden Krankheiten absolut vermeidbar? Und ist nicht selbst das Krebsleiden als entzügeltes Wachstum eine Leistung der Natur?

Hinter all dem steht die zentrale Frage, ob nicht gerade die Akzeptanz dieser konstitutiven Bedingungen menschlicher Natur eine wesentliche menschliche Aufgabe ist. Als unnatürlich ist u. E. nur der Tod durch äußere, vermeidbare Unfälle oder Gewalt anzusehen.

Die Rede vom unnatürlichen Tod meint vielfach auch den **unzeitigen Tod**, den Tod „zur Unzeit“. Wer weiß aber um die „richtige“, die „natürliche“ Zeit des Todes? Wer soll beurteilen, wann der rechte Zeitpunkt des Sterbens gekommen ist, und nach welchen Kriterien? *Mors certa, hora incerta* – dieses Bewußtsein eines sicheren Todes, aber eines ungewissen Zeitpunktes prägte die Lebenseinstellung der Menschen vieler Jahrhunderte. Dem entsprach auch der Wunsch nach einem sterbend vorbereiteten Tod; ein plötzlicher, schneller Tod galt als Strafe.

Die ständig erweiterten Kenntnisse hinsichtlich der Ursachen und Bedingungen von Krankheiten und der Möglichkeiten, diese zu beeinflussen, läßt die Hoffnung wachsen, daß der Tod, wenn auch nicht unausweichlich, so aber doch aufschiebbar sei. Diese Hoffnung kann als Ausdruck des weit verbreiteten Bewußtseins angesehen werden, daß alles Wünschbare auch machbar sein müsse – auch die Gesundheit und ein langes Leben. Die **Verdrängung** des als „unnatürlich“ empfundenen, des „unzeitigen“ Todes ist dann „Ausdruck der Angst, der Flucht vor der Unabdingbarkeit des Todes in die Hoffnung, er möge etwas Zufälliges, durchaus Verhütbares sein, dem zu entgehen mit Hilfe genügender Vorsicht und Schläue sehr wohl möglich sei“ (*Pflanz* 1970, S. 34). Dem entspricht dann auch der Wunsch, der Tod möge, wenn er schon nicht vermeidbar ist, doch rasch, ohne allmählich invalidisierende Hinfälligkeit, ohne langsames Sterben kommen. Die Verdrängung geschieht **psychologisch** (Angst und Verleugnung), **sozial** („Hospitalisierung“ von Sterben und Tod) und **rational** (medizinische Erklärung des Todes als Organversagen).

Das Wissen, daß der Tod zur Natürlichkeit des Lebens gehört, ist in der Gefahr, von dem Wunsch nach optimaler Lebensverlängerung und von der Angst angesichts der Ungewißheit hinsichtlich der Zeit und der Art des Todeseintrittes sowie auch der Ungewißheit darüber, was nach dem Tod kommt, verschüttet zu werden.

Hinsichtlich der Angst vor dem Sterben ist zu bedenken, daß der Mensch heute in der Lage ist, die Vorgänge am Lebensende, den Sterbeprozeß, durch (intensiv-)medizinische Maßnahmen sehr weitgehend zu beeinflussen. Der Mensch ist dadurch als einzelner herausgefordert, angesichts der Möglichkeiten des Aufschiebens die Natürlichkeit des Todes zu bedenken. Es ist dies eine Herausforderung an die Gesellschaft (als Kulturträger). Die im Bereich der Gesundheitsversorgung, besonders die im Krankenhaus Tätigen, sind durch ihre Handlungsmöglichkeiten im besonderen gefordert. Sie müssen für sich klären, was sie unter der „Natürlichkeit des Todes“ verstehen; sie haben aber zu Recht das Ansinnen der Gesellschaft zurückzuweisen, wenn diese versucht, den in den Institutionen des Gesundheitswesens Tätigen die abschließende Klärung der Frage zu übertragen, was ein „natürlicher Tod“ ist.

Die Hirntoddefinition

Der biologische Tod eines Organismus ist der irreversible Verlust spontaner integrativ-regulatorischer Selbsterhaltungsfähigkeit. Angesichts der Ungleichzeitigkeit dieses Prozesses in den verschiedenen Organen und Zellen des Gesamtorganismus ist im Hinblick auf den Menschen in der klinischen Praxis juristisch relevant der **irreversible Atem- und Kreislaufstillstand** als (das weitere Erlöschen regulativer Prozesse einleitendes oder beschleunigendes) Lebensende festgelegt; sind doch bereits kurze Zeit nach dem endgültigen kardiorespiratorischen Funktionsausfall sichere Todeszeichen erkennbar.

Da jedoch der kardiorespiratorische Funktionsausfall medizinsch-technisch (zumindest für eine bestimmte Zeit) kompensiert werden kann, endet in der klinischen Praxis (vor allem in der Intensivstation) das Leben nicht zwingend, wenn ein Atem- und Kreislaufstillstand eingetreten ist: Daß ein konkretes Leben zu Ende gegangen ist, setzt ein Einvernehmen darüber (stillschweigend oder offen ausgesprochen) unter allen am Geschehen Beteiligten (Betroffener, Angehörige, Ärzte, Pflegende) voraus. Da ein solches Einvernehmen nicht immer hergestellt werden kann, ist in bestimmten klinischen Situationen über die Definition des biologischen Todes hinaus eine Übereinkunft notwendig, wann das Leben endet, und zwar unabhängig von einem konkreten menschlichen Individuum. Im Sinne einer solchen Übereinkunft wurde der **irreversible Ausfall der Hirnfunktion** als Lebensende festgelegt. Der Hirntod bedeutet das unumkehrbare Erlöschen der Funktion des Großhirns und des Hirnstammes einschließlich der hirnstammgebundenen Regulation der Atmung; eine spontane Kreislaufregulation ist noch möglich. Als apallisches Syndrom wird im Gegensatz dazu ein potentiell reversibler Funktionsausfall der Großhirnrinde bezeichnet, bei dem Tiefenstrukturen des Gehirns und des Hirnstammes erhalten sind.

Die sog. Hirntoddefinition wurde 1968 eingeführt, um ein nachprüfbares und so allgemein anerkennbares, auch justitiables Kriterium für den Abbruch intensivmedizinischer Maßnahmen zu haben (für die medizinisch-ethische Diskussion ist die Funktion der Definition des Hirntodes relevant, nicht aber die Kriterien und die Methoden der Feststellung). Der für hirntot erklärte Mensch wird zunächst noch nicht als tot im Sinne der Definition des biologischen Todes angesehen; dem Prozeß seines Sterbens wird aber vom Zeitpunkt des festgestellten Hirntodes an keine weitere medizinische Behandlung mehr entgegengesetzt.

Im Kommentar zu den „Richtlinien für Sterbehilfe“ der *Schweizerischen Akademie der medizinischen Wissenschaften* (1976) heißt es: „Ein Sterbender ist ein Kranker oder Verletzter, bei dem der Arzt aufgrund einer Reihe klinischer Zeichen zur Überzeugung kommt, daß die Krankheit irreversibel oder die traumatische Schädigung infaust verläuft und der Tod in kurzer Zeit eintreten wird. In solchen Fällen kann der Arzt auf weitere, technisch evtl. noch mögliche Maßnahmen verzichten" (vgl. *Baumann* 1986). Diese Beschreibung des Sterbenden impliziert eine Definition wie die des Hirntodes als Zeitpunkt, von dem an der Ausfall vitaler Selbststeuerungsfunktionen im Sterbeprozeß des Gesamtorganismus irreversibel ist („point of no return"). Die klinische Beobachtung läßt selbstverständlich frühere Stadien dieses Prozesses erkennen. Als Anzeichen des Sterbeprozesses können sie jedoch unter Umständen trügerisch sein; auch lassen sie keine zuverlässige Aussage über den Zeitablauf des weiteren Sterbens und vielfach auch keine Beurteilung des möglichen Leidens des Sterbenden zu.

Ohne exakte Festlegung der „Reihe klinischer Zeichen" (s. o.) und ohne deren sicheren Nachweis „kann der Arzt" **nicht** „auf weitere technisch evtl. noch mögliche Maßnahmen verzichten" – es sei denn, der fraglich Sterbende untersagt es ihm.

Sowohl hinsichtlich der Bedeutung für die klinische Praxis als auch hinsichtlich der juristischen Relevanz ist der **Funktionswandel**, den die Hirntoddefinition erfahren hat, zu bedenken: Von einer zweckfreien, durch die Möglichkeiten der Medizin initiierten Deskription eines Stadiums zwischen Leben und Tod wurde sie rasch für die Bedürfnisse des sich etablierenden Transplantationswesens funktionalisiert, da – unter der Voraussetzung einer ausreichenden Sauerstoffversorgung und einer adäquaten Zirkulation die Funktion einzelner Organe trotz des Verlustes der übergeordneten integrativen Regulation weiterhin möglich ist. Da es aber unserem intuitiven Empfinden zutiefst widerspricht, einem noch Lebenden Organe zu entnehmen, wurde der Organspender, bei dem der Hirntod festgestellt wurde, der also nach dem derzeit aktuellen Wissen den „point of no return" im Sterbeprozeß überschritten hat, nicht mehr nur **für tot** erklärt, sondern **als tot** bezeichnet. Die zumindest in Deutschland derzeit bestehende Zurückhaltung hinsichtlich der Lebendspende von paarigen Organen, d. h. **einer** Niere, ist vermutlich nicht nur mit medizinischen Unwägbarkeiten begründet, sondern auch in diesem intuitiven Empfinden.

Dem Stadium des Hirntodes folgt der „klinische Tod", als dessen Kriterien „die traditionellen Zeichen ... das Sistieren der Atmung, der Herz-Kreislauf-Stillstand, die tiefe Bewußtlosigkeit, die weiten lichtstarren Pupillen und zerebrale Areflexie ... ihre Gültigkeit behalten" haben (*Baust* 1992, S. 201).

Die Hirntoddefinition ist als eine **zweckorientierte Übereinkunft** zu verstehen, die getroffen wurde, um die durch die Fortschritte der Medizin entstandenen Probleme wie Abbruch der Intensivtherapie oder Organentnahme zur Transplantation angemessen lösen zu können. Sie ist eine biologische, den Menschen in seiner Ganzheit aber nur unzureichend fassende Definition. Vom Zeitpunkt des eingetretenen Hirntodes an können zwar Bewußtsein, Erlebnisfähigkeit, spontane Kommunikationsfähigkeit, als die personale Qualität kennzeichnenden Kriterien, nicht wiedererlangt werden. Menschsein in seiner Ganzheit weist jedoch über diese Kriterien hinaus; ihm wird in unserer Werteordnung unantastbare Würde nicht nur unter der Bedingung des Vorhandenseins von Hirnleistungen zuerkannt. Auch der biologische Sterbeprozeß dauert über den Zeitpunkt des Hirntodes hinaus bis zum Erlöschen organischer zellulärer Einzelfunktionen (z. T. noch tagelang über die Bestattung hinaus).

In einer Gesellschaft, die Organtransplantation als mögliche Behandlungsform hochgradiger Organinsuffizienz akzeptiert oder sogar fordert, ist eine Vereinbarung einer begründbaren und nachprüfbaren Todesdefinition als für weiteres ärztliches Handeln verpflichtend unabdingbar. Ethisch relevant und wertorientierend für das Handeln im Umgang mit Sterbenden ist die Frage, ob mit dem irreversiblen Fortfall der personalen Qualitäten des Menschseins der Sterbende **verfügbar** wird für Organexplantationen oder als „Organsubstitut in toto", wie im Falle der definitiv hirntoten Schwangeren M. P., die zum Erhalt des Fetus (in der 14. Woche der Schwangerschaft) maschinell beatmet und ernährt wurde. Auch erhebt sich die Frage, ob nicht mit dem Fortfall der personalen Qualitäten die Achtung vor der **Menschenwürde** dennoch geboten ist bis zum endgültigen Tod, ja sogar über die Bestattung hinaus. (Hier hat die Verfolgung von Leichenschändung und Gräberzerstörung durch die Organe des Rechtssystems ihre moralischen Wurzeln.)

Die Definition der Personalität als Fähigkeit, aktuell und spontan über die rationalen und emotionalen Potenzen zu verfügen, oder als Möglichkeit der (Fremd-)„Wahrnehmung seiner leiblichen Existenz" (*Hoff* und *in der Schmitten* 1992) scheint allein kein hinreichendes Kriterium dafür zu sein, ob überhaupt und von welchem Zeitpunkt Organtransplantationen zulässig sind. Auch über den Hirntod hinaus trägt der sterbende Mensch das Siegel der Menschenwürde, die auch nach der Entscheidung zur Organexplantation nicht außer acht gelassen werden darf.

9.3 Sterbehilfe (Euthanasie) und Sterbebegleitung

Ein weiteres medizin-ethisches Problemfeld im Handlungsbereich der Heilberufe kann mit dem Stichwort „Sterbehilfe" umschrieben werden. Der Begriff „Sterbehilfe" wird heute im deutschen Sprachgebrauch dem der „Euthanasie" wegen dessen Belastung durch den Mißbrauch in der Zeit des Nationalsozialismus vorgezogen. Mit der Unterscheidung von „**Hilfe zum Sterben**" und „**Hilfe im Sterben"** umfaßt Sterbehilfe auch die Sterbebegleitung und den Sterbebeistand.

Aktive und passive Sterbehilfe

Hier soll zunächst die „Hilfe zum Sterben" betrachtet werden. Sie ist zu differenzieren in die auch juristisch wichtigen Formen der

- **aktiven**, d. h. der willentlichen **Lebensverkürzung** bzw. Sterbensbeschleunigung oder der sog. „Tötung auf Verlangen";
- **passiven Lebensverkürzung** durch Behandlungsverzicht bzw. -abbruch oder Behandlung mit dem akzeptierten Risiko der Beschleunigung des Sterbeprozesses bzw. der Lebensverkürzung.

Die medizinischen Aspekte der Sterbehilfe als Handlungen des Arztes oder anderer Heilberufe sind damit weitgehend gekennzeichnet. Zu ergänzen sind die medizinischen Bedingungen, unter denen Sterbehilfe in den genannten Formen erwogen werden könnte.

Die Begriffe „aktive Sterbehilfe" und „passive Sterbehilfe" sind vielfach kritisiert worden, da die Differenzierung gedanklich nicht durchzuhalten ist. An dieser Kritik ist richtig, daß jedes Handeln, auch jede Form der Sterbehilfe, eine **aktive Entscheidung** der Handelnden voraussetzt. Dennoch haben die Begriffe „aktiv" und „passiv" im Zusammenhang mit der Sterbehilfe ihre Berechtigung, da es in dem einen Fall die Entscheidung zu einer **aktiven** Handlung ist und in dem anderen Fall die Entscheidung, **passiv** zu bleiben, etwas Unabänderliches hinzunehmen.

Aktive Sterbehilfe

Angesichts schwer mißgebildeter, aussichtslos lebensunfähiger, unter Umständen anenzephal geborener Kinder oder auch bei unwiederbringlich bewußtlosen, schwer leidenden Menschen stellt sich mitunter die Frage der **beabsichtigten und aktiven Lebensverkürzung bzw. Sterbensbeschleunigung**. Als gezielte Tötungshandlung ist diese Form aktiver Sterbehilfe in der Bundesrepublik Deutschland verboten (§ 211 StGB). Ihre Freigabe würde „gesellschaftsnützlichen Maßnahmen" Tor und Tür öffnen – dabei muß Leben nicht wie im Dritten Reich aus rassenhygienischen Gründen als „lebensunwert" angesehen werden; die finanziell und personell bedingten Probleme bei der Versorgung pflegebedürftiger alter, kranker und behinderter Menschen können im Ergebnis zu ähnlichen Aktionen führen.

Aktive Sterbehilfe ist es auch, ohne ausdrücklichen Wunsch oder die Einwilligung des Kranken eine begonnene Intensivtherapie absichtlich und aktiv durch Medikamente zu beenden, wenn sich diese im Hinblick auf eine Heilung oder Wiedererlangung von Empfindungs- und Kommunikationsfähigkeit als aussichtslos erwiesen hat.

In der Diskussion über und Begründung von

Lebensqualität klingt auch heute wieder eine Bewertung von Leben an (lebenswert versus lebensunwert). Die Beeinträchtigung des Lebenswertes – wenn auch nicht im Kleide eugenischer und rassenpolitischer Argumentation – gilt vielen Menschen als hinreichende Begründung für die „**Tötung auf Verlangen**".

Mit dieser Forderung nach aktiver Sterbehilfe sind Ärzte und Pflegende heute zunehmend häufig konfrontiert: Menschen mit schweren körperlichen und/oder seelischen Leiden, chronischen Schmerzzuständen oder auch in gesundheitlich bzw. sozial ausweg- und aussichtsloser Verfassung äußern bei klarem Bewußtsein (juristisch zurechnungsfähig) den Wunsch nach „Erlösung". Auch diese Form aktiver Sterbehilfe wird in der deutschen Rechtsordnung als Tötungsdelikt gewertet und ist verboten (§ 216 StGB).

Seit langem wird (vor allem in den Niederlanden) die Legalisierung der „Tötung auf Verlangen" gefordert; begründet wird diese Forderung mit dem Recht auf freie Selbstbestimmung über die Erduldung schwerwiegender Beeinträchtigung, mit dem „Recht auf Sterben", dem „Recht auf den eigenen Tod" zu einem selbst bestimmten Zeitpunkt. Diesem Recht begegnet der Arzt, die „Medizin", auch in dem Recht auf **Behandlungsverweigerung** seitens des Patienten. Der Kranke kann aus zu respektierenden Gründen eine ärztliche Therapie ablehnen – auch wenn der Arzt diese Gründe nicht nachvollziehen kann und wenn diese Entscheidung des Patienten zu einer Beschleuningung des Sterbens führen sollte. Der Kranke hat jedoch (noch) kein Recht, vom Arzt zu verlangen, er solle aktiv sein Leben beenden.

Wenn der Arzt nach eingehender Prüfung der Gründe für eine Forderung nach einem aktiven Eingreifen zur Lebensbeendigung zu dem Schluß kommt, daß die höherwertig erachtete Menschenwürde oder die Verantwortung des Kranken für sich selbst durch das ärztliche Nicht-Handeln gefährdet wird, kann für ihn eine ethische Rechtfertigung für „Tötung auf Verlangen" vorliegen und ihn veranlassen, in dem konkreten Fall aus Mitleid oder aus Achtung vor der Autonomie und Selbstidentität des Leidenden dessen Verlangen zu entsprechen. Der Arzt, der sich in einer solchen Situation zum Handeln gezwungen sieht, muß sich darüber im klaren sein, daß er sich juristisch schuldig macht und sich einer richterlichen Untersuchung stellen muß, die nicht zwingend immer zu einem Verfahren oder gar einer Verurteilung führen muß.

Passive Sterbehilfe

Vor die Frage, passiv Sterbehilfe zu leisten, sind Ärzte und Pflegende heute vielfach gestellt: bei der Behandlung irreversibel Bewußtloser, bei nach medizinischen Kriterien aussichtslos Kranken und Sterbenden, auch bei hirntoten Patienten. Hier ist ein **Behandlungsverzicht** oder **-abbruch** bzw. das Sterbenlassen ethisch begründbar und zu rechtfertigen, allerdings nur unter der Bedingung, daß eine „Grundbehandlung" (Schmerzlinderung, Flüssigkeits- und Nahrungszufuhr, Körperhygiene, eine sichere und Schäden verhindernde Lagerung sowie die weitest mögliche menschliche Nähe von Angehörigen und Personen des Behandlungsteams) gewährleistet ist.

Durch den evtl. erforderlichen Einsatz von hochwirksamen Schmerz- und Beruhigungsmedikamenten kann eine **Beschleunigung des Sterbens** bzw. eine Verkürzung des Lebens ausgelöst oder bewirkt werden (auch sog. „indirekte Sterbehilfe"). Ethisch vertretbar und auch juristisch nicht zu beanstanden ist diese Art der Leidensminderung nur dann, wenn die Lebensverkürzung nicht beabsichtigt ist. Vorrangig handlungsorientierend muß die Wahrung der Menschenwürde sowie die Minderung des Leidens für einen einzelnen Kranken oder Sterbenden sein.

Zu fragen ist, ob auch die Verhältnismäßigkeit der eingesetzten Mittel zum überhaupt erreichbaren Ziel und die Zumutbarkeit für Drittpersonen (Angehörige, Ärzte, Pflegende) Maximen für die Entscheidung zum Therapieverzicht bzw. -abbruch sein können.

Sind die Kriterien für einen Behandlungsverzicht bzw. -abbruch erfüllt, können auch klinikinterne „Regeln, nicht wiederzubeleben" („**do not resuscitate orders**" in angloamerikanischen Kliniken) ethisch gerechtfertigt sein.

Im Zusammenhang mit passiver Sterbehilfe ist schließlich die Problematik von **Patientenverfügungen** (sog. „Patiententestamenten") zu bedenken. Obwohl derzeit in der Bundesrepublik Deutschland juristisch nicht bindend, sollten solche Verfügungen als Indiz für den Wunsch des Kranken im Hinblick auf Behandlungsentscheidungen vom Arzt berücksichtigt werden – allerdings unter der Voraussetzung, daß sie nicht zu alt und auf die aktuelle Situation „anwendbar" sind. Das Argument der antizipatorischen Unfähigkeit des Noch-Gesunden bzw. Noch-nicht-Sterbenden, eine evtl. nötige intensivmedizinische Situation so vorherzusehen, daß ein Behandlungsverzicht oder -abbruch im vorhinein begründet werden könnte, muß einem Patiententestament wohl seine Rechtsgültigkeit im Sinne der Bindung des akut behandelnden Arztes nehmen, nicht aber die indizielle Bedeutung im Hinblick auf den mutmaßlichen Willen des Betroffenen.

Sterbebegleitung und -beistand

„Sterbehilfe im weiteren Sinne" umfaßt auch Sterbebegleitung und -beistand, also die psychosoziale Betreuung des und die menschliche Nähe zum sterbenden Menschen. Die mit der „Hospitalisierung von Sterben und Tod" selten gewordene Begegnung mit Sterbenden, die Verdrängung der eigenen Sterblichkeit bzw. des Gedankens an den eigenen Tod sowie auch der weitgehende Verlust trag- und trostfähiger religiöser Bindungen nähren die wesentlich menschliche Angst vor dem Sterben und Tod. Auch steigern sie die Unfähigkeit der Begleiter, sterbenden Menschen zu begegnen und deren Ängste, Not, Leugnung, Verzweiflung, Vereinsamung und Trauer aufzufangen sowie schließlich mit ihnen zusammen zu einer Akzeptanz des Todes zu gelangen. Hier sind vom gesunden Begleiter des Sterbenden Reifungsprozesse zu leisten.

Sterbebegleitung als lehrende und von den Angehörigen der Heilberufe zu lernende Aufgabe umfaßt pflegerische und medizinische Hilfe („Grundversorgung", Schmerzlinderung), die Wahrnehmung und (nicht allein kognitiv-rationale) Beantwortung emotionaler Not, die spürbare Nähe, die Gewährung von Freiraum sowie die Zeit für Klagen, Fragen und das Gespräch über Sinnfragen, Angst, Schuld und über den Tod. Sie umfaßt auch die nonverbale Kommunikation und die Vermittlung von Solidarität gerade angesichts des Sterbens. Die Wahrnehmung seelischer Not erfordert oft, durch die vermeintlich vordergründigen Bedürfnisse hindurchzuhören und den tieferen Wunsch nach schlichter Anwesenheit, nach Nähe, nach „Gesprächen gegen die Angst" zu erkennen sowie oft auch die symbolischen Bilder, die Sprache und Verhaltensweisen auf ihren möglichen kommunikativen Sinn hin zu entschlüsseln.

9.4 Gesellschaftliche Werthaltung und Zielsetzung des Krankenhauses

In der Bundesrepublik Deutschland sterben mehr als 60 Prozent aller Menschen in Krankenhäusern oder in Alters- bzw. Pflegeheimen. In diesen Institutionen treffen so Menschen zusammen, die sowohl aufgrund ihrer Situation als auch aufgrund ihrer speziellen Aufgaben und Erfahrungen zu Sterben und Tod ganz unterschiedliche Positionen einnehmen. Daraus ergeben sich Fragen.

Inwiefern beeinflussen Einstellungen zu Sterben und Tod sowie Wertmaßstäbe in der Beurteilung von Lebensqualität, wie sie in der Gesellschaft vorherrschen, Erwartungen an die Institutionen des Gesundheitssystems?

Einstellungen, Werte und Normen sind in unserer Gesellschaft weithin an Leitbegriffen wie Jugendlichkeit, Schönheit, Nützlichkeit und Leistungsfähigkeit orientiert, und dies trifft auch auf das Erleben von Krankheit, Sterben und Tod zu. Besonders deutlich wird dies daran, wie in unserer Gesellschaft der **alte Mensch** gesehen wird.

Ennulath (1987) greift in einer klugen Reflexion über „Unser Bild vom alten Menschen" unter anderem die Orientierung an der Jugendlichkeit auf. Sie betrachtet dabei Werbespots und kommentiert dies abschließend so: „Zugegeben, die Menschen haben sich bereits in der Antike auf Kosten der Alten amüsiert. Aber die Botschaften, die mit den Werbespots über alte Menschen vermittelt werden, sind doch: Wenn Ihr bestimmte Mittel einnehmt, dann werdet Ihr nicht verwelken, d. h. Ihr werdet nicht häßlich werden; wenn Ihr ein bestimmtes jugendorientiertes Verhalten zeigt, dann werdet Ihr gebraucht, geliebt werden." (*Ennulath* 1987, S. 205)

Lehr (1985) weist nachdrücklich darauf hin, daß das Defizit-Modell des Alters falsch und zu überwinden sei; es müsse berücksichtigt werden, was alte Menschen noch leisten und welche spezifische Rolle (Vermittlung von Erfahrung, Tradition, Weisheit u. a. m.) sie übernehmem und ausfüllen können. Es sei jedoch die grundlegende anthropologische Frage gestellt, ob in diesem Denkmodell das legitime Recht des alten Menschen, müde zu sein, nicht mehr zu wollen, im Rückblick auf ein gelebtes Leben Abschied zu nehmen, ein „nutzloser", aber vielleicht „weiser" Alter zu sein, überhaupt vorgesehen und integrierbar ist. Eine weitere Frage, die sich angesichts dieses Verständnisses vom Alter stellt, ist die, was mit den alten Menschen geschieht, die dem Leitbild ungebrochener körperlicher und geistiger Leistungsfähigkeit oder Nützlichkeit nicht entsprechen (z. B. alte Menschen, die an einer Demenz leiden oder geistig und/oder körperlich behindert sind). Im gesellschaftlichen Alltag kann man beobachten, daß diese Menschen (selbstverständlich nicht nur die alten) ausgegliedert werden. Da sich die Gesellschaft aber als eine zivilisierte und humane versteht, werden diese Menschen zwar ausgegliedert, aber nicht sich selbst überlassen; es werden vielmehr Institutionen für ihre Versorgung geschaffen.

Nun ist das gesellschaftliche Bewußtsein nicht nur durch das Leitbild der Leistungsfähigkeit und Nützlichkeit geprägt, sondern auch durch die dem Menschen – vermutlich seit jeher – eigene Angst vor dem Tod, dem Nicht-mehr-Sein. Wenn auch Sterbende mitunter erst kurz vor dem Tod, den **Institutionen des Gesundheitsversorgungssystems** überantwortet werden, müssen dafür zwei Gründe angenommen werden:

- Einerseits läuft dem gesellschaftlichen Leitbild von Leistungsfähigkeit und Nützlichkeit nichts so sehr zuwider wie die Endlichkeit.
- Andererseits ist mit der Einweisung sterbender Menschen in Kliniken häufig die Erwartung verknüpft, die Medizin könne jede Krankheit heilen.

Von Uexküll (1973) beschreibt die so in den Institutionen entstehende Situation treffend: „Man hat mit erheblichen materiellen Opfern jene medizinischen Institutionen geschaffen, die der Gesellschaft die Illusion vermitteln, daß es etwas wie Sterben und Tod im Grunde nicht gibt. Dies läßt sich nur dadurch erreichen, daß man diese Phänomene aus dem Alltagsleben verbannt. Infolge dessen sind bestimmte Berufe – Ärzte, Pfleger und Schwestern – in einem früher unbekannten Ausmaß mit Sterben und Tod konfrontiert. Und nun sind es diese Institutionen und Berufsgruppen, die selbst in die Gefahr der Isolierung geraten, von der jeder betroffen ist, der zu eng mit dem Tod in Verbindung steht" (*von Uexküll* 1973, S. XVII–XVIII). In dem Maße, in dem die Mitglieder der Gesellschaft bemüht seien, die Angst vor dem Sterben von sich fernzuhalten, werde die Angst vor dem Tod gesteigert; dies wiederum habe weitreichende Folgen für die im Krankenhaus Tätigen: „Für Ärzte und Pflegepersonal bedeutet diese Isoliertendenz der Gesellschaft, daß Situationen, in denen sie mit Sterbenden umgehen müssen, zur täglichen Routine geworden sind. Dabei müssen aber auch die Abwehrmechanismen, die die Durchführung ihrer Rollen ermöglichen, professionalisiert werden" (*von Uexküll* 1973, S. XIX).

Ebenso wichtig wie die Vergegenwärtigung von **Abwehrmechanismen** und das Erlernen des Umgangs mit ihnen ist aber im Hinblick auf die Betreuung von kranken und sterbenden Menschen die Entwicklung von Fähigkeiten der **sprachlichen** und **non-verbalen Wahrnehmung und Verständigung**. Sterbebegleitung in diesem Sinne muß gelehrt und gelernt werden; sie wird zur Handlungskompetenz, die zu erwerben kognitiv-rationale wie empathisch-emotionale Schulung erfordert, wenn die im Krankenhaus Tätigen in die Lage versetzt werden sollen, der Forderung nach menschlicher Begleitung sterbender Menschen zu entsprechen.

In dem Fallbeispiel des Herrn A. wird einiges von der beschriebenen Problematik deutlich:

Die beiden alten Menschen leben noch weitgehend selbständig, stehen zumindest noch nicht offen dem gesellschaftlichen Leitbild entgegen. Der akute Brustschmerz wird von dem alten Mann – vielleicht in weiser Ahnung dessen, was auf ihn zukommt – nicht ignoriert, aber hingenommen – „dies sei doch in seinem Alter nichts Ungewöhnliches". Seine Ehefrau hat vielleicht eine ähnliche Ahnung, sie ist aber verunsichert, wird sie doch an ihre eigene Situation, an das enge Zusammenleben mit und die Abhängigkeit von ihrem Mann sowie schließlich an das eigene Alter und die eigene Nähe zum Tod erinnert. Die Tochter reagiert anders: sie hat das gesellschaftliche Bewußtsein verinnerlicht, daß ein gesundheitliches Problem von der „Institution Medizin" behoben werden kann und muß. Ihr ist die Natürlichkeit des Todes nicht selbstverständlich (oder ein 74jähriger ist für sie noch nicht alt, was aber im Ergebnis gleich bleibt). So kann sie sich nicht anders verhalten oder könnte es vielleicht nur, wenn sie sich intensiv mit den Problemen des möglichen Krankseins sowie der Betreuung und Begleitung alter, kranker und sterbender Menschen, auch ihrer Eltern, beschäftigt hätte und die Bereitschaft aufbringen würde, unter Umständen auch entgegen den Erwartungen ihrer unmittelbaren Umwelt ihren Vater zu Hause zu behalten und ihn dort zu versorgen, wissend, daß dies das Letzte seines Lebens ist.

An der Geschichte des Herrn A. sind drei weitere Aspekte des Auseinanderklaffens von Erwartungen, Ansprüchen und Wertorientierungen von Kranken und deren Angehörigen auf der einen Seite und den Zielsetzungen und Handlungsrichtlinien der „Institution Medizin" und ihrer Sachwalter auf der anderen Seite bedenkenswert – wobei anzumerken ist, daß die Sachwalter der „Institution Medizin" Mitglieder der besagten Gesellschaft und nicht frei von dem in dieser Gesellschaft herrschenden Bewußtsein sind.

Der Sohn äußert nach einem Besuch, daß das Dasein des Vaters doch kein Leben mehr sei, und stellt die Frage, ob man den Vater denn nicht erlösen könne. Das Leben in langfristiger Bedürftigkeit, vielleicht verbunden damit, daß der Betroffene nicht mehr sicher ansprechbar ist, wird als unzumutbar, als nicht mehr lebenswert verstanden. Dies entspricht der gesellschaftlichen Orientierung an körperlicher und geistiger Leistungsfähigkeit und Nutzwert sowie der Auffassung, daß „Sinn-Empfinden" an Bewußtsein gebundene und das Bewußtsein das entscheidende Kriterium für Personsein sei; nur einer Person wird aber Würde zugesprochen und Lebensschutz zuerkannt.

Der zweite Aspekt betrifft den Wunsch des Sohnes nach „Erlösung" des Vaters; und das heißt hier eindeutig direkte und aktive Sterbehilfe, was im deutschen Rechtssystem unstrittig Tötung, ggf. sogar Mord ist. In Deutschland würde solches Handeln derzeit zweifellos zu einer Verurteilung führen. In einigen westlichen Ländern – auch in Deutschland – wird jedoch zunehmend heftig die rechtliche Freigabe der „Tötung auf Verlangen" seitens des Kranken gefordert; ein solcher Wunsch wurde allerdings nicht von Herrn A. geäußert. In bezug auf die „Tötung auf Verlangen" ist zu fragen, wie sie (in einem ersten Schritt) ethisch zu begründen sei, wenn sie (in einem zweiten Schritt) legalisiert werden sollte. Für beide Varianten der aktiven Sterbehilfe gilt, daß Leben verkürzt wird, das von einem Leidenden oder einem Nahestehenden – der natürlich auch einfach nur ein Dritter sein kann – als zu schwer, belastend, quälend oder sinnlos erachtet wird. „Lebensqualität" wird hier ohne inhaltliche Charakterisierung zur ethischen Maxime in bezug auf eine mögliche Sinndeutung von Krankheit, Leiden und Sterben als unabdingbar zum Leben gehörenden, gar notwendigen Erfahrungen.

Und der dritte Aspekt: Herr A. stirbt an einer Lungenentzündung, die im Einvernehmen mit den Angehörigen nicht mehr behandelt wird. Man könnte den Handelnden vorhalten, der Behandlungsverzicht sei eine versteckte Tötungshandlung, sei im Grunde aktive Sterbehilfe. Dem ist aber nicht so. In vielen Fällen gebietet das Sterben eine Entscheidung der Handelnden, eine Behandlung gar nicht erst anzufangen oder ggf. abzubrechen mit der billigend in Kauf genommenen Folge eines beschleunigten Todes (passive Sterbehilfe). Daß derartige Entscheidungen nicht immer bewußt vollzogen werden, ändert nichts an ihrer Faktizität. Die Unmöglichkeit einer klaren Unterscheidung zwischen aktivem Tun und besonnenem Unterlassen kennzeichnet eine grundlegende Konstellation ärztlichen Handelns angesichts des Sterbens von Menschen in unserer Zeit. Zu fragen ist, ob der Verweis auf die Rechtsprechung, die den Abbruch bzw. das Unterlassen von Maßnahmen unter den Umständen nicht eindeutiger Beurteilbarkeit der Prognose für einen Kranken verbiete, nicht vielfach auch zum Schutz vorgebracht wird, um keine Entscheidung fällen zu müssen, was gleichbedeutend damit ist, die eigene Ohnmacht angesichts des Todes, die Unfähigkeit zum Gespräch, zur Sterbebegleitung nicht aushalten zu müssen.

Ärzte und mit ihnen die Angehörigen der anderen Heilberufe können ihre Aufgabe, Sterbende in einer menschenwürdigen Weise zu betreuen, nur dann erfüllen, wenn sie darin von einem entsprechenden gesellschaftlichen Bewußtsein getragen werden. Menschenwürdiges Sterben wird in den Institutionen des Gesundheitsversorgungssystems nur auf der Basis einer **neuen gesellschaftlichen Kultur des Umgehens mit Sterben und Tod** möglich sein. Dabei kann es nicht darum gehen, auf ein vergangenes Modell solchen Umgehens zu verweisen (z. B. auf christliche oder fatalistische Schicksalsergebenheit) oder gar das Umgehen in vergangenen Zeiten zu idealisieren. Die erforderliche neue Kultur muß die heute und in Zukunft zur Verfügung stehenden Möglichkeiten, das Lebensende zu beeinflussen, berücksichtigen.

Woraus können moralisch relevante Spannungssituationen für die in den medizinischen Versorgungseinrichtungen pflegerisch und ärztlich tätigen Angehörigen verschiedener Berufsgruppen erwachsen?

In Krankenhäusern, Pflege- und Altersheimen sind die Angehörigen mehrerer Berufsgruppen um kranke und sterbende Menschen besorgt. Alle müssen sich mit der ihnen von der Gesellschaft übertragenen Aufgabe auseinandersetzen. Mitzuerleben, wie ein kranker Mensch immer hinfälliger und schwächer wird und schließlich stirbt, konfrontiert die mit der Sorge um ihn Betrauten, Pflegende wie Ärzte, mit ihrer eigenen Endlichkeit, Sterblichkeit. Dies kann und muß einen **Lernprozeß** in Gang setzen, der schmerzlich, aber niemandem zu ersparen und für die Entwicklung der eigenen Persönlichkeit von elementarer Bedeutung ist. Er wird sicher dadurch erschwert, daß auch die im Krankenhaus Handelnden Mitglieder einer Gesellschaft sind, deren Leitbild an Leistungsfähigkeit und Nützlichkeit ausgerichtet ist. Sie müssen sich also im Hinblick auf die ihnen gestellte Aufgabe, die Betreuung der Sterbenden, nicht nur mit ihrer eigenen Endlichkeit auseinandersetzen, sondern auch mit den über die Sozialisation angeeigneten Werten und Normen. Oft sind sie darüber hinaus von der ausdrücklichen und untergründig (in Verhaltensweisen, Erwartungen, Ansprüchen) spürbaren Wertorientierung der Kranken und ihrer Angehörigen herausgefordert.

Im Krankenhaus ist hinsichtlich der unmittelbaren Behandlung der Patienten wie auch der Organisationsstruktur und Arbeitsabläufe die **medizinische Versorgung** der Kranken bestimmend. Die Medizin, ihr gesellschaftlicher Auftrag und damit vorrangig das Handeln der Ärzte ist überwiegend auf das Erkennen und Behandeln von Krankheiten ausgelegt. Die institutionelle Ausrichtung auf Heilung und die Motivation des Arztes können den Blick einengen auf medizinische Diagnostik und Therapie. Dies kann dazu verleiten, Grenzen der Möglichkeiten in der Überwindung von Krankheiten zu übersehen, auch zu übersehen, wo persönliche und natürliche Grenzen des Lebens gesetzt oder gewünscht sind, wo auch einmal die Lebensgeschichte eines Menschen zu Ende gehen kann, ohne daß darin das Versagen eines einzelnen Arztes oder der Medizin als Institution gesehen werden müßte.

Während die Kontakte von Ärzten (sowie Krankengymnasten und ähnlichen Berufsgruppen) mit den Patienten stärker auf die Krankheit und die Überwindung derselben zielen, obliegt den **Pflegenden** im Krankenhaus sehr viel stärker die unmittelbare und elementare Sorge für die Kranken (Körperpflege, Ernährung usw.). In den zeitlichen und funktionellen Grenzen ihrer Möglichkeiten haben sie (wenn auch oft nicht als einzelne Person, so aber doch als Berufsgruppe im Krankenhaus) den längeren und intensiveren Kontakt mit den kranken Menschen. Sie stehen deshalb häufiger in der Spannung zwischen der Akzeptanz einerseits und persönlichen Ängsten und Wünschen seitens der Kranken, die sie auch öfter im Sterben begleiten.

Zu fragen ist, wie weit diagnostischer und therapeutischer Aktivismus von Ärzten (auch gegenüber Sterbenden) und auch pflegerischer Aktivismus dann, wenn ein Krankheitsverlauf erkennbar nicht mehr beeinflußt werden kann, Ausdruck von Selbstschutzmechanismen sind angesichts der psychischen Belastung, die das Ausharren bei einem Sterbenden bedeuten kann.

Auch hier gibt die Fallgeschichte Anlaß zu einigen Überlegungen:

Die ärztlichen Entscheidungen bezüglich Herrn A. folgen quasi objektiven, plausiblen Leitlinien ärztlichen Handelns. Gleichwohl wird man aber bei näherer Betrachtung dies nur von der Entscheidung des Notarztes sagen können, der von dem alten Mann nichts weiß und vor dem Transport des Herrn A. in die Klinik keine hinreichenden Informationen gewinnen konnte.

Der Hausarzt hingegen, der Herrn A. und die Familie seit Jahren kennt, hätte zu einer anderen Entscheidung kommen können. Er hätte z. B. die Familie über die Verdachtsdiagnose aufklären, die damit verbundenen Gefahren (Versagen der Pumpleistung des Herzens, Rhythmusstörungen bis hin zu einem tödlichen Kammerflimmern) schildern und, auch für den Fall, daß sich Herr A. mit seiner Familie dazu entschließen sollte, zu Hause zu bleiben, seine Bereitschaft zur hausärztlichen Betreuung bekunden können.

Auch die Entscheidung zur Implantation eines Herzschrittmachers erscheint keineswegs zwingend. Der nur bedingt ansprechbare Herr A. kann nicht in den Entscheidungsprozeß einbezogen werden. Zu fragen ist hier, ob die Angehörigen damit belastet werden können, eventuell über Weiterleben oder den Tod des Ehemannes bzw. Vaters zu entscheiden. Den Ärzten obliegt die medizinische Beurteilung des Krankheitszustandes, des zu erwartenden Verlaufes unter Berücksichtigung des Alters und des allgemeinen Gesundheitsstatus. Sie haben eine sich darauf stützende Indikation (diese umfaßt Begründung und Rechtfertigung) zu stellen und diese – vor allem, wenn der Betroffene nicht entscheidungsfähig ist – zu verantworten, wobei sie selbstverständlich Angaben seitens der Angehörigen über den Kranken und seine Lebenseinstellung zu beachten haben. Könnten nicht aber auch die Pflegenden – vielleicht über Wünsche und Hoffnungen des Kranken und seiner Angehörigen besser informiert – mitsprechen bei der Entscheidung über besondere Therapiemaßnahmen (wie z. B. der Schrittmacherimplantation bei Herrn A.)? Das Gespräch zwischen Beteiligten und Betroffenen sollte auf eine Klärung der Sachgründe und der unterschiedlichen Motivationen für oder gegen die Entscheidung von Therapiemaßnahmen abzielen, die dennoch immer eine ärztliche (nicht allein medizinische) Entscheidung und die Entscheidung einer verantwortlichen Person bleibt.

Die Vorgaben des Gesundheitsversorgungssystems sehen vor, daß Kranke dann, wenn im engeren Sinne medizinische Diagnostik und Therapie nicht mehr mit Aussicht auf Heilung oder Leidenslinderung begründbar ist, aus dem Versicherungsstatus des „Behandlungsfalles" in den des „Pflegefalles" überführt werden, für den andere Kostenträger und ggf. auch andere Versorgungseinrichtungen zuständig sind. Eine solche Änderung ist einerseits sozialversicherungsrechtlich notwendig; andererseits kann sie aber auch etwas von weiterem Ausgrenzen des Kranken aus dem ihm selbstverständlichen Netz der Krankenversicherung spüren lassen. Sie bedeutet in der Sache ein Weiterdelegieren eines bereits von der Familie, der Gesellschaft an die Institution Krankenhaus abgegebenen kranken, eventuell auch todkranken Menschen in die Zuständigkeit anderer Versorgungseinrichtungen. Gleichgültig, ob der Kranke in eine andere Einrichtung verlegt werden kann oder als „Pflegefall" in der Klinik verbleiben muß: regelmäßig sind es die Pflegenden, denen die Versorgung dieser Menschen übertragen wird. Eine große moralisch relevante Spannungssituation entsteht dadurch, daß Menschen, die Mitglieder der Gesellschaft mit ihrem Wertekodex sind, veranlaßt werden, eine Aufgabe zu übernehmen, die sich nach den gesellschaftlichen Leitvorstellungen gar nicht stellen dürfte und die, wenn es denn schon nicht zu umgehen ist, geräuschlos und abseits der Öffentlichkeit bewältigt werden soll.

In der Geschichte des Herrn A. wird vielleicht schon die Verlegung von der Intensivstation in die Normalstation als ein Weiterdelegieren erlebt. Die Angehörigen – Frau A. vielleicht etwas früher als ihre Tochter – befürchten, daß Herr A. nicht mehr gesund werden wird. Frau A. kann zwar täglich bei ihrem Mann sein; das 4-Bett-Zimmer bedingt aber natürlich Einschränkungen. Auch die Kinder kommen, wenngleich seltener. Herr A. wird später in ein Pflegeheim verlegt, da die Familie sich nicht in der Lage sieht, den pflegebedürftigen Mann zu Hause zu pflegen.

Nun könnte man der Tochter und der Schwiegertochter vorhalten, daß sie aus egoistischen Gründen (Selbstverwirklichung, materielle Aspekte) die Mithilfe bei der Pflege des Vaters bzw. Schwiegervaters verweigern. Hier ist zum einen zu fragen, inwieweit die Gesellschaft im weitesten Sinne ein Recht hat, von der Familie – und das heißt im Klartext den Frauen – die Pflege kranker, behinderter und alter Menschen zu erwarten, wobei es zudem keinen Anlaß dafür gibt, die (zwangsweise) Übernahme der Pflege durch die Familie, die Frauen, in vergangenen Zeiten bis heute zu idealisieren, wenn auch in abnehmender Weise. Es ist zum anderen zu bedenken, daß durch die medizinischen Möglichkeiten bei Pflegebedürftigen nicht selten Zustände entstanden sind und aufrecht erhalten werden, die hinsichtlich der Pflege ein hohes Maß an professionellen Kenntnissen erforderlich machen, wodurch das Familiensystem sehr rasch überfordert wird.

Welche organisatorischen und edukativen Möglichkeiten gibt es im Krankenhaus, um ein menschenwürdiges Sterben zu ermöglichen?

Der würdige Umgang mit Sterbenden kann als entscheidendes Kriterium für die Beurteilung eines menschlichen Umgangs im Krankenhaus angesehen werden. Pflegerisches und ärztliches Handeln darf hier nicht nur an den zu behandelnden Krankheiten orientiert sein, sondern muß auch den **kranken Menschen** mit seinen Erwartungen und Befürchtungen, Hoffnungen und Ängsten im Auge haben. Auch muß es spürbar geprägt sein von dem Bewußtsein, daß diagnostischen und therapeutischen Maßnahmen wie dem Leben selbst biologische und menschliche Grenzen gesetzt sind. Nur in der Achtung vor diesen Grenzen können wir Menschen auch begleiten in ihrem Kranksein, können und dürfen wir Gefühle zeigen sowie Rat- und Hilflosigkeit eingestehen. Nur so wird es möglich, dem anderen, kranken, behinderten oder alten Menschen, der sich uns anvertraut hat oder in unsere Obhut übergeben wurde, mitmenschlich zu begegnen. Gelungene Zuwendung ist dann nicht ausschließlich an das Gesunden und Überleben der Patienten gebunden, sondern besteht auch in der Erfahrung, den Pflegebefohlenen nicht alleine gelassen zu haben auf seinem letzten Weg, dem des Sterbens.

Um das leisten zu können, muß die Ausbildung von Pflegekräften und Ärzten intensiviert werden, zum einen im Hinblick auf Kompetenzen in der Gesprächsführung und anderen kommunikativen Techniken, zum anderen aber auch im Hinblick auf die der Thematik zugrundeliegenden anthropologischen und philosophischen Probleme und Sichtweisen. Neben immer wieder anzubietenden Veranstaltungen in einer gewissen Distanz zum Klinikalltag (z. B. Wochenendtagungen, Seminare usw.) sollten in den Kliniken regelmäßige **Gesprächskreise** etabliert werden, an denen alle Beteiligten teilnehmen und in denen über problematische und belastende Situationen gesprochen wird. Ziel derartiger Gesprächskreise ist die Entwicklung sachlich-fachlicher und menschlicher Kompetenz, der Wahrnehmungs- und Artikulationsfähigkeit für die persönlichen Belange der Kranken sowie die Verbesserung und Vertiefung der Kommunikation der Angehörigen des therapeutischen Teams untereinander sowie mit den Kranken und deren Angehörigen. Dazu sind weder Ärzte allein aufgrund ihres Medizinstudiums noch Pflegende allein aufgrund ihrer Krankenpflegeausbildung befähigt. Gesprächskreise und andere mögliche Foren können und sollen nicht nur dazu dienen, problematische Entscheidungen zu besprechen, um damit Entlastung zu schaffen, auch für die, die entscheiden müssen; sie können und sollen auch den Berufsanfängern (Krankenpflegeschülern, Medizinstudenten, Ärzten im Praktikum u. a. m.) Gelegenheit geben, sich in das Gespräch über ethische Problemstellungen einzuüben.

Wichtige Vertrauen begründende Voraussetzungen sowohl für die Sterbebegleitung als auch für die Begleitung der Angehörigen sind **Wahrhaftigkeit** und **Glaubwürdigkeit.** Wie ist beides auszuhalten

- angesichts der Aufklärung über die Schwere einer Krankheit oder eine infauste Prognose?

- angesichts vielleicht sehr unterschiedlicher Maximen der um den Kranken besorgten Personen (Angehörige, Pflegende, Ärzte, Seelsorger u. a. m.) hinsichtlich der Art des Umfanges von Aufklärung?
- angesichts der möglicherweise sehr unterschiedlichen Nähe verschiedener Pflegepersonen und Ärzte zum Kranken?
- angesichts ihrer unterschiedlichen kognitiven und empathischen Fähigkeiten und Erfahrungen?
- angesichts der unterschiedlichen Funktionen bei der Betreuung des Kranken?
- angesichts der unter Umständen wechselnden und sogar widersprüchlichen Einstellungen des Kranken zu seiner Krankheit, auch zu seinem Sterben und seinem Tod?

Derartige Fragen können Gegenstand der Gesprächskreise sein. Individuell ist zu erwägen, ob und inwieweit der Sterbende die Möglichkeit erhalten muß, sich mit der Tatsache, daß er nach menschlichem Ermessen in absehbarer Zeit sterben wird, auseinanderzusetzen; vielleicht auch, wer ihm dabei am engsten zur Seite stehen kann. Die Betreuenden müssen bereit sein (vielleicht auch entgegen ihren eigenen Vorstellungen und Wünschen hinsichtlich „Aufklärung") zu akzeptieren, wie der Sterbende und seine Angehörigen mit der Erfahrung des nahen Todes umgehen – dies gilt selbst dann, wenn der Betroffene seinen Zustand bis zur letzten Minute seines Lebens leugnet.

Eine wichtige Bedingung der guten Betreuung Sterbender ist das **Einbeziehen der Angehörigen**. Diagnostik und Therapie im engeren Sinn werden in den Hintergrund treten und das pflegerische Tun mehr den Charakter bekommen müssen, unmittelbarer für den Kranken dazusein. Im Mittelpunkt sollten der sterbende Mensch und seine Angehörigen stehen. Routinemaßnahmen müssen bei der Betreuung Sterbender verzichtbar werden.

Für eine solche Betreuung Sterbender sind entsprechende räumliche, organisatorische und personelle Bedingungen zu schaffen. Der Sterbende wird die an funktionellen Gesichtspunkten orientierten Abläufe einer Station im Krankenhaus, die vom Klinikpersonal nicht selten als unumstößlich und zwingend angesehen werden, häufig stören. Diese Störung kann im Hinblick auf die Atmosphäre der Station ein heilsames Korrektiv sein, indem sie Anlaß gibt, über Diagnostik-, Behandlungs- und Versorgungsnotwendigkeiten nachzudenken, und vor unüberlegter Routine bewahrt.

Die Einrichtung von Palliativstationen ist in diesem Sinne u. E. keine Garantie für mehr Humanität im Krankenhaus. Es besteht dabei die Gefahr, daß die von der Gesellschaft Ausgegrenzten mit der Einrichtung solcher Stationen innerhalb der Klinik noch einmal ausgegrenzt werden, damit sie, ebenso wie sie schon die Gesellschaft nicht stören sollten, auch das auf Heilung und Hinausschieben des Todes ausgerichtete Stationsleben nicht stören.

9.5 Suizid und Suizidabwendungspflicht

Eine weitere mögliche Begegnung des medizinischen Helfers (ob Pflegekraft oder Arzt) mit Sterben und Tod ist die Konfrontation mit dem Selbstmord bzw. – häufiger – dem Selbstmordversuch sowie dem „Täter", dem Selbstmörder, der frei verantwortlich, willentlich, vorsätzlich oder in der Situation eines aktuellen oder krankheitsbedingten extremen psychischen Eingeengtseins (den Versuch der) Selbsttötung durchgeführt hat.

Ist Selbstmord ethisch vertretbar?

In der Erschließung der Suizidproblematik im Kontext dieses Buches geht es nicht um die psychische Belastung der Pflegekräfte und Ärzte im Umgang mit dem Selbstmörder, sondern um argumentativ vertretbare Wertorientierungen im Hinblick auf eine verantwortbare Begründung des Handelns der Helfer.

Selbstmord ist eine spezifisch menschliche Tat, ein „Privileg des Humanen" (*Améry* 1976), ein Akt existentieller Selbstverweigerung, radikaler Selbstauslöschung, einer kurzschlüssigen, affektiv-reaktiven Problemlösung oder ein Hilferuf aus Einsamkeit oder Ratlosigkeit – die Vielfalt möglicher Motivationen für den Selbstmord sei damit nur angedeutet.

In dem zweiten Fallbeispiel wird eine Spannung deutlich: der akut Hilfe fordernde Tatbestand des Selbstmordversuchs eines Menschen, dessen ernstliche Absicht, aus dem Leben zu gehen, in einem Abschiedsbrief festgehalten ist, der aber wenig später wieder konkrete Bewältigungsmöglichkeiten für seine Zukunft sieht und keine anhaltende Suizidalität erkennen läßt. Um ihn herum Pflegepersonen und Ärzte, die trotz Kenntnis der Ernsthaftigkeit des Entschlusses rechtlich zur Folgenabwendung bei Intoxikationen verpflichtet sind mit allen ihnen (sic!) zumutbaren Mitteln; sie sind auch verpflichtet, zu beurteilen, inwieweit nach Überwindung der akuten Gefahr weitere physische und psychische Hilfen notwendig sind.

Zu unterscheiden ist die Frage ethischer Verantwortbarkeit des Selbstmordes von der Frage zu verantwortender Maximen des Eingreifens in die Autonomie des Selbstmörders durch Helfer. In unserer wertepluralen Gesellschaft gibt es keine einhellig akzeptierte, religiös oder philosophisch verwurzelte Einstellung zur Frage des Wertes des eigenen Lebens und der Verfügbarkeit darüber. Letztbegründungen greifen auf ein sehr unterschiedlich säkular oder religiös geprägtes Selbstverständnis der Menschen zurück. Dabei sieht sich der einzelne (mindestens in der Situation des beabsichtigten Selbstmordes) gegenüber der ihn umgebenden Gemeinschaft (Familie, Gesellschaft, Staat) meist als höherwertig an, möglicherweise geleitet von den spezifischen Kriterien des Humanen wie Freiverantwortlichkeit, Selbstverfügung, Fähigkeit zur freien Willensentscheidung und Menschenwürde, die durch Krankheit, Not oder psychische Belastungen gefährdet oder eingeschränkt sein können. Auch können sozialethische Argumente den Suizid rechtfertigen (Entlastungen von Mitmenschen, Verhinderung von Not für andere a. v. a. m.). Den Argumenten für die Rechtfertigung des Selbstmordes können ebenso verantwortbare und wertorientierte Argumente gegen eine Rechtfertigung des Selbstmordes gegenüber gestellt werden (Unverfügbarkeit des geschenkten, auch des sozial verpflichtenden Lebens, Selbstmord ein widernatürlicher Akt gegen das Leben, höhere Bewertung geistiger und geistlicher Fähigkeiten angesichts physischer und psychischer Not u. v. a. m.).

Angesichts verantwortbarer und wertorientierter Argumente **für** und **gegen** den Suizid erscheint dieser **moralisch indifferent**.

Wie ist die juristisch fixierte Hilfeleistungs- und Suizidabwendungspflicht gegenüber dem frei verantwortlichen Entschluß einer autonomen Person, Hand an sich zu legen, ethisch zu begründen?

Die Intervention zur Suizidabwendung ist ein **Eingriff in die Autonomie** des in Selbsttötungsabsicht handelnden Menschen und als solche ethisch problematisch. Auch wenn eine Suizidhandlung aus freiem Willen möglich ist und respektiert werden muß, liegt doch in der Mehrzahl der Fälle eine (nicht zwingend krankheitsbedingte) aktuelle psychische Not vor, so daß die Suizidhandlung zumindest zunächst einmal als Ausdruck von (vielleicht nur vermuteter) Hilflosigkeit angesehen werden kann; oft handelt es sich um einen Hilferuf, einen Appell an Mitmenschen.

Angesichts dieser Sachlage und der Unmöglichkeit für den Helfer, in der konkreten Situation der Hilfebedürftigkeit eine Differenzierung vorzunehmen, kann die **Hilfeleistungs-** und **Suizidabwendungspflicht** nach dem Prinzip „in dubio pro vita“ ethisch begründet werden. Ihre rechtliche Verankerung ist als Basis einer moralischen Verpflichtung zu physischer und psychischer Hilfeleistung für den – wenn zum Leben zurückgebracht – wieder autonom entscheidungsfähigen Menschen zu verstehen, für die Allgemeingültigkeit beansprucht werden kann. Dieses Ziel der geforderten Hilfeleistung rechtfertigt auch Maßnahmen momentaner Freiheitsbeschränkung (Hospitalisierung, evtl. Zwangsernährung usw.).

Die Helfer müssen sich aber stets dessen bewußt sein, daß sie mit ihrer Intervention das Recht des Betroffenen auf Selbstbestimmung verletzen können – nicht immer wird der wieder wach gewordene Mensch, der dies nach einem Selbstmordversuch so sieht, dies auch so äußern. Es entsteht so die Gefahr, ethisch gut begründet etwas moralisch nicht zu Rechtfertigendes zu tun; es ist damit die Dimension des **Schuldigwerdens** (nicht im juristischen Sinne) angesprochen, die als Möglichkeit jeder Entscheidung eigen ist. Ferner müssen die Helfer bedenken, daß ihre Intervention auch deshalb scheitern kann, weil sie den Lebensmüden mit den ihnen aktuell zur Verfügung stehenden Mitteln vielleicht nicht aus seiner inneren Not herausführen können, d. h., daß es ihnen unter Umständen nicht gelingt, ihm wieder eine Perspektive für sein Leben aufzuzeigen.

Die juristisch fixierte Hilfeleistungs- und Suizidabwendungspflicht und deren Befolgung sind demnach ethisch nur zu rechtfertigen durch die Annahme einer nur momentanen und (spontan oder durch fremde Hilfe) überwindbaren Notsituation bei dem Menschen, der Hand an sich legen will, d. h. auch der Annahme, daß ihm das Leben wieder lebenswert und der Anlaß für seine Handlung nichtig werden kann.

Die (derzeit in Deutschland geltende) juristisch wie ethisch problematische **Straffreiheit der Beihilfe** zum Selbstmord (nicht für den Arzt, dessen Garantenstellung in Frage gestellt wäre) wie auch der Nichthinderung des Suizids (sofern diese nicht als Verletzung der Hilfeleistungspflicht zu werten ist) wurzelt in der Achtung vor der Autonomie und Freiverantwortlichkeit auch des Selbstmörders. Die Toleranz gegenüber der autonomen Person erfordert aber die Offenheit, die eigene Haltung nicht zum Maßstab für die Bewertung der Handlung eines anderen zu machen; sie entbindet aber weder juristisch noch ethisch von der Hilfeleistungspflicht.

Literaturempfehlungen

Aichelin, H. et al. (1979): Tod und Sterben. Gütersloh
Die Verfasser (aus Theologie, Medizin, Pädagogik, Psychologie) der sechs Aufsätze bieten für Diskussionsgruppen Material aus der modernen Literatur, der Medizin, der Philosophie und der Religion.

Améry, J. (1976): Hand an sich legen. Diskurs über den Freitod. Klett-Cotta, Stuttgart
Améry hält kein Plädoyer für den Freitod. Er schreibt über den Freitod aus der „Innenansicht" des Suizidärs und bestreitet aber, daß aus dem Leben zu gehen notwendig die Folge eines krankhaften Prozesses ist. Der Freitod sei „Privileg des Humanen".

Ariès, P. (1981): Studien zur Geschichte des Todes im Abendland. Carl Hauser, München
Bei dem Buch handelt es sich um eine großangelegte Kulturgeschichte des Sterbeverhaltens und der Einstellung zum Tod vom frühen Mittelalter bis zur Gegenwart.

Baust, G. (1992): Sterben und Tod. Medizinische Aspekte. Ullstein-Mosley, Berlin
Der Autor hat in dem Buch eine Fülle von Materialien zu der Problematik „Sterben und Tod in der Medizin" zusammengetragen. Er geht dabei vor allem auf die Methoden zur Abwendung des Sterbens ein sowie auf Definitionsprobleme, die sich durch die moderne Medizin ergeben.

Baumann, J. (Hrsg.) (1986): Alternativ-Entwurf eines Gesetzes über Sterbehilfe. Entwurf eines Arbeitskreises von Professoren des Strafrechts und der Medizin. Thieme, Stuttgart
Es handelt sich um den Entwurf einer Ergänzung des Strafgesetzes, der sich mit den Grenzen der Strafbarkeit passiver und indirekter Sterbehilfe sowie der Nichthinderung des Suizids befaßt. Im Anhang sind der Auszug aus dem deutschen Strafgesetzbuch, die Richtlinien für Sterbehilfe der *Schweizerischen Akademie der Wissenschaften*, die Resolution zur Behandlung Todkranker und Sterbender der *Deutschen Gesellschaft für Chirurgie* (1979), die Richtlinien für die Sterbehilfe der *Deutschen Bundesärztekammer* (1979), der Auszug aus einem Gesetzentwurf der niederländischen Regierung von 1985/86 und der „National Death Act of California" (1976) enthalten.

Bron, B.: Suizid und Freiheit. MMG 9 (1984) 47–60
In diesem Aufsatz werden verschiedene philosophische Positionen zum Suizid, theologische Stellungnahmen sowie juristische Aspekte des Suizidproblems dargestellt und die Probleme extrem individualistischer und liberalistischer Tendenzen aufgezeigt. Der Position, die für die freie Entscheidung zum Suizid eintritt, wird die grundsätzliche Einschränkung der Freiheit bei der Entscheidung zum Suizid entgegengestellt, woraus sich die Notwendigkeit umfassender therapeutischer Hilfe ergebe.

Bron, B.: Suizid und Freiheit. Pflegezeitschrift 47,1 (1994) 8–11
Ähnliche Diktion; im übrigen ist das ganze Heft, in dem dieser Aufsatz erscheint, dem Thema „Suizid" gewidmet.

Eibach, U. (1974): Recht auf Leben – Recht auf Sterben. Theologischer Verlag Rolf Brockhaus, Wuppertal
Der Autor diskutiert auf der Grundlage eines theologisch und anthropologisch begründeten Verständnisses des Todes die Probleme von Leben und Tod sowie Leiden und Würde des Menschen aus medizinischer, psychologischer und biblischer Sicht.

Eibach, U.: Der Tod und das Selbstverständnis von Ärzten und Pflegenden. Dtsch. Krankenpfl.-Z. 41,1 (1988) 2–7
Der Autor geht in dem Aufsatz auf den Wandel in der Auffassung von Leben und Tod in der modernen Medizin ein und fragt danach, ob ärztliches und pflegerisches Selbstverständnis sich so decken sollen und müssen, wie es in der Realität vielfach der Fall ist. Er erörtert das christliche Todesverständnis und stellt die Bedeutung desselben für die Orientierung bezüglich des Handelns sowohl von Ärzten als auch von Angehörigen der Pflegeberufe heraus.

Eibach, U.: Umgang mit Wahrheit bei lebensbedrohlichen Erkrankungen aus der Sicht des Seelsorgers. Dtsch. Krankenpfl.-Z. 44,12 (1991) 864–868
Der Autor diskutiert die Wahrheitsfrage im Kontext der Todesverdrängung, geht auf die Problematik von Wahrheit und Richtigkeit der Diagnose ein und fragt schließlich danach, wer kompetent ist, die Wahrheit zu sagen.

Elias, N. (1990[6]): Über die Einsamkeit der Sterbenden. Suhrkamp, Frankfurt
Der Autor betrachtet aus soziogenetischer und psychogenetischer Perspektive die Tendenzen in zeitgenössischen Gesellschaften, vor allem die in diesen Gesellschaften vorhandenen Todesbilder und damit die Art und das Ausmaß der sozialen Verdrängung des Todes sowie, welche Auswirkungen dies auf den Betroffenen hat.

Ennulath, A.: 1987: Unser Bild vom alten Menschen. Dtsch. Krankenpfl.-Z. 40,4 (1987) 204–206
Die Autorin reflektiert über ihr Verständnis vom Alter sowie das der Gesellschaft, z. B. wie es in der Wirkung zum Ausdruck kommt.

Eser, A. (Hrsg.) (1976): Suizid und Euthanasie als human- und sozialwissenschaftliches Problem. Enke, Stuttgart
Die Problemkreise „Suizid“ und „Euthanasie“ werden in diesem Buch zusammengeführt und sowohl aus empirischer als auch aus normativer Sicht diskutiert. Dabei ist die Einsicht leitend, daß infolge der medizinischen Möglichkeiten der Mensch nicht nur vor einer mißbräuchlichen Lebensverkürzung zu schützen ist, sondern auch vor einer aufgedrängten Lebensverlängerung.

Fritsche, P. (1979): Grenzbereich zwischen Leben und Tod (klinische, juristische und ethische Probleme). Thieme, Stuttgart
Der Autor behandelt sensibel und kompetent Fragen der Wiederbelebung und der Intensivmedizin am Lebensende, die Todeskriterien und die Problematik des Todeszeitpunktes. Durch zahlreiche Fallbeispiele kann das Buch vor allem auch für den Unterricht nützlich sein.

Haenel, T. (1989): Suizidhandlungen. Neue Aspekte der Suizidologie. Springer, Heidelberg
In dem Buch werden die neuen Ergebnisse der Suizidforschung referiert; der Schwerpunkt liegt auf psychiatrischen Gesichtspunkten; die Suizidprophylaxe nimmt einen breiten Raum ein.

Helber, A.: Beim Sterben helfen – Hilfe zum Sterben, wo ist die Grenze? Dtsch. Krankenpfl.-Z. 41,1 (1988) 20–24
Ausgehend von Veränderungen, die sich hinsichtlich des Sterbens in unserer Gesellschaft ergeben haben, erörtert der Autor, wer die entscheidende Instanz hinsichtlich der zu ziehenden Grenze des Heilauftrages ist, und geht schließlich auf die Bedingungen des Umgehens mit Sterbenden ein.

Hoff, J., in der Schmitten, J. (Hrsg.) (1994): Wann ist der Mensch tot? Reinbek, Hamburg
In den Beiträgen dieses Buches wird kontrovers diskutiert, inwieweit das Hirntod-Kriterium als entscheidende Voraussetzung für die Entnahme von Organen ethisch gerechtfertigt werden kann.

Kautzky, R. (1976): Sterben im Krankenhaus – Aufzeichnungen über einen Tod. Herder, Freiburg
Die sehr ausführlichen und persönlichen Aufzeichnungen der Ehefrau eines im „System“ Krankenhaus Verstorbenen veranschaulichen eindrücklich die dem Krankenhauspersonal meist verborgene Erlebnis- und Erfahrungsebene des Krankseins zum Tode in den Denk-, Handlungs- und Organisationsstrukturen der modernen medizinischen Institutionen.

Kruse, T., Wagner, H. (Hrsg.) (1986): Sterbende brauchen Solidarität – Überlegungen aus medizinischer, ethischer und juristischer Sicht. C. H. Beck, München
Das Buch ist als Einführung zu Fragen der Sterbebegleitung, Aufklärung in Grenzsitua-

tionen sowie der Hilfe beim Sterben sehr hilfreich wegen seiner klaren Begrifflichkeit.

Kuhlendah, H. (1970^2): Zwischen Leben und Tod. In: *Schlemmer, J.* (Hrsg.): Was ist der Tod? Piper, München
Der Autor geht aus der Sicht des Neurochirurgen auf die Grenze zwischen Leben und Tod ein.

Leist, A. (Hrsg.) (1990): Um Leben und Tod – Moralische Probleme bei Abtreibung, künstlicher Befruchtung, Euthanasie und Selbstmord. Suhrkamp, Frankfurt a. M.
Die Beiträge bearbeiten viele wichtige Konfliktfragen und enthalten Hinweise auf grundlegende und aktuelle Literatur.

Lenzen, D. (1991): Krankheit als Erfindung. Medizinische Eingriffe in die Kultur. Fischer, Frankfurt a. M.
Der Autor beschäftigt sich mit der Verflechtung von Medizinsystem und Kultur, u. a. im Hinblick auf die Rolle des Arztes im Zusammenhang von Sterben und Tod.

Noll, P. (1984): Diktate über Sterben und Tod. Pendo, Zürich
Der Autor, Jurist, schreibt in diesem Buch über Gründe seiner Entscheidung, sich nicht wegen des bei ihm festgestellten Blasenkrebs behandeln zu lassen.

Pflanz, M. (1970^2): Der unnatürliche Tod. In: *Schlemmer, J.* (Hrsg.): Was ist der Tod. Piper, München
Der Autor nimmt eine Unterscheidung zwischen natürlichem und unnatürlichem Tod vor, wonach der unnatürliche Tod als vermeidbarer verstanden wird. Der Autor beleuchtet im weiteren einige Aspekte der Todesursachenstatistik in der Bundesrepublik.

Rest, F. (1989): Sterbebeistand, Sterbebegleitung, Sterbegeleit – Studienbuch für Krankenpflege, Altenpflege und andere. Kohlhammer, Stuttgart
Dem Autor geht es um die Vermittlung von Möglichkeiten der psychosozialen Betreuung Sterbender in der Orientierung an dessen oft nonverbal signalisierten Bedürfnissen, Sorgen, Ängsten und Hoffnungen.

Schreiner, P.-W., Matthaei, P.: Trauer im Krankenhaus. Dtsch. Krankenpfl.-Z. 44,12 (1991) 846–850
Die Autoren untersuchen die Schwierigkeiten, im Krankenhaus Trauerarbeit zuzulassen.

Sporken, P. (1991): Die Sorge um den kranken Menschen – Grundlagen einer neuen medizinischen Ethik. Patmas, Düsseldorf
Es handelt sich um ein kurzes Lehrbuch der medizinischen Ethik aus christlich-katholischer Sicht.

Tausch, A.-M., Tausch, R. (1985): Sanftes Sterben – Was der Tod für das Leben bedeutet. Reinbek
Es handelt sich um die Schilderung der Selbsterfahrung von A.-M. Tausch, die an Krebs erkrankt war, und der Erfahrungen bei der Begleitung Sterbender und ihrer Angehörigen im Trauerprozeß.

Thielicke, H. (1980): Wer darf sterben? – Grenzfragen der modernen Medizin. Herder, Freiburg
Der Autor behandelt aus evangelisch-theologischer Sicht Fragen der Sterbehilfe, der Wahrheit am Krankenbett und, ob wir ein Recht haben, einen Selbstmord zu verhindern oder das Leben durch Organtransplantationen zu verlängern.

Uexküll, T. v. (1973): Das Verhältnis der Heilkunde zum Tode. In: Sudloff, D.: Organisiertes Sterben. Eine soziologische Untersuchung. Fischer, Frankfurt a. M.
Der Autor analysiert die Bedeutung, die der Institution Krankenhaus im Zusammenhang mit Sterben und Tod in den Industriegesellschaften zukommt, und wie sich dies auf die in dieser Institution Tätigen auswirkt.

Winau, R., Rosemeier, H. P. (Hrsg.) (1984): Tod und Sterben. De Gruyter, Berlin
Es handelt sich um die Dokumentation einer Vorlesungsreihe mit Beiträgen aus der Medizingeschichte, der Kunst- und Literaturgeschichte, der Philosophie und Theologie sowie der Psychologie zu Todesvorstellungen und zur Sterbebegleitung bei verschiedenen Patientengruppen, auch in den sozialen Organisationsstrukturen des Krankenhauses.

Wulf, B.: Sterbebegleitung: Eine erwerbbare Handlungskompetenz? Dtsch. Krankenpfl.-Z. 41,11 (1988) Beilage
In dieser Arbeit werden die Bedingungen der Entwicklung einer Kompetenz in Sachen Sterbebegleitung in der Ausbildung von Pflegekräften analysiert und entsprechende Konzepte vorgestellt.

10 Transplantationsmedizin

Bettina Schöne-Seifert

Fragen

- Wird Organtransplantation dadurch moralisch „anrüchig“, daß sie den Tod der Organspender voraussetzen muß?
- Gibt es eine moralische Pflicht, sich zu einer Organspende nach dem eigenen Tod bereit zu erklären? Soll und darf die Gesellschaft diese Bereitschaft „anmahnen“?
- Welche rechtlichen Regelungen der postmortalen Organspende sind vertretbar; welche wäre die beste - aus welchen Gründen?
- Unter welchen Umständen wäre eine Lebendspende von Organen moralisch zulässig?
- Bricht die Hirntod-Definition mit unserer traditionellen Todesvorstellung, um vornehmlich die Organbeschaffung sicherzustellen?
- Nach welchen Kriterien sollen die knappen Transplantate verteilt werden? Welches Gewicht sollen etwa Prognosen über die Funktionsdauer des Transplantats haben?
- Ist es richtig, der ständig steigenden Nachfrage nach Transplantaten nach besten Kräften zu entsprechen? Was folgt für Menschenbild und Wertesystem?

10.1 Voraussetzungen: Fakten, Zahlen und Begriffe

Organ- und Gewebeverpflanzungen gehören inzwischen zum Standardrepertoire der modernen Medizin. Nicht nur in Deutschland - das im Vergleich mit manchen europäischen Ländern und den USA eher bescheidene Transplantationsraten aufzuweisen hat - steigen die Zahlen der durchgeführten Operationen, gelingen zunehmend mehr Verpflanzungsarten, steigen die Erfolgsquoten.

1954 gelang dem Chirurgen *Murray* (Nobelpreis: 1990) in Boston die erste Nierentransplantation zwischen eineiigen Zwillingen. Verbesserte Operationstechniken sowie große Fortschritte auf den Gebieten der Schockbekämpfung, der Organkonservierung und später vor allem der Immunsuppression ermöglichten immer bessere Ergebnisse dieser Behandlungsmethode und führten zu ihrer raschen Verbreitung: 1969 wurde zur effizienteren Vergabe von Transplantaten in Leiden die Organbank „Eurotransplant“ gegründet; 1970 wurden in der Bundesrepublik bereits 61 Nieren transplantiert; 1992 wurden in Deutschland in 37 Transplantationszentren (davon 6 in der ehemaligen DDR), 2092 Nieren, 512 Herzen, 502 Lebern und 31 Bauchspeicheldrüsen transplantiert (persönliche Mitteilung des Kuratoriums für Dialyse und Nierentransplantation) sowie mehr als 2500 Augenhornhäute und ca. 800 mal Knochenmark.

Die Chancen dafür, daß ein Transplantat überlebt und funktioniert, variieren in Abhängigkeit von der Art des Organs, der Grunderkrankung und der Gewebeverträglichkeit des Transplantats. Für Nieren etwa liegt die Funktionsquote bei 80 %–90 % nach einem Jahr; sie fällt allerdings im Langzeitverlauf wieder leicht ab - u. a. durch das bisher weitgehend ungelöste Problem der chronischen Transplantatabstoßung. Es steht außer Frage, daß eine Organverpflanzung für die meisten Patienten mit endgültigem Nierenversagen die beste Behandlungsform ist. Zwar besteht die Alternative einer langfristigen Dialysebehandlung; aber sie erfordert zahlreiche massivste

Einschränkungen ihrer Patienten, birgt die Gefahr von Folgeerkrankungen und bewirkt somit eine drastische Einbuße der subjektiven Lebensfreude.

Bei der Verpflanzung von Herzen, Lebern oder Knochenmark liegen die Erfolgschancen insgesamt niedriger; es bestehen aber andererseits keine dauerhaft wirksamen Behandlungsalternativen für die tödlichen Grunderkrankungen.

Die genannten Operationszahlen decken keineswegs den bestehenden **Bedarf**: Ende 1992 warteten in Deutschland 7800 registrierte Patienten auf eine Niere (der eigentliche Bedarf wird noch höher geschätzt); und auch für alle anderen Organe besteht hohe ungedeckte Nachfrage; häufig sterben die auf Wartelisten gesetzten Patienten.

Außer im Fall des (regenerierbaren) Knochenmarks stammen die Transplantate ganz überwiegend aus **Leichnamen**, deren Tod durch Ausfall der gesamten Hirnfunktion erfolgte („Hirntod" infolge schwerer Verletzungen, Tumoren oder Blutungen), deren Herz- und Kreislaufsystem bis nach der Organentnahme jedoch noch künstlich aufrechterhalten wird (vgl. Kap. 9.2). Die weitere Funktionstüchtigkeit von Organen hängt nämlich u. a. daran, daß diese nur für eine minimale Zeitspanne ohne Durchblutung bleiben (sog. warme Ischämiezeit), bevor sie in gekühlter Nährlösung zum Empfänger transportiert werden. **Lebendspenden** sind vor allem bei nichtgenerierbaren Organen problematisch, und sie werden natürlich überhaupt nur für paarige Organe oder Organteile (neuerdings etwa bei der Leber möglich) diskutiert, deren Explantation für den Spender zwar gewisse gesundheitliche Risiken aufwirft, aber grundsätzlich mit voller physischer Funktionsfähigkeit vereinbar ist. Solche Lebendspenden werden hierzulande aufgrund ethischer Bedenken dennoch sehr restriktiv gehandhabt (allenfalls Verwandtenspende) – im Gegensatz etwa zu den USA oder Skandinavien, wo über 20 % der Nieren von lebenden Spendern stammen.

Nach entsprechenden Hochrechnungen (*Angstworm* 1987) könnte der bestehende Organbedarf zur Zeit gedeckt werden, wenn alle dafür in Frage kommenden Hirntoten als Spender fungierten, ja wenn auch nur in jedem solchen Fall die Angehörigen gefragt würden und dann mit der üblichen Häufigkeit (von z. Zt. 70 %) einer Organentnahme zustimmten. Allerdings ist abzusehen, daß selbst dies in Zukunft nicht mehr der Fall sein wird, denn einerseits wird die Indikationsstellung für eine Transplantation stetig erweitert werden, andererseits wird die Zahl der Verkehrstoten durch erhöhte Verkehrssicherheit und Geschwindigkeitsbegrenzungen – hoffentlich – weiter sinken. Gegenwärtig aber resultiert der Organmangel daraus, daß ein erheblicher Teil der dafür in Frage kommenden Organe nicht zur Transplantation zur Verfügung gestellt wird.

Voraussetzung für eine posthume Organentnahme sind in Deutschland, wo diese und andere Fragen bisher nicht durch ein eigenes Transplantationsgesetz geregelt sind, entweder die antizipierende **Zustimmung des Spenders zu Lebzeiten** (z. B. durch „Organspende-Ausweis") oder die stellvertretende **Zustimmung seiner Hinterbliebenen**. Diese geltende Regelung wird aus den grundgesetzlich geschützten Persönlichkeitsrechten bzw. aus dem Totensorgerecht der Angehörigen hergeleitet. Letztgenannte haben nach überwiegender rechtlicher Ansicht kein eigenes Verfügungsrecht über den Leichnam, sondern sollen dasjenige des Verstorbenen stellvertretend für ihn wahrnehmen. Trotz landesweiter Informations- und Werbekampagnen werden bei weniger als 1 % der Hirntoten Spenderausweise gefunden. In der Praxis erfolgt die Einwilligung zur Organentnahme daher fast ausschließlich durch die Angehörigen. Wie oft deren Entscheidung auf deutliche Willensbekundungen des Verstorbenen (in Gesprächen etc.), oder auf den ihm nur unterstellten Willen, oder auf den Wunsch der Angehörigen selbst zurückgeht, läßt sich kaum ausmachen. Unklar ist auch, wie häufig es nur deswegen zu keiner Einwilligung der Angehörigen kommt, weil diese gar nicht oder nicht in angemessener Weise gefragt werden. Diesen letztgenannten Grund jedenfalls halten viele für maßgeblich.
Immer wieder ist der Ruf nach einem

Transplantationsgesetz laut geworden. Eine Initiative des Gesetzgebers 1978 scheiterte, weil man sich zwischen den Vorschlägen einer „erweiterten Zustimmungs-" und einer „Widerspruchslösung" (siehe unten) nicht einigen konnte. Seitdem sind von verschiedenen Seiten alternative Gesetzentwürfe erarbeitet worden, die vor allem mit dem Hinweis auf die für notwendig erachtete Rechtssicherheit befürwortet werden. Manche Seiten - etwa die Patientenverbände - erhoffen sich von einer entsprechenden gesetzlichen Regelung ausdrücklich auch eine Erhöhung der Spendequoten, andere finden eine solche Intention und ihre rechtliche Umsetzung unvertretbar. Der Dissens bezieht sich dabei im wesentlichen auf den Regelungsmodus der postmortalen Spende, für den es prinzipiell sechs Varianten gibt, die zumindest nach Meinung vieler Juristen allesamt verfassungskonform wären, jeweils sehr unterschiedliche Resonanz hervorrufen und hitzige Kontroversen auslösen, die primär ethischer, und erst in zweiter Linie rechtlicher Natur sind:

1. Enge Zustimmungsregelung: Organentnahme nur bei Einwilligung des Spenders zu Lebzeiten; Angehörige dürfen nur involviert werden, wenn der Verstorbene sie dazu schriftlich autorisiert hat. Als Ergänzung hierzu könnte man eine Entscheidungspflicht einführen, derzufolge jedermann beim Einreichen seiner Steuererklärung, beim Erhalt seines Führerscheins oder bei einer ähnlich verbreiteten „amtlichen" Gelegenheit eine Erklärung für oder gegen eigene posthume Organspende abgeben müßte (sog. „Erklärungslösung"),(z. B. AMA-Report 1994).

2. Enge Widerspruchsregelung: Entscheidend ist wiederum allein der Wille des Verstorbenen: Hat er zu Lebzeiten einer Spende nicht widersprochen, wird ihm stillschweigende Zustimmung unterstellt, so daß Organe entnommen werden dürfen (geltendes Recht z. B. in der ehemaligen DDR, in Österreich und Belgien, wo in der Praxis aber wohl eine erweiterte Widerspruchslösung praktiziert [s. u.] wird).

3. Erweiterte Zustimmungsregelung: Organentnahme bei Zustimmung des Verstorbenen oder (wenn von diesem keine Willensbekundung vorliegt) der Angehörigen (z. Z. faktische Handhabung in Deutschland).

4. Erweitere Widerspruchsregelung: Organentnahme darf nur dann nicht erfolgen, wenn entweder der Verstorbene zu Lebzeiten oder aber die Hinterbliebenen eine Spende untersagen. Unterbliebener Widerspruch wird jeweils als stillschweigende Zustimmung gewertet (tatsächliche Praxis in den Ländern mit enger Widerspruchsregelung).

5. Informationsregelung: Die so bezeichnete Handhabung entspricht einer erweiterten Widerspruchsregelung, „modifiziert" durch Informationspflicht der Angehörigen über das Explantationsvorhaben, dem diese dann widersprechen können. Erfolgt kein Widerspruch, können die Organe entnommen werden (Gesetzesvorschlag von 1990, durch eine renommierte Arbeitsgruppe beim Niedersächsischen Ministerium für Wissenschaft und Kultur erarbeitet; von der SPD im Niedersächsischen Landtag eingebracht; von den beiden Kirchen für akzeptabel befunden).

6. Anfrageregelung: So könnte eine hierzulande erstaunlich wenig diskutierte Regelung genannt werden, nach der eine erweiterte Zustimmungslösung „modifiziert", nämlich an eine Anfragepflicht bei den Angehörigen gekoppelt würde. Diese müßten also, wenn nicht schon die Zustimmung des Verstorbenen vorliegt, immer gefragt werden, müßten einer Organentnahme aber explizit zustimmen, bevor sie erfolgen dürfte (als „required request" in einigen US-Staaten geltend).

Systematisch betrachtet stehen sich hier also jeweils dreimal Zustimmungs- und Widerspruchsregelungen gegenüber: In ihren „engen" Varianten berücksichtigen sie allein den Willen des Verstorbenen, „erweitert" auch den der Angehörigen. In „modifizierter" Form verpflichten sie außerdem zu einem informierenden/anfragenden Gespräch mit den Angehörigen. Eine ethische Bewertung dieser Alternativen folgt im nächsten Abschnitt.

Die Verteilung der Organe in der geschilderten Mangelsituation erfolgt - meist über die Eurotransplantzentrale in Leiden - in erster Linie nach den „medizinischen“ Kriterien der Gewebeverträglichkeit und (z. T.) der Dringlichkeit, in zweiter Linie nach Dauer der Wartezeit, während andere prognostische Kriterien für die Dauer oder Qualität des durch eine Transplantation zu erzielenden Weiterlebens ebenso wenig berücksichtigt werden sollen wie etwa der familiäre oder soziale Status eines Patienten. Diese in mancher Hinsicht umstrittenen Verteilungsprinzipien hat die Arbeitsgemeinschaft der Deutschen Transplantationszentren erarbeitet.

10.2 Problemfelder und ihre ethischen Kontroversen

Das Transplantieren eines Organs wird - darüber herrscht wohl inzwischen weitgehende Einigkeit - als etwas **grundsätzlich Zulässiges** angesehen. Dennoch besteht erhebliche Uneinigkeit über die moralische Bewertung von Organspenden und über deren mögliche gesellschaftliche Regelungen. Hinter solcher Uneinigkeit können am Ende nur unterschiedliche Werturteile über Transplantationen hinsichtlich

1. ihres Wohltätigkeitspotentials für den Organempfänger, oder
2. ihres Schadenspotentials für den Spender, oder
3. ihrer tiefergehenden Gefahren für die Gesellschaft stehen.

Kontroversen über den **1.** Aspekt - Nutzen für den jeweiligen Organempfänger - spielen in der allgemeinen Diskussion eine geringe Rolle. Insbesondere bei der Nierentransplantation läßt sich auch überhaupt nicht daran zweifeln, daß ein Leben ohne andauernde Blutwäsche in vieler Hinsicht unsäglich unbeschwerter ist. Immer wieder, das kann jeder Transplantationschirurg bestätigen, fühlen sich nierentransplantierte Patienten wie neugeboren, finden den Aufwand einer Transplantation auch dann im nachhinein mehr als lohnend, wenn das Organ nach einem oder zwei Jahren abgestoßen wird. Und wenn auch die Erfolgsraten bei manchen Patientengruppen, denen andere Organe eingepflanzt werden, deutlich schlechter stehen, so geht es dort doch ums Überleben selbst und im Erfolgsfall gleichfalls um ein Weiterleben mit oft sehr guter „Qualität“. Zweifellos besteht - wie überall in der Medizin - die Gefahr, daß Patienten die Strapazen und Mißerfolgsrisiken einer Organverpflanzung unterschätzen. Gewiß sollte einem grenzenlosen Transplantationsoptimismus entgegengewirkt werden. Aber insgesamt erscheint es unverständlich, nicht zu sehen, daß die Verpflanzung einer Niere oder Leber für zahllose einzelne Menschen das Geschenk ihres Lebens ist.

Eine entsprechende deutlich positive Wertung von Transplantationen spricht aus der Stellungnahme der beiden großen Kirchen, nach welcher Spendeverfügungen sehr dezidiert als eine aus christlicher Sicht begrüßenswerte Möglichkeit bezeichnet werden, „über den Tod hinaus sein Leben in Liebe für den Nächsten hinzugeben“ (Erklärung der Deutschen Bischofskonferenz 1990) - eine Empfehlung, die innerkirchlich kritisiert wird, weil sie Lebensverlängerung im Diesseits überbewerte und dem Fortschrittsglauben verfalle. Der erste Aspekt verlangt, denke ich, nach einer Differenzierung in Spender- und Empfängerperspektive: Selbst wenn eine solche Mindergewichtung weltlichen Lebens aus manches Theologen Sicht den Kranken anzuraten wäre, bleibt die Organspende dennoch ein Akt immenser Wohltätigkeit gegenüber jenen Patienten, die diese Sicht nicht teilen. Folgt dies nicht aus der - auch von den Kirchen geteilten - Anerkennung eines Wertepluralismus?

Zu diskutieren aber bleiben die Schadenspotentiale der Transplantationsmedizin für **2.** die konkreten Spender und **3.** die Gesellschaft im ganzen.

Spenderrechte und Spenderpflichten?

Dem dezidierten Wohl eines anderen zu dienen - also sein Leben zu verlängern oder sein Leiden zu mindern - wird in allen theologischen und säkularen ethischen Theorien dann als eine moralische **Verpflichtung** bewertet, wenn die entsprechende (prinzipiell zulässige) Handlung dem Handelnden selbst keine unzumutbaren Opfer abverlangt. Von einer „moralischen Pflicht zur Organspende“ sprechen aber in der gegenwärtigen Diskussion über postmortale Explantation, um die es hier zunächst gehen soll, nur wenige (eine bemerkenswerte Ausnahme macht etwa der verstorbene Moraltheologe *Franz Böckle*, z. B. in *Toellner* 1991).

Was so offensichtlich unterschiedlich bewertet wird, müssen also Zumutungen und Kränkungen für den (potentiellen) Spender sein. Hierbei geht es um Verletzung der Pietät gegenüber Toten, vor allem aber um das individuelle moralische **Verfügungsrecht** der Lebenden über das, was mit ihren Leichnamen geschieht. Verfügungsgegenstand ist dabei zum einen eben die Behandlung des eigenen Leichnams gemäß **eigenen** Vorstellungen von Würde, Pietät und Moralität, zum anderen (vermeintlich) der Modus des Sterbens. Darüber, daß solche moralischen Werte zu schützen seien, herrscht Einigkeit; das zeigt die praktisch einhellige Ablehnung jener radikalen Spenderegelung, nach der alle Leichen zum Zweck der Organentnahme einfach freigegeben würden, nach der also auch eine rechtliche Spendepflicht postuliert würde. Unterschiede bestehen aber hinsichtlich der Gewichtung dieser moralischen Güter.

Die Richtlinien aller Transplantationszentren sowie wohl alle existierenden Transplantationsgesetze verbieten den pietätlosen Umgang mit Spenderleichnamen, etwa deren ästhetische Verunstaltung. Dennoch mag allein die Vorstellung, daß der eigene Körper oder der eines Nahestehenden einfach aufgeschnitten und teilweise „ausgeweidet“ wird, für viele Menschen sehr unangenehm sein. Noch gewichtiger sind die Vorbehalte derjenigen Menschen, die eine Organspende aufgrund religiöser oder weltanschaulicher Vorstellungen für unzulässig halten. Aber weder die einen noch die anderen Bedenken scheinen in aller Regel für die zögerliche Spendebereitschaft verantwortlich zu sein; das belegt die Tatsache, daß (in allen westlichen Ländern) sehr viel mehr Menschen der Organentnahme bei Angehörigen zustimmen (bzw. im eigenen Fall damit einverstanden wären, daß ihre Angehörigen eine Organspende befürworteten), als daß sie ihre eigene posthume Spende verfügten. Solcher Vorausverfügung stehen offenbar sehr häufig reine Gedankenlosigkeit, Verdrängen des eigenen Todes oder Mißtrauen gegenüber den Hirntodkriterien (s. u.) entgegen.

Wie schwer darf ein Recht auf Verdrängen der eigenen Sterblichkeit wiegen, wenn es um das Leiden eines anderen geht? Moralisch und im Einzelfall betrachtet doch wohl eher wenig – politisch (und damit rechtlich) betrachtet sicher mehr, weil dann unweigerlich grundsätzliche Fragen des Schutzes abweichender Meinungen ins Spiel kommen. Und das gilt umso mehr für jedermanns Recht auf eigene Moralvorstellungen über Organentnahmen und Todeskriterien. Wie eine liberale Gesellschaft diesen Balanceakt zwischen der Gewährleistung von Meinungs- und Verfügungsfreiheiten einerseits und Organbeschaffung zur Leidenslinderung wartender und sterbender Patienten andererseits am richtigsten ausführt, darüber geht der Streit um die rechtliche Spenderegelung. Und dabei spielen unterschiedliche Urteile über die konkrete Bedeutung der in Rede stehenden Rechte ebenso eine Rolle wie unterschiedliche Urteile über die grundsätzlichen Befugnisse einer liberalen Gesellschaft.

So sieht die eine Seite in einer engen **Zustimmungsregelung** (s. o.) das äußerste, was mit den Verfügungsrechten des einzelnen in Einklang zu bringen sei (z. B. *Hoff/in der Schmitten* 1994), während die andere Seite hierin einen Tribut an Gedankenlosigkeit und Gleichgültigkeit möglicher Spender auf Kosten leidender Patienten sieht. Umgekehrt sieht die eine Seite in jeder Form einer **Widerspruchsregelung** eine unzulässige staatliche Anordnung, die dem Selbstbestimmungsrecht des einzelnen in gravierenden Fragen zuwider laufe, während die andere Seite es mit Autonomie und Menschenwürde durchaus vereinbar findet, wenn jemandem lediglich zugemutet wird, seinen Widerspruch gegen eine postmortale Organspende zu artikulieren.

Zustimmungs- und Widerspruchsregelungen in **erweiterter Form**, die also die Angehörigen als zusätzliche Entscheider akzeptieren, bewegen sich in diesem Spannungsfeld konträrer Ansichten aufeinander zu: Die erste akzeptiert quasi einen verlängerten Arm der eigenen Zustimmung (zumal es in jedermanns Macht stünde, sich auf diesen **nicht** zu verlassen und zu Lebzeiten selbst zu verfügen). Die zweite erleichtert den Einspruch gegen eine Organspende, insofern er bereits als formlose Äußerung vor Dritten zur Geltung kommen könnte (außerdem umgeht diese erweiterte Widerspruchsregelung die Schwierigkeit, ein zentrales Register einrichten zu müssen). Eine analoge Debatte wird um die Entscheidungspflicht (s. o.) zu Lebzeiten geführt. Sich etwa beim Ausstellen des Führerscheines zur eigenen Organspende äußern zu **müssen**, wird von Kontrahenten als unzulässiger staatlicher Eingriff in jemandes Privatsphäre betrachtet. Befürworter halten, wie ich meine zu Recht, dagegen, daß hier doch nur ein Verdrängungswunsch durchkreuzt werde, um einerseits die individuelle Selbstbestimmung der Spender zu erhöhen, andererseits Ärzte und Angehörige von Entscheidungs- und Gesprächsqualen zu entlasten und vermutlich auch noch die Spendefrequenzen zu erhöhen. Wichtig sei nur, daß der **Entscheidungsinhalt** dabei freigestellt würde (etwa mit Vorgabe der drei Optionen: Spende; spende nicht; überlasse die Entscheidung meinem Angehörigen).

Beide erweiterten Versionen wollen dafür in Kauf nehmen, daß Angehörige sich nicht immer darauf beschränken werden, als Sprachrohr des Verstorbenen zu fungieren, sondern auch ihre eigenen Wünsche einbringen mögen. Wo jedenfalls die Verstorbenen selbst gar keine eigene Ansicht hatten erkennen lassen, sei es wünschenswert, Organentnahmen nicht ohne oder (das ist die schwächere Gewichtung) zumindest nicht gegen den Wunsch der Angehörigen durchzuführen – um deren eigene Emotionen ernst zu nehmen und um die gesellschaftliche Akzeptanz der Transplantationsmedizin zu stärken. Manchmal wird aber auch dezidiert argumentiert, daß für den möglichen Spender selbst die Frage der Organspende doch häufig unwichtiger sei als für seine Hinterbliebenen (*Murray, Younger* 1994). Da Organspende meist bei unerwarteten Todesfällen jüngerer Menschen in Frage kommt, seien gerade deren Angehörige häufig zutiefst erschüttert und betroffen. Ihr Selbstbestimmungsrecht sei hier also vielleicht wesentlicher tangiert als das des Verstorbenen, der jenen vermutlich oft das letzte Wort eingeräumt hätte, wenn er ihre Qualen vorausgesehen hätte. In ihren **modifizierten Versionen** schließlich nähern sich die beiden Regelungen („Anfrage“ versus „Information“) einander weiter an. Indem sie von Ärzten verlangen, die Angehörigen entweder um ihre Zustimmung zur Explantation zu fragen oder aber ihnen Widerspruchsmöglichkeit zu geben, erhöhen sie aller Voraussicht nach die Spendehäufigkeit. So würde im einen Fall Zustimmung nicht nur deswegen unterbleiben, weil Angehörige nicht deutlich gefragt wurden (was offenbar häufig vorkommt); im anderen Fall würde stillschweigende Zustimmung nicht dort irrtümlich unterstellt, wo nur Schock und Trauer dafür verantwortlich sind, daß Angehörige ihren Einspruch nicht rechtzeitig geltend machen. Auch würde die grauenhafte Situation vermieden, daß Organe „heimlich“ entnommen werden dürften, solange kein Einspruch gegen Entnahme erfolgt ist.

Bei aller Annäherung aber bleibt als klarer Unterschied zwischen beiden Regelungsmodellen bestehen, daß die Anfrageregelung ausdrückliche Zustimmung, die Informationsregelung hingegen nur ausbleibenden Widerspruch verlangt, um eine Explantation rechtlich zulässig zu machen. Die erste – sagen ihre Gegner – verlange den Angehörigen Unzumutbares ab; sie könnten sich oft zu einer ausdrücklichen Verfügung nicht durchringen, obgleich sie eigentlich nichts gegen eine Organentnahme einzuwenden hätten. Die andere – sagen wiederum deren Gegner – übe einen unzulässigen Erwartungsdruck auf die Angehörigen aus, indem die Organentnahme als der Normalfall gehandhabt werde.

In jedem Fall aber scheint es richtig und zweckmäßig, Angehörigen durch ein entsprechendes Gespräch **Entscheidungsmöglichkeiten** einzuräumen und genau zu erklären. Wenn Ärzte und Pflegekräfte es auch gelegentlich peinlich, schwierig oder gar unmenschlich finden, Angehörige in ihrer Trauer durch derlei Anfragen zusätzlich zu belasten, sollte diese verständliche Sicht doch kein Hemmnis für Organspenden sein. Wenn Ärzte sich auf eine gesetzliche Gesprächspflicht berufen könnten, fiele ihnen deren Ausübung sehr wahrscheinlich leichter, und bei angemessener Sensibilität und Erfahrung, könnten ihnen solche Unterredungen wohl zugemutet werden.

Welchen Effekt diese verschiedenen Regelungen auf die Spenderate hätten, ist nicht leicht zu sagen. In denjenigen europäischen Ländern (z. B. Frankreich, Belgien, Österreich), in denen eine Widerspruchsregelung eingeführt wurde, hat sich die Spendehäufigkeit zwar ebenso erhöht wie in den US-Staaten mit Anfrageregelung, aber auch in den übrigen westlichen Ländern (wie in der Bundesrepublik mit ihrer de facto erweiterten Zustimmungsregelung) sind die Quoten angestiegen, so daß entsprechende Prognosen nur sehr zögernd gestellt werden.

Einstimmig betonen alle Befürworter irgendeiner gesetzlichen Regelung die Wichtigkeit der **Rechtssicherheit**, die sich unter anderem auch auf die Hirntod-Definition erstrecken solle. Genau dies ist aber der nächste umstrittene Punkt.

„Hirntod"-Definition

Neben den traditionellen Todeszeichen des irreversiblen Herz- und Atemstillstandes werden von der *Bundesärztekammer* offiziell auch Zeichen des irreversiblen Ausfalls der gesamten Hirnfunktion („Hirntod") als Todeszeichen anerkannt (vgl. Kap. 9.2). Unter „natürlichen" Umständen, d. h. ohne medizinische Intervention, folgt nach wenigen Minuten mit Notwendigkeit entweder der „Hirntod" dem „Herztod" oder umgekehrt der „Herztod" dem „Hirntod", weil beide Organe (und ebenso alle anderen) auf Durchblutung und damit auf das Zusammenspiel zwischen funktionsfähigem Herzen und der Steuerungsinstanz für Atmung und Kreislauf, eben dem Gehirn, angewiesen sind. Ein beobachtbares Auseinanderfallen beider Todeszeichen wurde erst vor ca. 30 Jahren mit dem Einsatz intensivmedizinischer Maßnahmen möglich, die zeitweise die Herzfunktion (mit Herz-Lungenmaschine) oder die totale Steuerung von Atmung und Kreislauf übernehmen können (mit Respirator etc., was außer bei Schwangeren, bei denen offenbar der embryonale Stoffwechsel gewisse Steuerungsfunktionen übernehmen kann, [siehe „Erlanger Baby"!] nur für wenige Tage möglich ist).

Unter diesen Umständen debattierten Ärzte, Neurowissenschaftler und Juristen in der westlichen Welt über die Angemessenheit klassischer oder „neuer" – am Funktionieren des Gehirns orientierter – Todeskriterien. Im Ergebnis setzte sich nach und nach ein Ganzhirntod-Kriterium durch (so in der Erklärung des Weltärztebundes von Sydney, der einflußreichen „Harvard-Kommission" oder der Stellungnahme der Deutschen Gesellschaft für Chirurgie – alle 1968). Es gab einen doppelten Anlaß für diese Bemühungen: erstens die Frage nach weiterer intensivmedizinischer Behandlung oder nach Therapieabbruch bei „Hirntoten" und zweitens die Frage nach der Erlaubtheit von Organentnahme aus „Hirntoten" – just dann, als die Transplantationsmedizin ihren ersten Aufschwung nahm. Fraglos war dieser zweite Aspekt der eigentlich treibende Motor. Und daher sind viele Menschen davon überzeugt, daß die „Hirntod"-Definition eine zweckrationale und eigentlich zweifelhafte Umdeutung der traditionellen Todesvorstellung sei. Alle bisherigen Entwürfe für ein deutsches Transplantationsgesetz wollen – erstmalig – die „Hirntod"-Definition rechtlich anerkennen, die immer wieder und gerade in letzter Zeit zunehmend kritisiert worden ist (z. B. *Linke* et al. 1991 oder *Hoff* und *in der Schmitten* 1994).

Während die Befürworter häufig eine problemlose Kontinuität zwischen „Herztod" und „Hirntod" beteuern, unterstellt die Gegenseite bereits dieser Behauptung Zweckrationalität und weist auf den kontraintuitiven Charakter (atmender, rosiger Körper soll tot sein) und die angeblich fundamentalen Begründungsprobleme der „Hirntoddefinition" hin. Abgesehen davon, daß eine an sich plausible Definition auch dann plausibel bleibt, wenn die Motivation zu ihrer Formulierung eine andere war als reine Wahrheitssuche, besteht über die Kriterien für „Plausibilität" im vorliegenden Fall keine Einigkeit.

Es muß aber wohl darum gehen, daß die künftige Definition und Vorstellung vom Totsein, die im biologisch-beschreibender Hinsicht zwangsläufig differenzierter sein müssen als die bisherigen, mit unserem anthropologischen und moralischen Vorstellungen einerseits, mit unseren ontologischen Grundkategorien (nämlich für Zustände menschlichen Seins) andererseits verträglich sind. Auf den ersten Blick scheint die offizielle Definition des menschlichen Todes (z. B. *Bundesärztekammer* 1993) diesen verschiedenen Anforderungen gerecht zu werden. Neben dem unwiederbringlichen Verlust aller Bewußtseinsfähigkeiten nämlich fordert sie als zweite notwendige Bedingung für das Totsein den Verlust der integrativen Eigensteuerung zentraler Körperfunktionen. Mit dieser Doppelforderung ist zwar garantiert, daß erst mit dem völligen Ausfall des **gesamten** Gehirns der Tod eingetreten ist, und daß nicht schon Patienten im irreversiblen Koma – d. h. Bewußtseinsverlust bei zum Teil erhaltenen zerebralen Steuerungsfunktionen (sog. Teilhirntote) – für tot erklärt werden. Aber jenes Kriterium des Steuerungsverlusts erscheint vielen Autoren unplausibel, die Doppeldefinition damit „zwittrig" (*Linke/Kurthen* 1991, Hoff/in der Schmitten 1994). Denn warum soll der Verlust der vegetativen Eigensteuerung lebensrelevanter sein als etwa der Verlust des eigenen Herzens oder der eigenen Lunge? Alle drei sind – unterschiedlich komplexe – Bestandteile des zentralen Körpersystems. Ist nicht dessen faktisch integriertes Funktionieren entscheidend – egal ob mit „Reparaturteilen" oder ohne? Es leuchtet ein, daß das Kriterium dafür, daß ein Mensch (noch) lebt, nicht der aufrechterhaltene Stoffwechsel einzelner Organe oder Zellverbände ist. Vielmehr geht es um ein minimales Kriterium von Identität, von „Eigenheit" eines menschlichen Wesens. Daher mag die Tatsache, daß die eigene Zentralsteuerung mit dem Absterben des Gehirns ausgesetzt hat, zunächst relevant erscheinen. Aber wird hier nicht die identitätsstiftende Bedeutung des Geistigen, des Willentlichen, des Bewußten mit der des zentral Vegetativen verwechselt, nur weil beide ihre somatische Basis im Gehirn haben?

Wenn dann aber am Ende doch nur der endgültige und völlige Verlust allen Bewußtseins diejenige Vorstellung vom Todsein ausmachte, die das Ganzhirntod-Kriterium kohärent machte, muß man dann nicht konsequenterweise auch dauerhaft bewußtlose Patienten mit noch erhaltener vegetativen Gehirnsteuerung (sog. teilhirntote Patienten) für tot ansehen? Die diagnostischen und begrifflichen Unsicherheiten in bezug auf die Verfassung und anatomische Lokalisation von Bewußtsein stehen dem im Wege – aber reicht das aus? Um solche Fragen geht es in der Hirntod-Debatte, in der es bisher keine ersichtliche Einigkeit gibt. Im Prinzip wäre zur Anerkennung des Hirntod-Kriteriums auch ein alternativer Weg denkbar, auf dem man am klassischen Herztod festhalten, Hirntote als Sterbende und Organentnahme als ausnahmsweise erlaubte Form der Tötung klassifizieren würde (*s. Arnold* und *Youngner* 1993). Nur müßte man die moralischen Folgen einer solchen Lockerung des Tötungsverbotes bedenken, die vermutlich viel gravierender wären als das Beibehalten einer neuen, aber nicht weniger plausiblen Todesdefinition, die sich am Vorhandensein oder Fehlen aller Hirnfunktionen orientiert.

Lebendspende; anenzephale Neugeborene

Daß Menschen zu Lebzeiten ein Organ spenden, wird nur für paarige Organe (Nieren) oder Organteile (Leber) oder regenerierbare Organe (Knochenmark) diskutiert und praktiziert. Dabei geht ein Spender zwar gewisse gesundheitliche Risiken ein, die mit der operativen Organentnahme einhergehen bzw. die Funktion des Restorgans betreffen, aber diese kleinen Risiken wiegen doch eher wenig im Vergleich zur Wohltat der Organspende. Deswegen sind altruistische Lebendspenden (etwa von Eltern für ihr Kind) allgemein und auch von den Kirchen für prinzipiell zulässig erachtet worden. Dennoch werden Verwandtenspenden und erst recht andere Lebendspenden (Ausnahme: regenerierbares Knochenmark) in vielen Ländern, auch in Deutschland, sehr restriktiv gehandhabt. Diese Haltung ist durch die zunehmend leistungsfähige Immunsuppression begünstigt worden, die den Vorteil höherer Gewebeverträglichkeit zwischen Verwandten relativiert.

Die allgemeinen Bedenken beziehen sich in erster Linie auf die **Gewährleistung von Freiwilligkeit** der Organspende. Läßt sich schon bei Verwandten nicht ausschließen, daß die Entscheidung zur Spende unter innerfamiliärem Druck zustande gekommen ist, so läßt sich - fürchtet man - bei außerfamiliärer Spende nicht kontrollieren, ob und wo Manipulation oder Zwang, Bezahlung, Bestechung oder Erpressung eingesetzt werden. Auch wenn man einen Organhandel im engeren Sinn (an dem sich Dritte als Vermittler etc. bereichern) verbieten und erfolgreich kontrollieren könnte, entzöge sich direkte Bezahlung von „altruistischen" Spendern durch Empfänger doch weitgehend der Kontrollierbarkeit. Aufgrund solcher Bedenken plädiert etwa die Arbeitsgemeinschaft der Deutschen Transplantationszentren dafür, schon Verwandtenspenden nur als wohlgeprüfte Ausnahmen zuzulassen.

In anderen Ländern hingegen, z. B. USA und Skandinavien, wird eher die altruistische Motivation vieler Lebendspenden betont und für unterstützenswürdig gehalten.

Ein Sonderproblem der Lebendspende werfen sogenannte **anenzephale Neugeborene** auf. Das sind Babies, die ohne oder nur mit ganz geringfügig angelegten Hirnstrukturen geboren werden und damit nur Tage bis Wochen am Leben bleiben können (ca. 1 Fall auf 2000 Geburten). In den späten achtziger Jahren fand eine breite und sehr emotionale Debatte darüber statt, ob man diesen ohnehin nicht länger lebensfähigen Wesen nicht, zum Nutzen anderer Kinder, Organe entnehmen dürfe. Durch vorübergehende künstliche Beatmung und Ernährung könnten - so zeigten entsprechende Durchführungen, an deren Publikation sich die genannte Debatte entzündete - ihre Organe „transplantabel" gehalten werden. Da jedoch die geltenden „Hirntod"-Kriterien im Fall ihres Sterbens wegen der nicht oder nur geringfügig angelegten Hirnstrukturen nicht anwendbar oder aber nicht erfüllt sind, müßten hier entweder tödliche Lebendspenden erlaubt werden, oder es müßte eine entsprechende Erweiterung der „Hirntod"-Definition erfolgen. Schon angesichts ihrer schwierigen ethischen Beurteilung verbieten sich derartige Organspenden wohl in den Augen der meisten (ausdrücklich auch der Transplantationszentren) - und sei es nur wegen der vorhersehbaren allgemeinen Empörung und Verunsicherung angesichts derartiger „Normenmanipulationen", die die Akzeptanz der gesamten Transplantationsmedizin gefährden könnten.

Verteilungsgerechtigkeit und Organhandel

Anfallende Transplantationskosten werden in Deutschland bisher von den Krankenkassen erstattet. Nierentransplantationen etwa sind deutlich kostengünstiger als ihre einzige Alternative, die Dialysebehandlung. Aber die **Verteilung der knappen Organe unter ihren potentiellen Empfängern** wirft Fragen nach gerechter und fairer Allokation auf - ein Teilproblem der allgemeinen Debatte um Verteilungsgerechtigkeit in der medizinischen Versorgung. Das Sonderproblem besteht darin, daß die Knappheit der Ressource (Organe) sich nicht - wie bei allen anderen medizinischen Engpässen - letztlich durch begrenzte Finanzierbarkeit ergibt. Allerdings kann die teilweise unzulängliche Ausstattung der Transplantationszentren einen zusätzlichen, kostenbedingten Begrenzungsfaktor darstellen.

Alle in Deutschland anfallenden Transplantate müssen bei der zentralen Vergabestelle in Leiden gemeldet werden. Von dort aus erfolgt die Zuteilung des Organs zunächst an denjenigen wartenden Patienten, der eine volle Übereinstimmung des Gewebetyps aufzuweisen hat. Findet sich ein solcher nicht, wohl aber ein „zweitbester" Empfänger im eigenen Zentrum, so erhält dieser das Organ, anderenfalls erfolgt eine zentrale

Vergabe an den bestverträglichen Empfänger. Bei gleich guter Verträglichkeit für mehrere Patienten entscheidet deren Wartezeit.

Diese Verteilungskriterien berücksichtigen also zum einen den Aspekt des zu erwartenden **medizinischen Nutzens**, wie er durch den Grad der Gewebeverträglichkeit zwischen Empfänger und Spender zum Ausdruck kommt, zum anderen den Aspekt der **Chancengleichheit** aller Patienten (durch Berücksichtung der Wartezeit). Die ausdrückliche Ablehnung sozio-demographischer Kriterien (wie Alter, familiärer Status, soziale Stellung etc.) hat sicher entscheidend dazu beigetragen, daß sich jedenfalls diese Seite der deutschen Transplantationsmedizin kaum öffentlicher Kritik ausgesetzt sieht. Dennoch werfen auch die genannten beiden Kriterien schwierige Gerechtigkeitsfragen auf, die erstens deren Operationalisierung und zweitens deren relative Gewichtung betreffen.

Ein sehr hohes Maß an Gewebeverträglichkeit war in den Anfangszeiten der Nierentransplantation eine absolut notwendige Voraussetzung für den Behandlungserfolg. Durch die immer erfolgreichere Immunsuppression hat sich die Bedeutung dieses Faktors so relativiert, daß er zwar die statistische Prognose für Dauer und Grad des Organfunktionierens deutlich mitbestimmt, aber nicht mehr den Status einer notwendigen Voraussetzung hat. Damit aber dient seine Berücksichtigung nicht mehr nur dem individuellen Nutzen (der früher ohne möglichst hohe Kompatibilität eben gar nicht eingetreten wäre), sondern der **kollektiven Nutzenerhöhung**: Derjenige unter den „konkurrierenden" Patienten wird behandelt, dem die Behandlung am meisten zu nutzen verspricht (während sich bei den übrigen die Chance auf baldige Behandlung verkleinert). Eine solche Strategie des bestmöglichen Einsatzes begrenzter Ressourcen erscheint zwar zunächst plausibel, kollidiert aber mit der ihrerseits plausiblen Strategie, allen Patienten, unabhängig von Prognose und Dringlichkeit, eine faire Chance auf Organe einzuräumen. Wieviel prognostischer Vorteil wiegt dann also wieviel Wartezeit auf?

Weiterhin ist nicht recht einsichtig, warum neben dem Grad der immunologischen Übereinstimmung nicht auch andere prognostische Kriterien für eine lange Funktionsdauer des Transplantats wie Allgemeinzustand, Sekundärerkrankungen oder eben auch hohes Lebensalter irgendeine Rolle spielen sollten.

Bei der Transplantation von Herzen oder Lebern kommt als weiteres Kriterium die **Dringlichkeit der Transplantation** hinzu (während die Gewebeverträglichkeit eine geringere Rolle spielt): Innerhalb des Eurotransplantbereichs werden die Organe zentral an Patienten der höchsten Dringlichkeitsstufe (Lebensgefahr) vergeben, sonst an die Transplantationszentren, die individuelle Gesichtspunkte berücksichtigen dürfen. Wieder fragt sich, ob und wie stark bei der Organverteilung ins Gewicht fallen sollte, daß manche Patienten trotz einer Transplantation sehr viel schlechtere Prognosen haben als andere. Diese Problematik wird noch dadurch verschärft, daß Erfolgsprognosen häufig nicht mit hinreichender Sicherheit gestellt werden können.

Es ist nicht einmal klar, ob sich derartige Fragen überhaupt zufriedenstellend und begründbar beantworten lassen. Vielleicht nämlich sind in einem gewissen Rahmen **Einzelfallentscheidungen**, wie sie auch jetzt getroffen werden, das Beste was wir leisten können – vorausgesetzt sie resultieren aus transparenten Entscheidungsprozessen.

Die ethischen Argumente gegen einen **Organhandel**, wie er verschiedentlich auch in Deutschland vorgeschlagen oder versucht wurde, sind gewichtig: Spenden wären durch finanzielle Anreize manipulierbar, ja zu erzwingen und damit unfreiwillig. Die Armen bei uns (und erst recht in den armen Ländern der Welt, wo diese Schreckensvision bereits Realität wird) müßten in der bezahlten Hergabe ihrer Organe einen Ausweg aus ihrer Misere sehen, während die zahlungsfähigen Empfänger sich an diese Form der Ersatzteillieferung gewöhnen könnten.

Unser Recht erlaubt eine zivilrechtliche Verhinderung von Organhandel und seiner

Vermittlung; ein Transplantationsgesetz würde zusätzlich die allgemein für notwendig erachtete strafrechtliche Handhabe schaffen.

10.3 Zukunftsfragen

Fetale Gewebstransplantate

In den letzten Jahren wurden verschiedentlich Versuche unternommen, Patienten mit bestimmten neurodegenerativen Erkrankungen (insbesondere mit idiopathischer Parkinson-Krankheit) durch Transplantation fetalen Hirngewebes zu behandeln. Sie befinden sich alle noch im experimentellen Stadium, berechtigen aber zum Teil zu vorsichtigem Optimismus hinsichtlich der Behandlungserfolge. Derartige Versuche (und erst recht ein standardmäßiger Einsatz von Fetaltherapien, sollten sie sich denn als erfolgreich herausstellen) lassen sich nur mit Fetalgewebe aus selektiven **Abtreibungen** duchführen, weil Gewebe von fehl- oder totgeborenen Leibesfrüchten ein unklares gesundheitliches Risiko für den Empfänger bedeuten würde (ursächlicher Defekt?) und zudem unvorhersehbar unregelmäßig „anfiele".

In verschiedenen westlichen Ländern wurde gesetzlich oder standesrechtlich (Deutschland) geregelt, unter welchen Umständen fetales Gewebe zu Transplantationsversuchen verwendet werden darf. Die Hauptsorge ist allgemein, daß Schwangerschaften allein zum Zweck der Transplantatgewinnung geplant und wieder abgebrochen werden könnten. Frauen sollen weder aus Altruismus noch aufgrund materieller Anreize zugunsten einer Transplantation abtreiben, und schon gar nicht dazu gedrängt werden dürfen – darin sind sich keineswegs nur Abtreibungsgegner einig. So verlangen etwa entsprechende Regelungen, daß die Entscheidung zu einer Abtreibung unabhängig von und zeitlich **vor** jener zu einer Transplantation getroffen werde. Weitere ethische Probleme hängen mit der Todesfeststellung bei Feten zusammen sowie mit der Wahl von Abtreibungstechnik und -zeitpunkt, mit der Gefahr der Kommerzialisierung und mit der Regelung der mütterlichen Zustimmung. Für manche Menschen aber bleiben Fetaltransplantationen unter jedweder Regelung etwas tief Unmoralisches.

Tiertransplantate

Nach Meinung zahlreicher Experten könnte die Verwendung tierischer Transplantate („Xenotransplantate") auf die Dauer eine medizinisch aussichtsreiche Alternative zu menschlichen Transplantaten darstellen. Diese Möglichkeit wird vor allem für Nieren, Lebern und Herzen diskutiert und wurde zwischen Mitte der sechziger und Mitte der achtziger Jahre weltweit jeweils mehrmals erprobt. Der letzte populär gewordene Versuch war die Transplantation eines Pavianherzens in das kalifornische Baby Fae, 1984. All diese Transplantationsversuche waren hochgradig experimentell, fanden zu Zeiten statt, in denen man vergleichsweise geringes immunpharmakologisches Können besaß, und waren, wenn überhaupt, nur kurzfristig erfolgreich. Inzwischen spricht einiges dafür, diese Techniken zu echten Behandlungsalternativen entwickeln zu können – die vielen angesichts der vermutlich noch steigenden Diskrepanz zwischen Transplantations-Indikationen und Organspende begrüßenswert erscheinen.

So mehren sich die Stimmen, die eine rechtzeitige ethische Debatte darüber anmahnen, ob und unter welchen Bedingungen wir es akzeptabel fänden, Menschenaffen (die dafür wohl vornehmlich geeignet wären) als Organspender zu züchten und zu halten. Überdies wären unzählige vorbereitende Forschungsvorhaben an und mit Tiertransplantaten nötig, bevor die Erfolgschancen dieser Therapieform überhaupt richtig beurteilt werden könnten. Daß hier fundamentale ethische Fragen des Umgangs mit und der Rechte von Tieren aufgeworfen werden, liegt auf der Hand.

„Neue" herztote Spender

Eine andere Reaktion auf den ungedeckten Organbedarf sind Versuche, funktionsfähige Spendeorgane auch von manchen Patienten zu erhalten, bei denen der Tod durch **Herz-**

stillstand eintritt. Es geht also darum, die – wegen der kurz zu haltenden warmen Ischämiezeit (s. o.) – bisher geltende Hirntod-Bedingung zu umgehen. So gibt es z. B. seit 1992 an der Universität Pittsburgh eine – in der Folge sehr kontrovers diskutierte – bedingte Erlaubnis zu rascher Organentnahme nach passiver Sterbehilfe. Es geht hier nur um solche Patienten, die den Abbruch lebenserhaltender Maßnahmen (in aller Regel: künstliche Beatmung) verfügen und außerdem aus freien Stücken, ohne auch nur danach gefragt worden zu sein – so verlangt die Richtlinie – ihre Organe spenden möchten. In solchen Fällen dürfte die Todesfeststellung schon nach **zwei**minütigem Herzstillstand getroffen und anschließend sofort mit der Explantation begonnen werden.

Nach einem zweiminütigem Herzstillstand ist mit einer spontanen Reaktivierung der Herztätigkeit angeblich nicht mehr zu rechnen (Wiederbelebungsmaßnahmen wären erfolgreich, widersprächen jedoch dem Wunsch des sterbewilligen Patienten). Die blitzschnelle Entnahme der Organe, die dann erfolgen muß, verlangt eine durchorganisierte Sterbeplanung, bei der die Explanteure buchstäblich im Nebenzimmer warten müssen.

Es ist sogleich einsichtig, daß hier zahlreiche ethische Probleme aufgeworfen werden, welche den Therapieverzicht, das Wohl des sterbenden Patienten, den gesellschaftlichen Umgang mit dem Sterben und der Organspende, nicht zuletzt wiederum die „Todesdefinition" betreffen. Wenngleich Vorschläge nach dem Modell Pittsburgh hierzulande bisher nicht bekannt geworden sind, wird diese Debatte früher oder später doch auch hier stattfinden.

10.4 Lösungsversuche und Ausblick

Vorschläge zur angemessenen Handhabung der Transplantationsmedizin, ihrer Detail- und Grundsatzprobleme, können nicht – noch viel weniger als deren Schilderung – von einem neutralen Standpunkt aus gegeben werden. Der mir richtig erscheinende Standpunkt erkennt das immense Wohltätigkeitspotential der Transplantationsmedizin an und nimmt zugleich die mit ihr verbundenen sozialen Gefahren ernst. Ist in unseren Zeiten das Vertrauen in die moderne Medizin und die moralische Zuverlässigkeit bei ihrer Ausübung ohnehin schon nicht sehr hoch, gibt die Transplantationsmedizin vielfachen Anlaß, um die Rechte und das Wohlergehen eben nicht nur der Patienten sondern auch der Spender zu bangen. Es wäre kurzsichtig, solche Ängste einfach abzutun und nicht zu sehen, daß damit der Sache selbst, aber auch der sozialen Stabilität im ganzen geschadet würde.

Es läßt sich, scheint mir, nicht leugnen, daß auf der einen Seite mit weiteren Organspenden das Sterben, das erhebliche Leiden und das vergebliche Hoffen unzähliger Menschen zu verhindern wäre – nämlich mit einer Leichnamspende, wie über 90 % der Deutschen sie bejahen (*Arbeitskreis Organspende* 1992). Ebensowenig läßt sich leugnen, daß Transplantationsmedizin dazu angelegt ist, mit ständig sich ausweitenden Indikationen immer mehr Transplantationsbedürfnisse zu wecken, immer mehr Organe zu benötigen und zu deren Beschaffung andere individuelle und soziale Werte in den Hintergrund zu drängen. Daher sollte man:

- nicht zögern, in postmortaler Organspende die Erfüllung einer **moralischen Pflicht** zu sehen, die nur für diejenigen nicht besteht, die religiöse oder weltanschauliche Gegengründe haben. Gerade wer die Zukunftsszenarien mit Primatenfarmen und durchtechnisiertem Spender-Sterben mit Schaudern sieht, sollte doch dazu beitragen, die Möglichkeit postmortaler Spende auszuschöpfen. Und auch wer selbst meint, auf eine Organimplantation im Bedarfsfall verzichten zu wollen, darf dies doch nicht von anderen erwarten oder verlangen.
- gleichzeitig alles tun, um den Tatbestand oder auch nur den Eindruck einer **gesetzlichen Spendepflicht** zu verhindern. Wenn auch keine der diskutierten Spenderegeln diesen Tatbestand wirklich schaffen würde, so wird das doch selbst von der „Informationslösung" immer wieder behauptet (*Jörns* 1992, *Hoff* und *in der Schmitten*

1993). Dies allein sollte Grund sein, sich erneut mit der schwächeren Anfrageregelung zu befassen und sie zu legalisieren. An dieser sozial so sichtbaren Stelle sollte die Gesellschaft darauf verzichten, Altruismus zu erzwingen und ihn eben damit auch schon (motivational) zu unterlaufen - selbst wenn dadurch auf zusätzliche Organspenden verzichtet wird. Eine Gesellschaft braucht Gelegenheit, sichtbar individuell und kollektiv Altruismus zu praktizieren; das macht sie humaner und wohl am Ende sozial stabiler. Dieselbe Überlegung spricht gegen jede Form der Spende-Kommerzialisierung.

- die **Hirntod-Definition** beibehalten und begründen, ohne mit unberechtigter Vereinfachungen über die begrifflichen Probleme, die hier entstehen, „hinwegzuhelfen". Die Schwierigkeiten (siehe auch die „Pittsburgh-Kriterien"), um die es hier geht, sind primär durch die moderne Medizin und die von ihr produzierten „neuen" Zustände menschlichen Seins entstanden, nicht durch zweckrationale Umklassifizierungen.
- die Diskussionen um Allokationsprinzipien, Xenotransplantate oder Fetalgewebs-Verpflanzungen rechtzeitig und transparent (weiter)führen. Rechtzeitige Moratorien sind allemal besser als unkontrolliertes Beginnen, das zugleich Ängste schürt und unrealistische Hoffnungen weckt.

10.5 Literaturempfehlungen

AMA Council Report: Strategies for Cadaveric Organ Procurement. JAMA 272 (1994) 809-814

Angstworm, H., Ketzler, K. (1987): Möglichkeiten und Grenzen der Organtransplantation. In: *Deutsche Stiftung Organtransplantation. (ed.)*: Eigendruck, Neu-Isenburg
Zahlenangaben zu wirklichen und Hochrechnungen zu (medizinisch) denkbaren bzw. faktisch erwartbaren postmortalen Spendequoten.

Arbeitskreis Organspende (1992): Organspende bewahrt Leben. Antworten auf Fragen (Broschüre)
Beantwortet denkbare Fragen nach den faktischen, rechtlichen, organisatorischen usw. Seiten der Transplantation, explizit, um im Dienste der Organspende Zweifel und Unkenntnis auszuräumen.

Arnold, R. M., Youngner, St. J.: The Dead Donor Rule: Should We Stretch It, Bend It, or Abandon It? Kennedy, Inst. of Ethics Journal 3 (1993) 263-278

Bundesärztekammer: Der endgültige Ausfall der gesamten Hirnfunktion („Hirntod") als sicheres Todeszeichen - Stellungnahme des Wissenschaftlichen Beirates der Bundesärztekammer. Dtsch. Ärztebl. 90 (1993) 1975-1977
Rechtfertigung der Hirntod-Definition gegen die Einwände der Willkürlichkeit, Widersprüchlichkeit, Zweckrationalität etc. Siehe auch die Stellungnahme des Wissenschaftlichen Beirates der Bundesärztekammer zu den Kriterien des Hirntodes 1982, 1986 und 1991.

Bundesärztekammer: Richtlinien zur Verwendung fetaler Zellen und fetaler Gewebe. Stellungnahme des Wissenschaftlichen Beirates der Bundesärztekammer. Dtsch. Ärztebl. 88 (1991) 2360-2362
Standesrechtliche Regelung, nach der grundsätzlich Gewebsentnahmen bei toten Feten und Frühgeborener zum Zweck hochrangiger Verwendung erlaubt sind. Voraussetzungen sind das Einverständnis der Eltern (Mutter); daß diese keine Vergünstigungen erhalten und daß ggf. die Entscheidung zum Schwangerschaftsabbruch unabhängig und vor dem ersten Gespräch über Gewebsentnahmen stattgefunden hat.

Bunzel, B.: Herztransplantation: Ethische Probleme bei der Patientenauswahl aus psychosozialer Sicht. Ethik Med. 5 (1993) 127-135
Diskutiert die Bedeutung von Faktoren wie Alkoholabhängigkeit, familiärer Rückhalt und Compliance für die tatsächliche und für eine zu rechtfertigende Empfängerauswahl.

Caplan, A. (1992): If I were a rich man, could I buy a pancreas? and other essays on the ethics of health care. Indiana University Press, Bloomington, Indianapolis
Drei Aufsätze aus dieser (auch sonst sehr lesenswerten) Sammlung befassen sich mit den ethischen Problemen des Rekrutierens von Spendern, der Selektion von Empfängern und der gesellschaftlichen Handhabung des Transplantationswesens. Caplans Analysen beruhen auf großer Detailkenntnis der empirischen Daten und der langjährigen Diskussionen zur Organtransplantation in den USA.

Capron, A. M.: Anencephalic Donors: Seperate the Dead from the Dying. Hastings Cent. Rep. 17 (1987) 5–9
Vertritt eine ausführlich begründete Position gegen die moralische Zulässigkeit von Organentnahmen aus anenzephalen Neugeborenen.

Feinberg, J.: The Mistreatment of Dead Bodies. Hastings Cent. Rep. 15 (1985) 31–37
Philosophische Überlegungen zu den Wurzeln und Grenzen eines postmortalen Verfügungsrechts.

Fox, R., Swazey, J. (1992): Spare Parts. Organ replacement American Society. Oxford University Press, New York, Oxford
Die Autoren sind Soziologinnen, die seit ca. 40 bzw. 25 Jahren durch teilnehmende Beobachtung wie durch kritisch-distanzierte Analyse die Geschichte der modernen Organtransplantation erleben und aufzeichnen. In diesem letzten Buch schreiben sie die kritische Chronik der letzten 10 Transplantationsjahre (vorwiegend in den USA) und der Versuche mit dem künstlichen Herzen „Jarvik-7". Das Buch endet mit nachdenklich machenden Erklärungen dafür, daß die Autorinnen das ihnen suspekt gewordene Transplantationsunternehmen als Gegenstand ihrer Forschung aufgeben.

Hoff, J., in der Schmitten, J. (1994): Wann ist der Mensch tot? Organverpflanzung und Hirntodkriterium. Rowohlt, Reinbek
Aufsatzsammlung mit überwiegender Befürwortung einer engen Zustimmungsregelung und Ablehnung der Hirntoddefinition

Jonsen, A. R. (1989): Ethical Issues in Organ Transplantation. In: Veatch, R. M. ed. Medical Ethics. Jones and Bartlett Publ., Boston, Portola Valley
Übersichtsartikel, der die moralischen Probleme im Kontext von Organspende und -transplantation systematisch untersucht; enthält auch einen kurzen historischen Teil.

Jörns, K.-P.: Organtransplantation. Eine Anfrage an unser Verständnis von Sterben, Tod und Auferstehung. Berl. Theol.-Z. 9 (1992) 15–39.
Kritisiert den Aufruf zur Organspende durch die großen Kirchen wegen der aus seiner Sicht dahinterstehenden, (theologisch) problematischen Annahmen über Menschenbild, Nächstenliebe und Sterbegeschehen. Plädoyer für eine enge Zustimmungsregelung der Organspende.

Kirchenamt der Evangel. Kirche in Deutschland und Sekretariat der Deutschen Bischofskonferenz (Hrsg.) (1990): Erklärung der Deutschen Bischofskonferenz und des Rates der Evangelischen Kirche in Deutschland: Organtransplantation.
Ausführliche und grundsätzliche befürwortende Stellungnahme zur Organtransplantation.

Linke, D. B., Kurthen, M. et al. „Der Hirntod: Testung, Kriterienfindung, Definition, Attribution und Personkonzept". In: *Toellner, R.* (1991): 73–80

Murray, Th. H., Youngner, S. J.: Organ Salvage Policies: A Need for a Better Data and More Insightful Ethics. JAMA 272 (1994) 814–815

Titmuss, R. M. (1970): The Gift Relationship. From Human Blood to Social Policy. Allen & Unwin, London; Pantheon Books (1971), New York
Der verstorbene Sozialwissenschaftler vergleicht in diesem Buch, dessen Erscheinen Furore machte, das freiwillige Blutspendewesen Großbritanniens mit dem kommerzialisierten der USA (das daraufhin aufgegeben wurde). Er zeigt nicht nur, daß letztgenanntes in „ökonomischer, professioneller, adminstrativer und qualitativer" Hinsicht unterlegen gewesen sei, sondern argumentiert vehement dafür, daß Sozialpolitik (nicht nur) bei der Blutspende auf altruistische Spenden setzen müsse, um nicht die Gesellschaft insgesamt zu dehumanisieren.

Toellner, R. (1991): Organtransplantation. Beiträge zu ethischen und juristischen Fragen. G. Fischer, Stuttgart, New York
Aufsätze deutscher Autoren (aus Transplantationsmedizin, Neurowissenschaften, Theologie und Rechtswissenschaft) zum Stand der Transplantation und ihrer Gesetzgebung sowie zu ihren ethischen Aspekten.

University of Pittsburgh Medical Center: (Mai 1992): Management of terminally ill patients who may become organ donors after death. In: *Kennedy Institute Journal of Ethics 3/2 (1993) A1–A15*
Richtlinien (die sehr kontroverse Debatten ausgelöst haben) zur Organspende durch Patienten, die durch intendierten Therapieverzicht sterben (erneut: spezifizierte „Herztodkriterien"). Das gesamte Heft der genannten Zeitschrift ist – mit der Veröffentlichung von 15 Aufsätze über medizinische, ethische und sozialpolitische Aspekte – diesem Thema gewidmet.

11 Entscheidungsfindung

Franz Josef Illhardt

Fragen

- Warum ist es in der Medizin so bedeutsam, sich richtig entscheiden zu können?
- Kann man sich entscheiden, ohne sich auf eine verbindliche Werthierarchie zu stützen?
- Wie läßt sich der Vorgang der Entscheidung strukturieren im Sinne
  a) einer Abfolge von logischen Schritten,
  b) von kognitiven und affektiven Schwerpunkten der Entscheidungsarbeit,
  c) von verschiedenen Stilen der Entscheidung?
- Welche Hilfen und Orientierungen für die Entscheidung in der Medizin gibt es?
- Welche Gefahren ergeben sich durch eine vorwiegend formale Anpassung an kodifizierte Regeln und etablierte Institutionen der Entscheidung?
- Was bezweckt die klinisch-ethische Bewegung der Ethik-Beratung / „Ethics Consultation"?

11.1 Bedeutung und Problematik der Entscheidungsfindung in der Medizin

Eine Entscheidung ist immer dann nötig, wenn es mehrere Möglichkeiten zu handeln gibt, aber nur eine davon empfehlens„wert" ist. Eine Entscheidung ist insofern immer eine Vorzugswahl. Natürlich sind Informationen über das, was man wählt, nötig, aber den Ausschlag für eine Entscheidung gibt immer das – letztendendes – moralische Moment, daß einer der Gründe, die für eine Entscheidung sprechen, als der wünschenswertere erscheint.

Einem Mißverständnis dieses Themas soll von vornherein entgegengetreten werden. Sich-entscheiden ist eine Stellungnahme des Subjekts zur Wirklichkeit. Weil eine Entscheidung Gemeinsamkeit aller Handelnden und Betroffenen sowohl anzielt als auch voraussetzt, sind Subjektivität wie auch Intersubjektivität unaufgebbare Daten des Entscheidungsprozesses. Subjektivität und Intersubjektivität können und dürfen in der Entscheidung nicht – z. B. durch angeblich objektive Logik – unterlaufen werden. Unterstützung von Subjektivität und Intersubjektivität bleibt das Ziel, wenn über Entscheidungsfindung in der Medizin nachgedacht wird.

Begründung der Entscheidung für eine bestimmte Weise des Handelns wird praktisch auf verschiedenste Weisen vorgenommen (vgl. Kap. 2). Um nur die wichtigsten Begründungsfiguren zu nennen: **Orientierung an der Vervollkommnung des Ichs,** d. h. Motive und Gesinnungen kommen in Betracht, die der Selbsteinschätzung des Handelnden am ehesten entsprechen: z. B. jemand entscheidet sich für x, weil er ein guter und einfühlsamer Arzt sein will (Grund: Selbstverwirklichung); oder **Abwägung der Folgen** einer Handlung, wobei ein Mehr an Nützlichkeit, also an „guten" Folgen den Ausschlag für die Entscheidung gibt: z. B. jemand entscheidet sich für x, weil das seine Patienten wieder auf die Beine bringt (konsequentialistischer Grund); oder **Anpassung an Pflichten, Normen und Werte,** die dem Handelnden entweder von einer inneren Haltung oder von äußeren Instanzen vorgegeben werden: z. B. jemand entscheidet sich für x, weil er als Arzt so handeln zu müssen glaubt (deontologischer Grund).

Viele wichtige Arbeiten der US-amerikanischen medizinischen Ethik vor allem der 70er und 80er Jahre verstanden sich als **Strukturhilfe** zur Lösung des Problems, eine Entscheidung zu treffen („decision making"). Einige Voraussetzungen sprachen für diese Entwicklung:

- Entscheidungsprobleme in der Medizin hatten zu extensiven Datenspeichersystemen und sogar jüngst zu Expertensystemen geführt, die ohne den Unsicherheitsfaktor der ärztlich-menschlichen Beobachtung und Auswertung, aber anhand großer Datenmengen optimale Diagnosen und Indikationen ermitteln sollten.
- Die Tatsache, daß jede medizinische Behandlung immer auch die Behandlungsmöglichkeiten anderer Menschen betrifft, also ökonomische Rationalität enthält, ließ nach ökonomischen Abwägungs- und Entscheidungsprozessen Ausschau halten, die mehr Verläßlichkeit versprechen als die aus der Ethik bekannten Entscheidungsinstrumente wie Güterabwägung, Wertvorzugregel, die Regel vom kleineren Übel u.s.w.
- Viele Entscheidungsträger waren irritiert vom Tatbestand, daß gegenwärtig verbindliche ethische Orientierungen nicht vorhanden sind und daher eine medizinethische Entscheidungslehre sich mehr auf den Ablauf der Entscheidung als auf von ihr tangierte Werte konzentrieren muß.

Die Frage: „**Wozu** soll ich mich entscheiden?" ist – im Sinne einer medizinischen Wertlehre – unbeantwortbar geworden, weil es – je pluraler und vernetzter unsere Gesellschaften werden – als immer aussichtloser erscheint, eine Ordnung, gar eine Hierarchie von Werten und Gütern zu erkennen. Hinzukommt die Unsicherheit, wann welches Entscheidungsziel angezeigt und, selbst wenn man das wüßte, ob dieses Ziel erreichbar ist. Umso aussichtsreicher erscheint die formale Frage: „**Wie** soll ich mich entscheiden?"

11.2 Entscheidungsprozeß

Ein Fall aus dem ärztlichen Alltag nach einer Fallvignette von *Brody* soll den formalen Ablauf und dadurch einiges von der Problematik einer klinischen Entscheidung skizzieren:

„Eltern bringen ihre vierjährige Tochter zu einem Kinderarzt wegen leichten Fiebers und Schnupfen, die seit wenigen Tagen bestehen. Ihre Überreiztheit hat sich auf die Eltern übertragen, und sie bitten Sie ziemlich bestimmt, dem Kind ein Antibiotikum zu verschreiben. Die Untersuchungen ergeben mit hoher Wahrscheinlichkeit eine begrenzte virale Infektion. Der Arzt hat den Eindruck, daß keine Medikation erforderlich ist. Er kennt die Unwirksamkeit von Antibiotika bei viralen Erkrankungen und ist davon überzeugt, daß der Einsatz von Antibiotika ohne Indikation schlechte medizinische Praxis ist. Zunächst will er es den Eltern erklären und kein Medikament verschreiben, ihnen aber stattdessen anbieten, sich telefonisch wieder zu melden, wenn es dem Kind schlechter geht. Dann aber bezieht er in seine Überlegungen mit ein, daß eine überreizte und aggressive Einstellung die Eltern für Erklärungen unzugänglich gemacht hat und daß man in der pädiatrischen Praxis häufig Antibiotika verschreibt, um sich lange Erklärungen zu ersparen und stattdessen die Eltern zu beruhigen. Der Arzt sieht ferner ein, daß er keine Zeit hat, den Eltern eine vollständige Erklärung zu geben, und daß die Eltern, selbst wenn er es täte, immer noch einen anderen Arzt aufsuchen oder zur Notaufnahme gehen könnten.

Dieser Fall ist sicher nicht dramatisch, aber gerade deswegen ist er geeignet, auf die Struktur der alltäglichen medizinischen Entscheidungen aufmerksam zu machen. Wir finden hier die drei Elemente wieder, die wir bereits oben skizziert haben: Der Arzt will ein guter Arzt sein, er will, daß seine Entscheidung gute Konsequenzen für alle hat, er will mit seiner Entscheidung aber auch nicht gegen professionelle Standards und moralische Normen verstoßen. Entscheidung wird zum grundsätzlichen Problem, und das umso mehr, als sie kaum – in klinischen Entscheidungskonflikten nie – (z. B. in Entscheidungsbäumen) formalisierbar und immer von situativen und subjektiven Momenten abhängt. Die **Situation** spielt im doppelten Sinne eine Rolle, und zwar zum einen als das Ambiente, in dem sich der einzelne festlegen muß; in traditionellen moraltheologischen und -philosophischen Überlegungen wurde dieses Ambiente „Umstände" genannt. Zur Situation gehört aber auch die (antizipierte) Wirklichkeit, in der gehandelt werden muß. Vor dem Mißverständnis ist zu warnen, eine Entscheidung nur als die Anwendung einer Norm auf einen Einzelfall anzugehen und entsprechend zu strukturieren. Eine Regel (von vielen) für den **Konflikt zwischen Situation und Norm** ist das scholastische Axiom, daß über sein Können hinaus niemand verpflichtet werden kann („ultra posse nemo obligatur"), also eine unangemessen große situative Schwierigkeit die Verbindlichkeit einer Norm außer Kraft setzen kann. Natürlich ging diese Regel von einem geordneten Zusammenhang von „Sein" und „Sollen" aus, den wir heute in Frage stellen, aber moralpsychologisch gesehen ist es ein Zeichen von Hypermoral, d. h. von einem idealistischen Moralsystem, daß die Balance zwischen Können (→ Sein) und Pflicht (→ Sollen) mißachtet wird.

Die genannte Situations-Regel hat überdies eine **subjektive Basis.** Was jemand tun „kann", ist nicht nur ein ungefährer Schätzwert, sondern ergibt sich, wenn jemand, der sich entscheiden muß, Klarheit über das bekommt, was in ihm abläuft, was die kognitiven **und** – untrennbar damit verbundenen – affektiven Prozesse und Erfahrungen sind, die zur Entscheidung führen. Auffallend sind folgende Phasen im Ablauf einer Entscheidung:

1. Informationen sammeln,
2. Reaktionspotential mobilisieren und
3. Beendigung der Ambitendenz durch Erkenntnis bzw. Intuition der angemessenen Grundrichtung.

Im Fall des Kinderarztes entspricht der Informationssuche die Gewinnung relevanter medizinischer Fakten sowie der Vergewisserung eines pädiatrischen Standards; das Reaktionspotential mobilisieren bedeutet zu erkunden, wie sich andere Kinderärzte in vergleichbaren Situationen verhalten, welche Entscheidungsmöglichkeiten der Arzt hat bzw. aus welchen Gründen er sie favorisiert und wie er mit den für ihn selber negativen Konsequenzen zurechtkommt. Aus diesen ersten beiden Schritten ergibt sich die Entscheidung zwar nicht, aber es scheint eine Grundtendenz auf, die das innere Hin und-Her-Schwanken beendigt, d. h. – um es salopp zu sagen –, „was geht und was nicht geht", etwa ob es langfristig seinem Selbstbild entsprechen könnte, opportunistisch zu entscheiden (den Eltern zuliebe das Antibiotikum verschreiben), oder ob er es (z. B. seiner Familie gegenüber) verantworten kann, Patienten zu vergraulen, um sich weiterhin als guter Arzt fühlen zu können. *Es ist unabdingbar,* diese eigenen moralischen Ressourcen zu kennen und in anstehende Entscheidungen einzubringen.

Es ist wichtig, diese drei Phasen zu skizzieren, um deutlich werden zu lassen, daß keine Entscheidung automatisch – z. B. aus ethischen Prinzipien – hergeleitet werden kann. Nicht einmal für einen so einfachen Fall wie den des Kinderarztes ist das möglich. Entscheidungen sind immer ein Teil der Personwerdung dessen, der sich entscheidet, und genau dieser Teil ist nicht in eine logische und reproduzierbare Form zu bringen. Vollzug der eigenen Existenz steht in der Entscheidung auf dem Spiel.

Das praktische Problem von Entscheidungskonflikten – allgemein und im besonderen von medizinischen – besteht darum

1. in einer Beschreibung von Problem und Konflikt, die alle Betroffenen, seien es intrapersonale Instanzen, seien es Personen oder Gruppen, als angemessen akzeptieren;
2. in der Feststellung des gemeinsamen Willens, angemessenes Handeln festzulegen bzw. problematisch gewordenes Handeln zu ändern, und
3. in der Selbstverpflichtung durch bzw. Fixierung auf Handlungen sowie Regeln, die diesem gemeinsamen Willen entsprechen.

Dahinter können Aufbau und Abfolge von Schritten hin zur Entscheidung gezeigt werden. Die Entscheidung ist notwendige Voraussetzung des Handelns, weil Handeln von einer begründeten Auswahl verschiedener Alternativen, d. h. von einer Stellungnahme, ausgeht. Wenn auch das intuitive Moment der (ärztlichen) Entscheidung nicht eliminiert werden kann, muß doch das prozeßhafte Element der Entscheidung in Betracht gezogen werden. Fünf Schritte lassen sich rekonstruieren:

1. **Situationsanalyse**
   Worin besteht das Problem? Was ist an medizinischen und biographischen Daten des Patienten bekannt? Wer hat welche Interessen?
2. **Aufstellen von alternativen Lösungsangeboten**
   Mit welchen anderen Entscheidungmöglichkeiten lassen sich die Probleme lösen und die Interessen der Beteiligten wahren?
3. **Konsequenzauflistung**
   Welche Entscheidung hat welche Konsequenzen? Konsequenzen können lang oder kurzfristig, erwünscht oder unerwünscht, mittelbar oder unmittelbar sein. Wer wird von diesen Konsequenzen betroffen und wie geht er mit diesen Konsequenzen um? Machen die Konsequenzen weitere Entscheidungen nötig?
4. **Konsequenzabschätzung**
   Welche Entscheidungen mit welchen Konsequenzen stimmen mit den Wertüberzeugungen der Betroffenen oder professionellen Regeln überein? Gibt es Überzeugungen, die alle teilen, die von der Entscheidung betroffen sind?
5. **Entscheidung für eine der Alternativen**
   Durch die Konsequenzenabschätzung kann eine Vorauswahl brauchbarer Lösungen getroffen werden. Die letzte Auswahl einer der Alternativen sollte von der Frage abhängig gemacht werden, ob die Maxime des eigenen Handelns zum Gesetz für alle Menschen werden kann.

Eine prozeßhafte Darstellung des Entscheidungsganges soll die verschiedenen Schritte der Entscheidung **durchschaubarer** machen. Sie bestreitet nicht ihren existentiellen Wagnischarakter und die Freiheit, die in ihr erlebt wird; vielmehr weist sie darauf hin, daß Freiheit und Wagnis der Entscheidung vor jeder Formalisierung, Regulierung und Mystifizierung, aber auch vor ihrer Nichtwahrnehmung zu schützen sind.

Die Begleitung von Entscheidungen des Patienten durch die Helfer bzw. des Helfers durch Kollegen ist angesichts dieses komplexen Vorgangs unerläßlich, zumal sie unter schwierigsten Bedingungen getroffen werden müssen, z. B. bei medizinischem Handeln an/mit Kindern, Bewußtlosen, geistig Behinderten oder Patienten, die ihre eigenen Wünsche, die medizinischen Voraussetzungen und die Konsequenzen nicht einschätzen können. Hinzu kommt das Problem eines Entscheidungsstils. Zu nennen sind

- der technokratische (es zählt, was „drin ist“ und „sich machen läßt“),
- der dezisionistische (einer hat das „Sagen“) und
- der kommunikative Entscheidungsstil ([An-]Teilnahme, Durchschaubarkeit von Problem und Ziel).

Das sicher am meisten ins Gewicht fallende Problem der Entscheidung in der Medizin ist die – vermeintliche – Tatsache, daß ungeheuer schnell entschieden werden muß. Gegenwärtig wird die tendenzielle Inhumanität vieler medizinischer Entscheidungen beklagt. Eine Korrektur der Voraussetzungen der Entscheidung ist angebracht, bevor der schlechte Entscheidungsstil nach dem Motto „Besser schlecht als überhaupt nicht entscheiden!“ einreißt. Entscheidungen brauchen **Zeit,** strukturierte, nicht endlose Zeit: d. h. Verlangsamung und damit Intensivierung der Abläufe für Bereitstellung von Hilfen (nachdem allgemein verbindliche Orientierungen weggefallen sind), für Transparenz der kognitiven und affektiven Schritte, für Abwägung und Bewertung der möglichen Konsequenzen, für Sich-Beraten z. B. im Kreis von Mitmenschen und Kollegen, die dafür kompetent sind.

11.3 Entscheidungshilfen

Die Regeln des **Arzt- und Standesrechts** dienen dazu, sozial angemessene Handlungsweisen von unangemessenen zu unterscheiden und ihnen den Vorzug zu geben. Arzt- bzw. Medizinrecht ist eine Zusammenfassung der Normen aus Straf- und Zivilrecht zu Handlungsproblemen der Medizin; das Standesrecht ist eine Zusammenfassung von Normen, welche die Angehörigen eines Berufs, hier vor allem: die Ärzteschaft, betreffen und darum von den Organisationen des Standes aufgestellt und sanktioniert werden. Beide Bereiche basieren auf Ethik, Recht ist in gewisser Weise „geronnene“ Ethik. Ein weitverbreitetes Mißverständnis – im Sinne einer heteronomen Moral – ist jedoch, allein rechtliche Regeln für entscheidungsrelevant zu halten, weil ihre Übertretung im Gegensatz zu moralischen Normen geahndet werden kann; sie gelten vielmehr nur insofern, als sie den Willen einer Gesellschaft zu geordnetem Zusammenleben und Willkürbegrenzung ausdrücken. Dementsprechend ist die Geltung rechtlicher Regelungen an das Vorhandensein gesetzgeberischer Autorität sowie nationaler und zeitlicher Grenzen gebunden, während eine moralische Norm im wesentlichen über diese Grenzen hinausreicht. Somit ist Recht keine moralische Instanz, kann aber nur im Zusammenhang mit Ethik Gültigkeit erhalten.

Entscheidungshilfe wird ebenso von der **Standesethik** erwartet. Sie gilt als Zusammenfassung von Etikette und Verhaltensregeln, die aus der konkreten Erfahrung geglückten Handelns stammen und deswegen an Zeit und Kultur gebunden sind. Insofern weist sie weniger auf Inhalte (Wozu man verpflichtet ist) als auf die Unbedingtheit von Pflicht (daß man verpflichtet ist) hin. Kernbestand der Standesethik ist die sog. medizinische Deontologie oder Pflichtenlehre mit ihren drei Hauptkomplexen der Schweige-, Sorgfalts- und Behandlungspflicht.

Standesethik wird auf dem Hintergrund der jeweiligen Handlungs- und Entscheidungssituation kodifiziert. Zu diesen **Kodizes** gehört als ältestes schriftliches Zeugnis des Abendlandes der **Hippokratische Eid,** dessen Herkunft und Entstehungszeit kontrovers diskutiert wird. Seine Überzeugungskraft liegt in der Tatsache, daß antike Ärzte die Notwendigkeit sahen, ihr Handeln auf Regeln der guten Therapie („treatment ethics“) und des guten professionellen Verhaltens („business ethics“) mit einer für sie selber und ihre Patienten einsichtigen Begründung festzulegen. Regeln der guten Therapie und des guten professionellen Handelns haben sich in der modernen Medizin radikal gewandelt und werden sich weiterhin wandeln. Hippokratische Tradition in der medizinischen Ethik hat sich darin zu bewähren, daß Ärzte durch Selbstverpflichtung die Humanität ihrer Intentionen glaubhaft machen und diese Tradition stets neu rezipieren und aktualisieren.

Besonders bedeutsam ist die Aktualisierung des Hippokratischen Eides im **Genfer Ärztegelöbnis** von 1948, das in die verschiedenen ärztlichen Berufsordnungen eingegangen ist. Hippokratisches Gedankengut taucht so wieder auf in Präambeln der Berufsordnungen, in nationalen Ethik-Codes (z. B. der amerikanischen und britischen Ärztekammer), in Codes verschiedener medizinischer (z. B. psychiatrischer, psychotherapeutischer, pflegerischer, medizinstatistischer) Berufsgruppen oder in thematischen Verlautbarungen internationaler Verbände wie des Weltärztebundes (WMA), der Weltgesundheitsorganisation (WHO) oder des Zusammenschlusses Internationaler Organisationen der medizinischen Wissenschaften (CIOMS) zu aktuellen Fragen der Medizin. Besondere Bedeutung haben Deklarationen dieser Verbände gefunden: z. B. zur Forschung am Menschen (vgl. Kap. 12) die Deklaration von Helsinki (WMA 1964, in Tokio 1975, Venedig 1986 und Hongkong 1989 revidiert).

Entscheidungshilfe geben auch die **Strukturen der Institution,** in der gehandelt werden muß, etwa in der Hierarchie eines Krankenhauses, der Praxisgemeinschaft niedergelassener Ärzte, den Formen der Kooperation ärztlicher und anderer Berufsgruppen. Von aktueller Bedeutung ist das Modell des Konsils, in dem Kollegen sich gegenseitig bei der Entscheidungsfindung unterstützen. In diesem Zusammenhang stehen **Ethik-Kommissionen,** die als Instrument zur Lösung von Entscheidungskonflikten sowohl medizinischer Forschung als auch Praxis (z. B. in Krankenhäusern) dienen. Mißverstanden sind sie, wenn sie nur als Instrument der kollegialen Kontrolle von Forschung eingesetzt werden; vielmehr sollen sie den Entscheidungsgang durchsichtig machen, Konsequenzen für alle Betroffenen verdeutlichen, aus verschiedensten Perspektiven und Interessen heraus argumentieren und so den Arzt dabei unterstützen, eine verantwortliche Entscheidung zu treffen.

In Verbindung mit Ethik-Kommissionen und anderen Institutionen der Entscheidungshilfe wächst bzw. aus ihnen heraus kommt vor allem im amerikanischen Raum die Bewegung der **Ethik-Beratung** (Ethics Consultation). Dahinter steht folgende Erfahrung: Menschen, seien es Patienten oder Therapeuten, stehen in Entscheidungssituationen, in denen sie Hilfe (z. B. ethische Informationen oder psychisch stützende Gespräche) brauchen, sich richtig zu entscheiden oder wenigstens mit der eigenen Ambiguität, also dem unguten Gefühl zurechtzukommen, daß es keine eindeutig „gute" Richtung für die Entscheidung gibt. In vielen amerikanischen Krankenhäusern ist diese Ethik- bzw. Entscheidungsberatung Standard, weil es als moralischer Auftrag der Klinik gesehen wird, Hilfe dazu bereitzustellen. Für andersartige kulturelle Bedingungen, z. B. des deutschsprachigen Raumes, ist dieses Angebot neu zu strukturieren. Insbesondere diese transkulturelle Aufgabe läßt folgende Überlegungen zur Entscheidung wichtig erscheinen: Welche Funktionen und Fähigkeiten muß derjenige haben, der in moralischen Fragen berät? Welchen klinischen Hintergrund braucht er dafür? Wie „normal" ist es, mit dem Sichentscheiden Probleme zu haben? Kann man hinsichtlich der Entscheidung medizinische Ethik als System verstehen, das jenseits der Praxis und ihrer Vieldeutigkeit steht? In welcher Weise kann man von „moralischem Expertentum" reden, und wie kann man es zur Optimierung von Entscheidungen einsetzen?

Daß Entscheidungen in der Medizin verantwortlich getroffen werden müssen, weist darauf hin, daß im traditionellen Bild der Typus der Entscheidung für den bzw. im Interesse des Patienten, also die Entscheidung nach dem sog. **principle of beneficence,** vorherrscht; Entscheidungen in der Medizin begegnen wegen ihrer Fürsorgestruktur jedoch oft der Kritik des Paternalismus. Natürlich ist es praktisch notwendig, daß der Arzt und/oder andere medizinische Helfer für den bzw. im Interesse des Patienten entscheiden. Jedoch sollten, damit Einseitigkeiten vermieden werden, Verfahren einer **gemeinsamen Entscheidungsfindung** („shared decision making") entwickelt werden, damit möglichst viele Perspektiven herbeigezogen werden können, um den Willen des Patienten zu finden oder zu rekonstruieren (principle of autonomy). Ziele sind: Stärkung von Patientenmündigkeit, Abbau unrealistischer Erwartungen zwischen Helfer und Patient sowie das (Mit-)Teilen von Ängsten und Unsicherheiten soll bei allen gefördert werden, die an der Entscheidung beteiligt sind. Nur so läßt sich Respekt vor der unantastbaren Würde des anderen wahren. Das ist die grundlegende Forderung der Lehre vom Informed Consent.

Die standesethischen, -rechtlichen und institutionellen Entscheidungshilfen, aber auch Formalisierungen von Entscheidungen tragen eine dreifache Gefahr in sich:

- die Verselbständigung von Entscheidungshilfen, die den Arzt in Abhängigkeit von Vorgaben und damit zu außengeleitetem Verhalten bringen können,
- die Ideologie, daß Entscheidungskonflikte durch optimalisierte Entscheidungsverfahren grundsätzlich lösbar seien und keinen Rest an Vorläufigkeit offen ließen, und
- die Leugnung unlösbarer Konflikte, die bei allen Betroffenen das Gefühl zurücklassen, nur suboptimale Entscheidungen getroffen oder gar versagt zu haben.

11.4 Entscheidungskompetenz

Die Fähigkeit zur Entscheidung muß gewissermaßen ein Charakterzug des Helfers werden. Das macht die **moralische Kompetenz** aus, die in den Prinzipien der medizinischen Ethik als sog. principle of integrity angezielt ist. Moralische Kompetenz des Menschen ist „das moralische Rückgrat seiner Geschichte“ (*Pieper* 1985). Auf die Entscheidungsfähigkeit ausgelegt heißt das: Sich-nicht-Entscheiden-Können bedeutet, die Identität der eigenen Geschichte zu verfehlen: Entscheidungshilfen als nur äußere Vorgaben verhindern Charakterisiertsein durch den personalen Stil, eine „gute“ Entscheidung zu treffen; die Ideologie der optimierten Entscheidungsverfahren verdeckt die Einsicht, daß die Entscheidung für das Gute die innere Tendenz des Humanen und nicht einfach ein logisch-mathematischer Prozeß ist; und die Weigerung, zweitbeste Entscheidungen anzuerkennen, befördert die zwanghaft-neurotische Entgleisung, daß nur das Beste für den Menschen gut genug ist. Moralische Kompetenz ist die eingeübte, desillusionierte und kompromißbereite Fähigkeit des Handelnden, Entscheidungen so treffen zu können, daß sie in der jeweiligen Situation angemessen sind. Dazu gehört auch die Fähigkeit, mit Fehlentscheidungen und Versagen konstruktiv - und nicht nur depressiv oder abwehrend - umgehen zu können.

11.5 Literaturempfehlungen

Benes, R., Brobst, K.: Ethics in Critical Care: Practitioners Discuss Collaborative Approaches to Decision Making. Quality Rev. Bull. 18 (1992): 33–39
Ausgangspunkt ist die Situation von medizinischen Fachleuten, die Menschen in besonders kritischen Krankheitsphasen behandeln müssen. In dieser (arbeitsteiligen) Situation haben sich Formen einer gemeinsam, und nicht mehr nur hierarchisch getroffenen und getragenen Entscheidung bewährt.

Brody, H. (1981[2]): Ethical Decisions in Medicine. Little, Brown and Company, Boston
Anhand von 66 Fällen wird eine Einführung in die medizinische Ethik gegeben, indem die besonderen Dilemmata der ärztlichen Entscheidung reflektiert und praxisnahe Entscheidungsabläufe analysiert werden.

Childress, J. F. (1982): Who should Decide? Paternalism in Health Care. Oxford University Press, New York, Oxford.
Childress stellt als Hauptgefahr einer vernünftigen Entscheidung in der Medizin den Paternalismus dar, analysiert Ausnahme-Situationen und regulative Prinzipien für den klinischen Alltag.

Duff, R. S. (1988): Unshared and Shared Decisionmaking. In: King, N. M. P., Churchill, L. R., Cross, A. W. (eds): The Physician as Captain of the Ship: A Critical Reappraisal. Reidel, Dordrecht, Boston pp 191–221.
Dieses Buch untersucht den Werdegang ärztlicher Dominanz als die Dominanz einer bestimmten professionellen Perspektive in der Medizin. Insbesondere der Weg zur Entscheidung kann entgegen bisheriger hierarchischer Strukturen als etwas angesehen und geübt werden, was in der Kompetenz aller medizinischer Berufsgruppen liegt und darum vom Typ her „gemeinsame Entscheidungsfindung“ genannt wird.

Faden, R. R., Beauchamp, T. L. (assist. *King, N. M. P.*) (1986): A History and Theory of Informed Consent. Oxford University Press, Oxford, New York.
Die Autoren diskutieren in diesem Buch, was die rechtliche und ethische Theorie der aufgeklärten Einwilligung bedeutet, wie sie sich entwickelt hat und auf welchen Basisannahmen sie beruht.

Fletcher, J. G., Quist, N., Jonsen, A. R. (eds) (1989): Ethics Consultation in Health Care. Health Administration Press, Ann Arbor.
In 11 Beiträgen stellen die Autoren die wichtigsten organisatorischen, methodischen und philosophischen Probleme dar, die mit der jungen Bewegung der Beratung ethischer Probleme durch einen Ethics Consultation Service im Krankenhaus entstehen.

Gross, R., (1989): Entscheidungsfindung, ärztliche (1. Medizin). In: *Eser, v. A., Lutterotti, v. M., Sporken, P.* (Hrsg.) (unter Mitwirkung von *Illhardt, F. J., Koch, H.-G.*): Lexikon Medizin - Ethik - Recht. Herder, Freiburg Basel Wien, S. 298–303
Gross versteht die Entscheidungen, die in der Medizin anstehen, als einen Vorgang, der in der Spannung von medizinischen Wissen, z. B. dem der Diagnose, und „Wissen“ über den Menschen, z. B. sein Grundrecht auf Selbstbestimmung, steht. Die konkrete Abwägung findet statt unter den Bedingungen der Wahrscheinlichkeit, z. B. der Spieltheorie, oder unter den Bedingungen der Nützlichkeit, z. B. der Kosten-Nutzen-Analyse.

Gutheil, T. G., Bursztajn, H., Brodsky, A.: Malpractice Prevention Through the Sharing of Uncertainty. New Engl. J. Med. 311 (1984) 49–51.
Die Autoren argumentieren, daß aus psychiatrischer Perspektive der informed consent zu einem gegenseitigen Prozeß von Arzt und Pa-

tient werden muß: Unrealistische Erwartungen von Dominanz und Regression blockieren – gerade in der Psychiatrie – den therapeutischen Prozeß und können durch das Mit-Teilen von Unsicherheit abgebaut werden.

Habermas, J. (1971): Technik und Wissenschaft als „Ideologie“. In: Technik und Wissenschaft als „Ideologie“. Suhrkamp, Frankfurt a. M.
Habermas diskutiert in diesem Aufsatz das technokratische, dezisionistische und kommunikative Modell der Entscheidung, er favorisiert dabei das kommunikative Modell wegen des Dialogs und der Durchschaubarkeit der Probleme für alle Beteiligten.

Hess, R. (1989): Richtlinien, berufsständische. In: *Eser, A., Lutterotti, v. M., Sporken, P.* (Hrsg.) (unter Mitwirkung von *Illhardt, F. J., Koch, H.-G.* Lexikon Medizin – Ethik – Recht. Herder, Freiburg, Basel, Wien, S. 943–950
Hess beschreibt Aufgabe und Funktion berufsständischer Richtlinien als zwischen staatlichem Recht und Wertüberzeugung liegender Orientierung mit rechtlicher Bindungswirkung.

Jonsen, A. R., Toulmin, S. (1988): The Abuse of Casuistry. A History of Moral Reasoning. University of California Press, Berkeley, Los Angeles, London.
Die Autoren stellen dar, wie im Laufe der Jahrhunderte Ethik als Theorie und als Praxis verstanden wurde. Eine sehr reiche Tradition der Ethik bestand in der Klärung von einzelnen Fällen und durchbrach die Rigidität einer ethischen Dogmatik. Gerade das Erfordernis einer Ethik für Praxisfelder wie die Medizin besteht in ethischer Analyse, nicht in Dogmatik.

Illhardt, F. J. (unter Mitarbeit von *Koch, H.-G.)* (1985): Medizinische Ethik. Ein Arbeitsbuch. Springer, Berlin, Heidelberg.
Neben einer Skizze der verschiedenen medizinethischen Themen wird eine Auswahl rezenter Gesetze und Kodizes (S. 165–216) geboten.

Illhardt, F. J. (1989): Vom Monolog zum Dialog in der Medizin. In: *Wagner, F.* (Hrsg.): Medizin – Momente der Veränderung. Springer, Berlin, Heidelberg S. 103–114
Ethik-Kommissionen werden nicht als der – neuste medizinethische Schrei – diskutiert und dargestellt, sondern als Konsequenz dialogischen Denkens.

Illhardt, F. J. (1994): Das Selbstbild des Arztes: «Missing Link» zwischen Ideal und Praxis? In: *Leven, K.-H., Prüll, C.-R.* (Hrsg.): Selbstbilder des Arztes im 20. Jahrhundert. Medizinhistorische und medizinethische Aspekte. (Freiburger Forschungen zur Medizingeschichte. Neue Folge: Bd. 16.) H. F. Schulz, Freiburg, S. 1–37
Illhardt geht davon aus, daß Entscheidungen im Spannungskreuz: Ideal – Realität und Individuum – Kollektiv stehen. Entscheidungen in der Medizin werden darum nicht nur durch externe Normen (wie etwa in G. B. Shaw's the Doctor's Dilemma), sondern durch die Einschätzung des eigenen und professionstypischen Könnens vorbereitet.

Laufs, A. (1989): Standesrecht. In: *Eser, A., Lutterotti, v. M., Sporken, P.* (Hrsg.) (unter Mitwirkung von *Illhardt, F. J., Koch, H.-G.*) Lexikon Medizin – Ethik – Recht. Herder, Freiburg, Basel, Wien, S. 1071–1078
Laufs sieht das Standesrecht im Verhältnis zur Ethik und zur Freiheit des Berufs als Inbegriff von Normen zur Regelung des ärztlichen Handelns. Sein Rechts-Charakter resultiert aus der Tatsache, daß seine Vorschriften nicht nur Berufsangehörige, sondern auch die Gesellschaft im ganzen angeht.

Lübbe, H. (1980): Pragmatismus oder die Kunst der Diskursbegrenzung. In: *Lübbe, H.:* Philosophie nach der Aufklärung. Econ, Düsseldorf, Wien, S. 197–208
Lübbe geht anhand eines Beispiels aus politischen Entscheidungskonflikten (hier: Wahlfangquotenbegrenzung) davon aus, einen Konflikt unter Zeitdruck, also schnell, effektiv und unter üblichen Bedingungen, lösen zu müssen. Der von ihm geforderte Pragmatismus in der Normbegründung ist damit dem effektiven Entscheidungsverfahren vergleichbar.

Nüchtern, M. (1992): Schritte verantworteter Urteilsbildung. In: *Amelung, W.* (Hrsg.): Medizinisch-ethisches Lehrbuch. Springer, Berlin, Heidelberg, S. 93–102
Nüchtern nimmt das Phänomen der Betroffenheit als Ausgangspunkt eines in sieben Schritten verlaufenden Prozesses der Urteilsbildung: Betroffenheit, Problemformulierung, Handlungsfeldeingrenzung, Aufstellen von Normen und Alternativen, Folgenabschätzung und Entscheidung.

Oeter, K. (1984): Entscheiden und Handeln. Eine Analyse individualistisch-rationaler Entscheidungsmodelle. Beispiel „Empfängnisverhütung“. Enke, Stuttgart.
Am Beispiel der Entscheidung für Empfängnisverhütung bzw. einer ihrer Methoden klärt

Oeter Begriffe und Theorien der Entscheidung auf intrapsychischer, interpersoneller und makrosozialer Ebene.

Pieper, A. (1985): Ethik und Moral, Beck, München.
Pieper unternimmt Darstellung und Reflexion von Begriffen, Argumentationen und Theorien der Ethik. Mittels klarer Schemata und Graphiken verdeutlicht sie deren Aktualität und Brauchbarkeit.

Sass, H.-M. (Hrsg.) (1991): Güterabwägung in der Medizin. Ethische und ärztliche Probleme. Springer, Berlin, Heidelberg, New York
16 Autoren aus den verschiedensten geisteswissenschaftlichen und medizinischen Disziplinen stellen Konzepte vor, wie eine Güterabwägung, übertragen auf medizinische Probleme, aussehen könnte. In Anlehnung an die klinischen Abwägungs- und Unterscheidungsstrategien der Differentialdiagnose und der Risikoeinschätzung konzentrieren sich die Ausführungen auf die beiden Systeme der differentialethischen Güterabwägung und der moralischen Kosten-Nutzen bzw. Risiko-Nutzen-Abwägung.

Schmidt, H. (1989): Entscheidungsfindung, ärztliche (2. Ethik). In: *Eser, A., Lutterotti, v. M., Sporken, P.* (Hrsg.) (unter Mitwirkung von *Illhardt, F. J., Koch, H.-G.*) Lexikon Medizin – Ethik – Recht. Herder, Freiburg, Basel, Wien, S. 303–312
Die Entscheidung ist ein ethisches Thema, weil sich in ihr der Wille des Menschen kundtut, – nach bestem Wissen und Gewissen – zu handeln, also etwas besser zu finden als etwas anderes. *Schmidt* strukturiert diesen Prozeß des Abwägens und Sich-Festlegens als eine Folge von 6 Schritten: beginnend bei der Problemfeststellung und endend bei der Adäquanzkontrolle der getroffenen Entscheidung.

Siefert, H. (1989): Ärztliche Gelöbnisse. In: *(Eser, A., Lutterotti, v. M., Sporken, P.* (Hrsg.) (unter Mitwirkung von Illhardt, F. J., Koch, H.-G.). Lexikon Medizin – Ethik – Recht. Herder, Freiburg, Basel, Wien, S. 114–122
Siefert benennt als Ausgangspunkt der in der Moderne gebrauchten ärztlichen Gelöbnisse den Hippokratischen Eid und vergleicht damit seine Aktualisierungen von Nürnberg und Genf. Davon unterscheidet er Texte der „thematischen Selbstverpflichtung“ und der weltanschaulichen Orientierung und kommentiert sie in Kürze.

Sohl, P., Bassford, H. A.: Codes of Medical Ethics: Traditional Foundations and Contemporary Practice. Social Sciences & Medicine 22 (No. 11) (1986) 1175–1179
Am Beispiel des Hippokratischen Eides, in dem Elemente einer Behandlungs („treatment ethics“) und Geschäftsethik („business ethics“) zusammenfließen, belegen *Sohl* und *Bassford* die Notwendigkeit, ethische Codes in der Medizin zu aktualisieren. Ein wichtiges Beispiel dafür ist der Ethical Code des Arztes *Percival.* Aktualisierung ist nötig, damit die ethische Aussage erhalten bleibt und die jeweils aktuelle Entscheidung orientieren kann.

Thomae, H. (1960): Der Mensch in der Entscheidung. Barth, München
Ausgehend vom Material einer Umfrage zu „Mein schwerster Entschluß“ diskutiert *Thomae* aus psychologischer Perspektive Phasen, Phänomenologien und Bedingungen der Entscheidung. Trotz seines Alters ist dieses Buch für eine Lehre der Entscheidung unverzichtbar.

Troschke, v. J., Schmidt, H. (Hrsg.) (1983): Ärztliche Entscheidungskonflikte. Falldiskussionen aus rechtlicher, ethischer und medizinischer Sicht. (Reihe: Medizin in Recht und Ethik Bd. 12) Enke, Stuttgart
Die Herausgeber reflektieren die Beobachtung, daß insbesondere der Arzt ständig in Konfliktsituationen steht. Paradigmatische Entscheidungsproblematik entdecken sie in 10 Schwerpunkten. Fachleute verschiedener Disziplinen kommentieren Fallgeschichten zu diesen Schwerpunkten und arbeiten so eine Typologie klinischer Entscheidungskonflikte heraus.

12 Forschung am Menschen

Ulrich Tröhler, Bettina Schöne-Seifert

Fragen

Forschung in der Medizin dient nach allgemeiner Auffassung deren „Fortschritt". Auch in der Öffentlichkeit wird zunehmend die Frage nach dem Wert eines stetigen medizinischen „Fortschritts" überhaupt diskutiert. Kernfragen dieser Debatte sind etwa: Wissenszuwachs um welchen Preis? Forschungspflichten gegenüber der Nachwelt? Technologiefolgeabschätzungen – wie und durch wen? Probandenrisiken in der Humanforschung und Dehumanisierung als zu hoher Preis für die vermeintlichen Gewinne ungezügelter Forschung? Und mit Blick auf konkrete Versuchsvorhaben und Probanden stellen sich folgende zentralen Fragen:

- Welche Risiken und Nachteile dürfen menschlichen Probanden gegebenenfalls zugemutet werden?
- Wie läßt sich die Selbstbestimmung der Versuchspersonen gewährleisten?
- Welche Forderungen sind aus ethischer Sicht an das Projekt-Design zu stellen?
- Wie können Versuchspersonen fair ausgewählt werden?
- Wie läßt sich kontrollieren, ob das konkrete Forschungsvorhaben am Menschen den zu stellenden moralischen Anforderungen genügt?

12.1 Begriffliche und historische Voraussetzungen

Die moralische Beurteilung von Humanversuchen hängt wesentlich davon ab, ob deren Durchführung für den Probanden selbst einen möglichen Behandlungserfolg verspricht (**„therapeutischer Versuch", Heilversuch"**) oder nicht (**„nicht-therapeutischer Versuch"**). Im letztgenannten Fall stehen den fraglichen Belästigungen und Risiken für die Versuchspersonen nicht deren eigene, sondern immer nur gesamtgesellschaftliche bzw. wissenschaftliche Interessen oder auch persönliche Anliegen der Forschenden entgegen. Dabei ist die Grenze zwischen therapeutischen und nicht-therapeutischen Versuchen vergleichbar unscharf wie diejenige zwischen angewandter und Grundlagenforschung (siehe z. B. „Gentechnik").

Für das Wissenschaftsverständnis auch in der Medizin waren im Laufe der Geschichte einander ergänzend oder ablösend, die Konzepte von kosmischer Ordnung und „professionaler" Autorität, von Kausalität und Probabilität in der Natur entscheidend. Daraus ergaben sich spezifische ethische Fragen, wobei heute zu bedenken ist, daß frühere Wissenschaftsbegriffe noch ihre Gültigkeit haben können.

Bis ins 19. Jahrhundert galt nicht nur in der Medizin – und dort insbesondere in der Therapeutik – vorwiegend die Sicherheit des Wissens, ausgedrückt in der Weisheit der Alten, häufig in Übereinstimmung mit der göttlichen Vorsehung und erworben durch deduktive Logik als entscheidendes Kriterium für Wissenschaftlichkeit. Seit etwa 100 Jahren beruht die wissenschaftliche Medizin, wie sie an den abendländischen Universitäten – und zunehmend an den Ausbildungsstätten der Dritten Welt – gelehrt, gelernt und praktiziert wird, in ihrem Selbstverständnis auf den Ergebnissen **naturwissenschaftlich ausgerichteter experimenteller Forschung.** Das immense Volumen an diagnostischer und therapeutischer Forschung, welches die moderne Medizin einerseits ermöglicht hat und sie andererseits weiterhin kennzeichnet, umfaßt Experimente in vitro, an Tieren und an Patienten. Die medizinische Forschungstätigkeit hat in den letzten Jahrzehnten dadurch erheblich zugenommen, daß erstens wachsende ätiologische und zweitens technologische Kenntnisse immer neue Behandlungsmethoden in Aussicht stellen, und die sog. „Schulmedizin" vor deren Übernahme kennzeichnenderweise den statistisch gesicherten Erweis ihrer Wirksamkeit und Verträglichkeit verlangt. Entgegen einem weitverbreiteten Mißverständnis sind solche **Evaluationsforderungen** nicht schon Ausdruck eines biologischen Reduktionismus, da sie eine rein biophysikalische Erklärung der zu evaluierenden Wirkungen nicht einzuschließen brauchen. Zunehmend wird auch der Tatsache begegnet, daß die Wirksamkeit und Überlegenheit unzähliger Standardverfahren in der Medizin bisher nicht gesichert worden sind, eben weil diese vor der Ära definierter Qualitätskriterien eingeführt wurden. Schon aus solchen quantitativen Gründen sind neben die seit der Antike ausgeübten ärztlichen Selbstversuche mehr und mehr „Fremdversuche" getreten.

12.2 Moralische Grundforderungen

Die beiden zentralen Problemstellungen der Forschung am Menschen – die geforderte hohe Forschungsrate mit möglichst objektiver Evaluation der Ergebnisse und die potentiellen Interessenkonflikte des Forschers – haben u. a. zur Bewußtmachung zweier ethischer Grundsätze geführt.

- **Erstens** muß bei einem konkreten Forschungsvorhaben ein **angemessenes Nutzen-Risiko-Verhältnis** gewährleistet sein.

In den notwendigen Abwägungsprozeß haben einzugehen: gesellschaftlicher Nutzen und Schaden sowie die Interessen der Probanden. Besteht für den Probanden ein nennenswertes Risiko, dessen Inkaufnahme durch das Interesse am wissenschaftlichen Fortschritt gerechtfertigt werden soll, so stellt sich die grundsätzlichere Frage nach der moralischen Rechtfertigung solcher individueller Opfer.

Es ist für alle Beteiligten oft schwierig, die für die Abwägung erheblichen Fakten richtig einzuordnen, zumal sich der wissenschaftliche und technische Fortschritt immer schneller vollzieht. Die Bewertung der potentiellen Bedeutung konkreter Forschungsvorhaben kann immer nur vor dem Hintergrund von gesellschaftlich bestimmten Werturteilen stattfinden, z. B. über Krankheiten, Gebrechen und verschiedenen Lebensweisen. Die Rede von sog. „hochrangiger Forschung", um deretwillen bestimmte Risiken in Kauf genommen werden dürften, mag über diese Relativität solcher Beurteilungen hinwegtäuschen. Aber selbst bei „objektiv" akzeptablem Nutzen-Risiko-Verhältnis ist die subjektive Risikobereitschaft jedes Probanden zu respektieren.

- Daher gilt unabhängig als **zweite Kardinalforderung:** Forschungen am Menschen dürfen nur nach **freiwilliger, jederzeit widerrufbarer Zustimmung** („informed consent") des Probanden durchgeführt werden. Um die Freiwilligkeit solcher Zustimmung zu realisieren, müßte jegliche Manipulation der Versuchspersonen – etwa durch unvollständige oder tendenziöse Aufklärung, finanzielle und andere Begünstigungen – ausgeschlossen sein.

Die Forderung nach „informed consent" hat jedoch gewissermaßen eine Doppelfunktion: Neben der Gewährleistung eines objektiv und subjektiv angemessenen Nutzen-Risiko-Verhältnisses dient dieses Instrument der Garantie für die Achtung der **Autonomie** der Versuchsperson jenseits aller Nutzen-Risiko-Kalküle. Die Einholung der freiwilligen Zustimmung von Probanden hat auch eine Entlastungsfunktion für die Forschenden. Allerdings darf freiwillige Zustimmung nicht zur Vertuschung eines „objektiv" nicht akzeptablen Nutzen-Risiko-Verhältnisses mißbraucht werden (Schutz der Forschenden vor moralischem Mißbrauch an Probanden und Schutz vor juristischen Folgen).

Die sachgerechte **Information** muß enthalten: Zweck und Methode des Forschungsvorhabens, vorhersehbare Risiken und Unannehmlichkeiten, vorsorgliche Maßnahmen und Versicherungsschutz. Die Sachgerechtigkeit schließt wiederum ein, daß der verantwortliche Forscher **selbst** die ethische Verantwortung der Wertung und Trennung der Interessen des Probanden von denjenigen der Gesellschaft und/oder Wissenschaft erkennt, wahrnimmt und transparent macht. Dazu muß er auch sicherstellen, daß sein Forschungsvorhaben zeitgemäßen wissenschaftlichen Kriterien in bezug auf Begründung, Planung, Design, Methode, Durchführung, Kompetenz, Vorsichtsmaßnahmen genügt, denn „technisch" schlechte Forschung ist a priori unmoralisch.

Forschung in den **Spezialfällen,** in denen die freiwillige Zustimmung der Versuchspersonen nicht erhalten werden kann, d. h. bei geschäfts- und/oder einsichtsunfähigen Probanden (z. B. Föten, Kindern, Geistes- und Schwerstkranken), oder in denen ein Zwang zur Zustimmung gegeben sein könnte (z. B. rassische oder soziale Randgruppen, Gefangene) ist allenfalls gerechtfertigt, wenn erstens ein unmittelbarer Nutzen für die Gesundheit der Probanden möglich ist, oder die risikoarme Forschung zugunsten von Personen der gleichen Kategorie durchgeführt wird, ohne daß die zu erwartenden wissenschaftlichen Ergebnisse an Probanden erzielt werden könnten, die nicht dieser Kategorie angehören. Diese Fragen sind analog bei Versuchen z. B. an Schwangeren und stillenden Frauen zu berücksichtigen.

Über vielleicht begründbare **Ausnahmen** von der grundsätzlichen Verpflichtung zum informed consent wird kontrovers diskutiert. Möglichkeiten solcher Uneinigkeit könnte es geben bei potentieller Schädigung Schwerstkranker, für die eine informed-consent Regelung Aufregung oder gravierenden Zeitverlust bedeuteten, bei potentiell lebensrettenden Heilversuchen bei Patienten ohne Einwilligungsfähigkeit und schließlich bei hochrangigsten Forschungsprojekten mit Minimalrisiken, aber mangelnder Forschungsbereitwilligkeit. Einerseits lassen die verschiedenen Deklarationen und Gesetzesbestimmungen solche Ausnahmen wohl prinzipiell zu, drängen andererseits aber auf Absicherung eines Mißbrauches durch zwingende Einschaltung einer Ethikkommission.

Die **Planung** (Design) **therapeutischer Versuche,** die in der Regel einen Vergleich zweier Behandlungsarten anstellen, kann eine Reihe weiterer Probleme aufwerfen: Die Entscheidungen nämlich für prospektive oder retrospektive Kontrollen, für offene oder „blind" durchgeführte Studien werden nicht allein von Fragen der statistischen Validität abhängig zu machen sein, sondern viel mehr auch von ethischen Überlegungen. Diese betreffen die Verteilungsweise auf die Behandlungsgruppen, z. B. durch Losverfahren, den Vergleich mit schein-(Plazebo-) behandelten Patienten, die Kriterien für das Abbrechen des Versuches sowie für seine Auswertung. Gerade bei Behandlungsversuchen schwerwiegender Krankheiten wird das Vorenthalten potentiell nützlicher (aber auch möglicherweise riskanter) Maßnahmen zu rechtfertigen sein. Über diese speziellen Bedingungen muß gesondert aufgeklärt werden.

12.3 Fallbeispiel

Ein aufschlußreiches Beispiel bietet das Projekt einer dänischen Gruppe, über das 1979 in *Lancet* berichtet wurde, und das in *Principles of Biomedical Ethics* diskutiert wird (*Backer* 1979). Dabei ging es um die Erprobung unterschiedlicher Methoden zur Behandlung schwerer Fettsucht, nämlich um die relative Wirksamkeit intestinaler Bypass-Operationen, die bis 1973 noch von keiner randomisierten klinischen Studie belegt worden war. Eine solche wurde nun nach einigen Pilotversuchen durchgeführt, um die Effekte der chirurgischen Maßnahme (Jejuno-Ileostomie) und medikamentöser Behandlungen bezüglich Mortalität, Morbidität, Gewichtsabnahme und Lebensqualität zu vergleichen.

Die Versuchspersonen hatten durch die Medien über die Möglichkeit der Operation gehört und wollten sie an sich durchführen lassen, weil ihre Fettsucht auf konservative Maßnahmen bisher nicht angesprochen hatte. Sie erhielten detaillierte Erklärungen über den geplanten Eingriff, insbesondere dessen Risiken, Nebenwirkungen und Unsicherheiten des Erfolgs. Wenn sie die Einschlußkriterien für die Studie erfüllten, wurden sie nach Zufallskriterien zwei Gruppen zugeordnet (randomisiert), worüber sie nicht gesondert informiert wurden. Die eine Gruppe wurde konservativ, die andere mit einer End-Zu-Seiten-Jejuno-Ileostomie behandelt. Jenen Patienten, die konservativ behandelt werden sollten, teilte man einfach mit, die Operation müsse auf unbestimmte Zeit verschoben werden, weil Leberbiopsiebefunde fettige Infiltration gezeigt hätten. Alle Patienten wurden über einen Zeitraum von 1 1/2 Jahren nachuntersucht; die anschließende Weiterbehandlung blieb den einzelnen an der Studie beteiligten Abteilungen überlassen. Es ergab sich, daß nach 24 Monaten die mittlere Gewichtsabnahme in der Gruppe der Operierten 42,9 kg, in der Kontrollgruppe hingegen nur 5,9 kg betrug. Trotz häufiger und gelegentlich schwerer Komplikationen in der operierten Gruppe gab es keine Todesfälle, und diese Patienten hatten einen höheren Grad von Befriedigung und Lebensqualität als diejenigen der Kontrollgruppe.

Die Forscher begründeten ihr Vorgehen damit, daß alle Versuchspersonen eine Operation so dringend gewollt hätten, daß es ihnen nicht möglich gewesen wäre, sie zur Teilnahme an einer Studie zu überreden, bei der eine Kontrollgruppe nur konservativ behandelt werden würde. Daher entscheiden sie sich dafür, auf „informed consent" zu verzichten und die Versuchspersonen zu täuschen. Der Herausgeber der Zeitschrift *Lancet*, in der die Studienergebnisse veröffentlicht wurden, kommentierte kritisch, daß dies schon auf den ersten Blick die Regeln des „informed consent" zu verletzen scheine (wenngleich es hierbei bemerkenswerterweise um die Zustimmung zum Verzicht auf eine Operation gegangen sei). Die Patienten wurden falsch informiert; und nach allgemeiner Ansicht solle in klinischen Studien das Verhältnis zwischen Patient und Arzt offen und ehrlich sein. Auch auf den zweiten Blick vertrat *Lancet* die Ansicht, daß der Zweck hier die Mittel nicht rechtfertige, und daß diese Studie ethisch nicht zu verantworten war.

Neben der medizinethischen Problematik wirft dieser Fall noch insofern ein methodisches, d. h. wissenschaftsethisches Problem auf, als die ebenfalls mit einer Operation rechnende „Kontrollgruppe" möglicherweise nicht in gleicher Weise für eine konservative Behandlung motiviert war, wie es eine ehrlich rekrutierte vielleicht gewesen wäre.

Der Herausgeber fragte weiter, ob eine sog. „Ethikkommission" (wenn es damals eine solche in Dänemark gegeben hätte) dieses Protokoll genehmigt hätte, und verneinte dies im Gegensatz zur dänischen Forschergruppe selbst. Schließlich entschied der Herausgeber, daß es dennoch besser sei, diesen Konflikt ans Licht zu bringen, statt ihn totzuschweigen.

12.4 Forschungsethik in der Praxis

Dieses Beispiel führt zu den Fragen, die mit den hier eine Kontrolle ausübenden Ethikkommissionen zusammenhängen.

Durch seine **Doppelfunktion als Betreuer und Forscher** kann der Arzt, wie angedeutet, in einen Rollenkonflikt geraten, oder der Forscher in ihm kann ganz überwiegen. Die Beachtung der Kardinalgrundsätze wird seit dem Ende des Zweiten Weltkrieges in den offiziellen Deklarationen des Weltärztebundes (Nürnberger Kodex 1947; Deklarationen von Helsinki, Tokio und Hongkong: 1964, 1975, 1989) und neuerdings vom deutschen Arzneimittelgesetz (AMG) (1976, novelliert 1983, 1986, 1990 und 1994) gefordert. Außerdem haben nicht nur viele forschungsfördernde Institutionen und Publikationsorgane, sondern auch das ärztliche Standesrecht in der Bundesrepublik Deutschland es inzwischen zur Auflage gemacht, daß vor der Durchführung von Humanexperimenten sog. **Ethikkommissionen** konsultiert werden. Dabei beschränkt sich das moralische Interesse der Gesellschaft an der Erfüllung dieser Kardinalforderungen, an der Transparenz und Kontrollierbarkeit von Menschenversuchen selbstverständlich nicht auf öffentlich finanzierte Projekte. So sind Ethikkommissionen z. B. bei den medizinischen Fakultäten, Bundes- und Landesärztekammern und der pharmazeutischen Industrie eingerichtet. Ihre Zusammensetzung variiert von Ort zu Ort (größtenteils Mediziner, manchmal zusätzlich Juristen, Theologen, Philosophen und Laien). Ihre Beurteilung bezieht sich sowohl auf therapeutische, als auch auf diagnostische und Präventivmaßnahmen. Dies gilt analog für die Tier-Ethikkommissionen zur Gewährleistung der Nutzen-Risiko-Abwägung sowie der Einhaltung der wissenschaftlichen Kriterien betreffend Tierversuche gemäß geltendem bundesdeutschen Tierschutzrecht (1972, novelliert 1986).

Diese Kommissionen haben vorrangig zu beurteilen, ob die vorgelegten Projektpläne Probanden-Interessen verletzen; sie sind jedoch nicht dafür verantwortlich, die praktische Durchführung unter moralischen Aspekten zu überwachen. Ebensowenig können sie Forschungsfälschungen verhindern, wie sie in diesen forschungsintensiven Zeiten sogar an renommierten Instituten aufgedeckt wurden. Ferner ist die Beurteilung der Relevanz von Forschungsprojekten als solche und ihrer globalen Risiken nicht Sache einer Ethikkommission. Dieser letztgenannten Aufgabe, die bei zunehmender Schwere und Komplexität möglicher – negativer und positiver – Folgen immer schwieriger wird, versucht man neuerdings gelegentlich mit einer Art von **„Politikberatung“** durch Experten gerecht zu werden. So haben etwa zu Fragen der gesellschaftlichen Steuerung (und das heißt: der finanziellen Förderung wie der rechtlichen Handhabung) von Fortpflanzungsmedizin oder von Gentechnologie sog. „Enquête-Kommissionen“ Gutachten oder Voten vorgelegt. Fragen der Repräsentativität, Legitimation und Verantwortung solcher Gutachter werfen ihrerseits neue moralische Probleme auf.

12.5 Literaturempfehlungen

Arbeitsgemeinschaft der Ethikkommissionen in der Bundesrepublik Deutschland (1986/88): Verfahrensgrundsätze.

Arzneimittelgesetz (bes. die §§ 40 und 41).

Backer, O. et al.: The Danish Obesity Project. Randomised trial of jejunoileal bypase versus medical treatment in morbid obesity. Lancet 15 (1979) 1255–1257

Czwalinna, J. (1987): Ethik-Kommissionen: Forschungslegitimation durch Verfahren. Peter Lang, Frankfurt a. M., Bern, New York, Paris.
Ergebnis einer empirischen Untersuchung zur Praxis der Ethikkommissionen in Deutschland.

Dengler, H. J., Schwilden, H. (Hrsg.) (1989): Ethikkommissionen bei klinischen Prüfungen. Med.-Pharmazeut. Studienges., Bonn.
Enthält Aufsätze zur Arbeitsweise von Ethikkommissionen und beleuchtet praktische, ethische und juristische Probleme.

Daele, van den W., Müller-Salomon, H. (1990): Die Kontrolle der Forschung am Menschen durch Ethikkommissionen. Enke, Stuttgart
Untersuchungen und systematisch-theoretische Art zur soziologischen, entscheidungstheoretische, ethischen etc. Problemen von Ethikkommissionen.

Helmchen, H., Winau, R. (Hrsg.) (1986): Versuche mit Menschen. DeGruyter, Berlin, New York.

Kleinsorge, H. et al. (Hrsg.) (1985): Forschung am Menschen. Springer, Berlin, Heidelberg, New York, Tokyo.
Sammlungen interessanter Aufsätze zu wissenschaftlichen, rechtlichen und ethischen Fragen der Versuche am Menschen aus zeitgenössischer Sicht. Angabe weiterführender Literatur aus dem deutschen Sprachgebiet.

Paton, W. (1993[2]): Man and Mouse. Oxford University Press, New York, Oxford.
Behandelt, nicht zuletzt auf historischer Grundlage, die Bedeutung und Abgrenzung von medizinischen Human- und Tierversuchen und deren Begründung.

Spicker, S. F. et al. (1988): The Use of Human Beings in Research. With Special Reference to Clinical Trials. Kluwer Academic Publishers, Dordrecht, Boston, London.
Als weiterführende Lektüre geeignet. Neben Aufsätzen zu Geschichte und Zukunftsprognose von Humanexperimenten schwerpunktmäßigen Überlegungen zu den ethischen und epistemologischen Problemen kontrollierter klinischer Studien.

Teutsch, G. M. (1987): Lexikon der Tierschutzethik. Vandenhoeck & Ruprecht, Göttingen
Empfehlenswertes Nachschlagewerk, insbesondere wegen seiner ausführlichen Bibliographie.

Tierschutzgesetz s. hierzu den ausführlichen Kommentar von *Lorz, A.*, München 1987.

Toellner, R. (Hrsg.) (1990): Die Ethik-Kommission in der Medizin. G. Fischer, Stuttgart
Enthält Aufsätze zu Problemgeschichte, Aufgabenstellung, Organisationsformen, Rechts-

stellung u. a. von Ethikkommissionen in Deutschland, Österreich und USA.

Veatch, R. M. (1992[2]): The Patient as Partner. A Theory of Human-Experimentation Ethics. Indiana University Press, Bloomington, Indianapolis.

Geht auf Risiken und Probleme der Probanden und Forscher ein und gibt einen theoretischen Überbau zur Konfliktlösung der ethischen Belange aus amerikanischer Sicht. Als Fallbeispiele behandelt *Veatch:* Experimentation mit oralen Kontrazeptiva, Empfängnisverhütung bei Teenagern, Forschung an Gehirntoten, Risiken der Chemotherapie bei Krebs und Ethik in der Forschung mit radioaktiver Strahlung.

13 Mittelverteilung

Franz Josef Illhardt, Helmut Piechowiak

Fragen

- Warum und auf welchen Ebenen stellt sich das Problem der Mittelverteilung im Gesundheitswesen? Wer ist wie davon betroffen?
- Was haben die Probleme der Mittelverteilung und der Triage im Kriegs- und Katastrophenfall miteinander zu tun?
- Welche Momente in der Entwicklung von Individuen und Gesellschaften spielen bei der Entstehung des Verteilungsproblems eine Rolle?
- Welche Ansätze gibt es, die Mittelverteilung fair zu gestalten?
- Welche grundlegenden Werte und Optionen sind Vorbedingungen für eine faire Verteilung der Mittel?

13.1 Problembeschreibung

Die Entwicklung in Politik und Administration des modernen Gesundheitswesens sowie in der konkreten medizinischen Behandlung brachte eine wesentliche Erfahrung mit sich: die finanziellen, sachlichen und personellen Mittel, die für medizinische Belange zur Verfügung stehen, sind begrenzt, die Möglichkeiten der Mittel sowie das Bedürfnis der Menschen nach solchen Mitteln jedoch sind potentiell unbegrenzt. Ein klassisches Beispiel für die **Allokationsproblematik** ist der Fall, daß zwei Dialysegeräte, aber drei dialysepflichtige Patienten da sind und (nicht nur) der Arzt vor dem Problem steht, wen von den drei Dialyse-Patienten er nicht behandelt, ob er über den konkreten Fall hinausgehend Regeln für solche Entscheidungen aufstellen soll, ob sein Krankenhaus das Abteilungsbudget für die Anschaffung eines weiteren Gerätes aufstocken muß, oder ob man grundsätzlich seitens der politischen Entscheidungsträger eine Ausweitung der notwendigen Investitionskosten anstrengt, die auch für den konkreten Fall kurzfristig oder für ähnliche Fälle langfristig wirksam sind.

Ob sich diese Allokationsproblematik bereits auch in Deutschland stellt, wird kontrovers diskutiert, betrifft aber nicht die grundsätzliche Notwendigkeit, sich dazu ethische Überlegungen zu machen. Unabhängig von den nationalen Strukturen des Gesundheitswesens sind Ebenen und Stufen der Allokationsentscheidungen unterschieden worden. Sie beschreiben die ethisch-systematische Ordnung, nicht ihren konkreten Ablauf (Tab. 13.1).

Tab. 13.1 Ebenen und Stufen der Allokationsentscheidungen

Ebene	Stufe	Verteilungsaufgabe	Zuständigkeit
Makro-Allokation	4	Verteilung des Bruttosozialprodukts auf die verschiedenen Ressorts	Regierung / Staatsminister
	3	Verteilung unter den verschiedenen Projekten des Gesundheitssystems	Staats- und Landesminister / Gesundheitsämter
Mikro-Allokation	2	Verteilungsprinzipien in Abteilungen eines Krankenhauses	Krankenhausdirektorium
	1	Verteilung unter konkreten Patienten	Arzt

In der Reihenfolge der Tabelle sind folgende Fragen zu stellen:

- Welche **Anteile des nationalen Einkommens** werden dem Gesundheitswesen zugeteilt? (Stufe 4 der Makroallokation)

  Auf dieser Ebene steht die Ausstattung der nationalen und - in einer föderalen Verfassung - der regionalen Ressorts mit Geldern für Aufgaben des Gesundheitswesens an. Zur Debatte steht, wieviel vom Gesamtvolumen des zur Verfügung stehenden Geldes für welche Projekte ausgegeben werden soll, d. h. konkret/welcher Anteil der Verteilungsmasse für Aufgaben des Gesundheitswesens aufgewendet werden soll. Die hier getroffenen Prioritäten müssen von gesamtgesellschaftlichem Konsens gedeckt sein. Sofern - wie in Deutschland - die Gesundheitsbelange von verschiedenen Ressorts wahrgenommen werden, müssen bereits Prioritätssetzungen getroffen werden über die jeweiligen Gesundheitsaufgaben der einzelnen Ressorts (Öffentliches Gesundheitswesen beim Innenministerium, Soziales und Prävention beim Arbeitsministerium, medizinische Forschung bei Wissenschaftsministerien usw.).

- Welche **Schwerpunkte in Forschung und Therapie** sollen gesetzt werden? (Stufe 3 der Makroallokation)

  Auf dieser Ebene geht es um Entscheidungen, welche Aktivitäten der Forschung (wie AIDS, Genomprojekte, Herz-Kreislaufkrankheiten usw.) und der Therapie, inklusive Prophylaxe und Nachsorge (wie Vorsorgeuntersuchungen, Hygiene, Kurwesen usw.), vorrangig gefördert werden sollen. Dazu gehören die Entscheidungen von medizinischen Hochschulen und Fakultäten sowie von Drittmittelgebern, welche Bereiche der Medizin wie stark zu fördern sind.

- Welche **Kriterien** stehen den Angehörigen von Gesundheitsberufen für Behandlungsentscheidungen zur Verfügung? (Stufe 2 der Mikroallokation)

  Auf der Ebene der praktischen Handlungskonflikte imponiert die Verteilungsproblematik als Kennen von bzw. Suche nach Regeln, welche Patientengruppe welche Behandlung bekommen bzw. von einer Behandlung ausgeschlossen werden und welche Behandlung abgebrochen oder erst gar nicht aufgenommen werden soll. Solche Regeln können Wissen und Gewissen der einzelnen Berufsangehörigen überlassen sein, können aber auch von Fachgesellschaften und Berufsvertretungen angeboten oder vom geistigen und moralischen Profil einer Institution vorgegeben werden. Regelsysteme dieser Art sowie ihre Anwender stehen in dem Dilemma, zwischen der Selbstbestimmung der Patienten und dem eigenen Helferwillen oder etwaigen wirtschaftlichen wie rechtlichen Vorgaben entscheiden zu müssen.

- Welche Art der medizinischen Versorgung ist für welchen **konkreten Patienten** angemessen? (Stufe 1 der Mikroallokation)

  Diese Problemstufe geht weit über die Rationalität der anderen Entscheidungen hinaus. Alle Behandler stehen in jedem Fall vor der Notwendigkeit, Entscheidungen zu treffen, die einerseits dem Patienten und seiner Erkrankung angemessen, aber andererseits den gegebenen personellen und finanziellen Möglichkeiten der jeweiligen Einrichtungen entsprechen. Je kostenintensiver die einzelne medizinische Behandlung wird, und je knapper die personellen und finanziellen Ressourcen werden, desto notwendiger wird ein realistisches Bewußtsein von der Unausweichlichkeit der Allokation.

Diese vier Problemebenen zeigen, wie verzahnt die Medizin mit einer durchschaubaren Verteilung ihrer Mittel ist, so daß die Entscheidungskonflikte der Klinik auch im Kontext überindividueller Verteilungsprobleme gesehen werden müssen. Weiter zeigt sich, daß auch die moralische Problematik der Mittelverteilung nicht punktuell medizinisch ist, sondern nur im Kontext gesamtgesellschaftlichen Bewußtseins über die Notwendigkeit der Verteilung gelöst werden kann.

Ein eklatantes Dilemma, weil Massenanfall von Verletzten und situationsbedingte Knappheit von Ressourcen bestehen, ist die

Mittelverteilung in den Bereichen der Wehr- und Katastrophenmedizin, die unter dem Stichwort „Triage" behandelt wird. Das Konzept der Triage wird einerseits von militärischen (z. B. Rehabilitierung der Kampfkraft) und ökonomischen (z. B. möglichst effektive Versorgung) Prinzipien definiert; andererseits ist es von der deutlich therapeutischen Motivation geprägt, selbst unter beschränkten Bedingungen optimale Hilfe zu leisten. In wehr- und katastrophenmedizinischen Bereichen gilt indessen als Entscheidungsprinzip, Hilfe zu gewähren und dabei außermedizinische Kriterien zu meiden. Ziel jeder Triage muß bleiben, die Entstehung von solchen Entscheidungsengpässen zu vermeiden, d. h. konkret: militärischen, sozialen und natürlichen Katastrophen vorzubeugen, also ihr Entstehen zu verhindern, nicht nur ihre Auswirkungen zu lindern. Eine organisatorische Regelung der Triage und die Übertragung eines solchen Regelmodells in die Klinik ist ohne vorgängige Reflexionen über den Wert einer allgemeinen Ordnung und den Ansprüchen des Einzelfalles sowie über den Vorrang der Krankheitsverhinderung - Prävention - nicht vernünftig zu begründen.

13.2 Hintergründe der Allokationsproblematik

Zur Einschätzung der Allokationsproblematik sind ihre Entstehungsbedingungen im modernen Gesundheitswesen und ihre moralischen Herausforderungen zu benennen.

Einschätzung der gesellschaftlichen Struktur und Aufgabe

Mittel im Gesundheitswesen verteilen zu müssen, ist gemäß der Tradition der Staatsbildung in Europa vom Bewußtsein geprägt, daß irgendeine staatliche Instanz, und nicht der einzelne, die Verantwortung für eine nützliche Verteilung dieser Güter trägt. Eine Korrektur dieses traditionellen Staatsverständnisses basiert natürlich auf Auseinandersetzungen mit dem Problem, ob ein Staat liberal, sozial, markt-, planwirtschaftlich usw. strukturiert sein soll; aber ein vorläufiges Ende dieser Dauerdebatte sollte durch den akuten Handlungsbedarf und das Solidarprinzip herbeigeführt werden, d. h., es muß dafür gesorgt werden, daß niemandem vital notwendige Hilfe versagt wird. Für die Entscheidung, was alles in die Kategorie „vital notwendiger" Maßnahmen fällt, müssen folgende Kriterien eingehalten werden:

- weitestgehende **Transparenz und Mitbeteiligung** der potentiell Betroffenen an solchen Verteilungsprozessen,
- **Differenzierung von ökonomischen Leistungen,** die ein freier Markt erbringen, und solchen, die staatlicherseits garantiert werden müssen,
- Erarbeitung von Strategien, welche die **Qualität und nicht nur die Quantität von Lebensjahren erhöhen,** und
- Inkraftsetzung einer realistischen **Akzeptanz der eigenen Begrenzungen,** welche die Gesundheitsansprüche nicht ins Unermeßliche wachsen läßt und eher limitiert.

Differenzierung der Mittel sowie des Zugangs zu ihnen

Das Allokationsproblem verschärft sich in den Ländern, die zwar über eine hochentwickelte Medizintechnik verfügen, sie aber nicht mehr allen Menschen zugänglich machen können, weil das immer deutlicher die finanziellen Möglichkeiten der Länder zu überschreiten droht. Der individuelle Zugang zu diesen Mitteln wird entweder durch Versicherungssysteme (Krankenversicherungen), durch staatlich garantierte Versorgung (sog. Wohlfahrtsstaat) oder durch Eigenleistung (Selbstzahler) gewährleistet. Das Problem der Mittelverteilung kehrt in jedem dieser Systeme als Frage nach Förderungswürdigkeit wie (Neu-)Festsetzung der Bemessungsgrenzen von Projekten (z. B. Vorsorge, Prophylaxe von Herz-Kreislauf-Erkrankungen), Interessen (z. B. Sonderforschungsbereiche, spezielle Behandlungseinrichtungen) und Haushaltsmitteln (z. B. Verteidigung, Kultur, Gesundheit) wieder.

Bevölkerungsentwicklung

Konflikte über die Mittelverteilung stehen im Zusammenhang mit gesellschaftlichen Konflikten vor allem zwischen reichen und armen sowie jungen und alten Menschen; Verteilung knapper Mittel bedeutet, durch Kürzungen für die einen ausreichende Aufwendungen für die anderen zu ermöglichen. Zunahme von Durchschnittsalter, statistischer Lebenserwartung und Morbidität verschärfen diesen Konflikt zwischen den Bevölkerungsgruppen ebenso wie das Entstehen neuer Randgruppen oder das Entdecken von riskantem oder deviantem Verhalten: Eine Tendenz, solche Gruppen vom Zugang zu öffentlichen Mitteln auszuschließen, eine Tendenz zur Entsolidarisierung, wird provoziert. Sie ist aber letztlich nicht zu rechtfertigen, weil riskantes Verhalten (z. B. Suchtverhalten) außerhalb des sozialen Kontextes nicht zu verstehen und zu erklären ist. Darüberhinaus wäre es einfach unfair und widersinnig, auf der einen Seite die Erhöhung des Durchschnittsalters als Fortschritt zu preisen, andererseits aber dieses Phänomen zu beklagen.

Kohärenz regulativer Mechanismen

In den höher entwickelten Nationen ist – im Idealfall – ein funktionierendes System von Krankenkassen (oder sonstigen Kostenträgern), Sozialgesetzen und Ausführungsbestimmungen vorhanden. In diesem Geflecht entstehen Verteilungsprobleme dadurch, daß diese regulativen Mechanismen nicht aufeinander abgestimmt sind oder mit der konkreten Verwaltungspraxis kollidieren. Bestehende Unordnung wirkt sich dysfunktional aus und begünstigt letztlich nicht intendierte Ziele (Mißbrauch). Der Raum zwischen medizinischen und sozialrechtlichen Normen ist weitgehend „leer", insofern zumindest in Deutschland – anders als in angelsächsischen Rechtssystemen – die Rechtsprechung nicht vom einzelnen Fall ausgeht, sondern von der allgemeinen gesetzlichen Kodifizierung. Unabdingbar ist darum die Vernetzung aller regulativen Maßnahmen und damit der sozialen wie individuellen Perspektiven, insofern einseitige Lösungen nicht akzeptabel sind und weitere Dispute anstelle von Regelungsbereitschaft auslösen.

Ethische Beurteilung

Hinter der Allokationsproblematik stehen zudem weltanschaulich mitbestimmte Fragen über die dem Einzelnen zukommenden Freiheitsräume und die der Gesellschaft aufzuerlegenden Sicherungspflichten. Ein sehr einleuchtendes Beispiel ist die Unterscheidung einer jüdisch-christlich motivierten Betonung individueller Rechte von einer eher sozialistisch motivierten Bevorzugung des Kollektivs vor dem Individuum. Die Folge solcher Spannungen können Ungleichbehandlungen der Patienten oder Unterversorgung von Menschen sein, die aufgrund bestimmter Maßstäbe keinen oder einen substantiell erschwerten Zugang zu Gesundheitsressourcen haben, – Folgen, die der Arzt aufgrund seiner Garantenstellung mit seinem Auftrag nicht in Einklang bringen kann. Seine Verpflichtung, nur im besten Interesse des Patienten zu handeln (principle of beneficence) bzw. Schaden von ihm fernzuhalten (principle of nonmaleficence) und dabei das Selbstbestimmungsrecht des Patienten (principle of autonomy) zu respektieren, stehen auf der einen Seite. Demgegenüber stehen Prinzipien, die dem Ethos der Gemeinschaft und dem Ausbalancieren von Interessen verpflichtet sind wie etwa die Prinzipien der Fairneß und Nützlichkeit (principles of fairness and utility). Der Arzt in erster Linie, aber auch Vertreter anderer Gesundheitsberufe stehen in diesem Dilemma, wenn sie etwa als Gutachter, Forscher, Notarzt bzw. im Versicherungswesen, im Strafvollzug oder in der Rehabilitationsmedizin arbeiten. Weil deren Problem alle angeht, ist die Diskussion sozialethischer und individualethischer Prinzipien und ihrer konkreten Vermittlung von öffentlichem Interesse oder besser: öffentliche Aufgabe.

13.3 Lösungsansätze

Zu den knappen Gütern im Gesundheitswesen, die fair verteilt werden müssen, gehört nicht nur Geld; auch Personal, Einsatz und Zuwendung sind relevante Güter, deren Knappheit Umverteilung erfordert. Das bedeutet zum einen, daß nicht jeder Lösungsvorschlag eine minimierte Kostenbilanz zur Folge haben muß. Zum anderen bedeutet dieser Hinweis, daß nicht allein ökonomische Rationalität gefordert ist. In dieser Frage befindet sich die medizinische Ethik in einer eigenartigen Position: Sie kann keine inhaltlich, z. B. an Kriterien von Alter, sozialer Nützlichkeit usw. orientierten Positionen anbieten, sondern nur formale Normen, die das Verfahren der Entscheidung steuern:

- **Regeln der Diskursivität,** d. h., keine Entscheidung darf ohne Beteiligung der Betroffenen (oder angemessenen Ersatz) gefällt werden,
- **Regeln der Kommensurabilität,** d. h., keine Allokationsentscheidung darf einseitig, also ohne Berücksichtigung des ihr jeweils gegenüberstehenden Prinzips, getroffen werden, etwa kein Behandler darf sich dem individuellen Kranken verpflichtet fühlen, ohne auch die Interessen der Gesellschaft zu berücksichtigen oder: um kollektive Prioritäten zu sichern, darf er nicht individuelles Wohlergehen einschränken u. ä. sowie
- **Regeln zur Sachschadensvermeidung für den konkreten Patienten,** d. h. keine medizinische Maßnahme kann gerechtfertigt werden, die der Gesellschaft ein Gut auf Kosten substantiellen und von Individuum nicht konsentierten Schadens sichern soll.

Auf diesem Hintergrund lassen sich die Vorschläge zur Lösung des Allokationsproblems im Gesundheitswesen in solche aufteilen, die

- **ohne Zwang zur Mittelverkürzung einen effektiveren Einsatz der Mittel („Rationalisierung") anstreben:**
  z. B. das Entstehen kostenintensiver Erkrankungen oder Behinderungen durch entsprechende pränatale, neonatale oder sonstige präventivmedizinische Screeningangebote verhindern wollen oder das Ausmaß medizinischer Behandlung vom voraussichtlichen medizinischen Nutzen (z. B. nur noch palliative Eingriffe bei infausten Grunderkrankungen) abhängig machen;
- **ohne Zwang zur Mittelverkürzung eine gerechtere Verteilung der Lasten bzw. Kosten („Äquitalisierung") anstreben:**
  z. B. finanzielle Belastungen durch Neuverteilung unter Kostenträgern, Staat und Betroffenen (etwa durch Verlagerung von Ersatzansprüchen) einsparen wollen; und
- **mit Zwang zur Mittelverkürzung Leistungen einstellen („Rationierung"):**
  z. B. Kosten einsparen durch Reduzierung konkreter Gesundheitsleistungen (bestimmte Medikamente nur bei exakter Indikationsstellung o. ä.) oder durch Förderungsentzug von teurer High-tech-Medizin zugunsten billigerer alternativer medizinischer Systeme (etwa homöopathische statt schulmedizinische Leistungen o. ä.). Mit erheblichen Widerständen, vor allem auch seitens des Selbstverständnisses medizinischer Berufe, sind ferner Plädoyers für eine Altersbegrenzung der Empfänger aufwendiger medizinischer Leistungen (z. B. keine Intensivmedizin für Menschen über 70 Jahre) konfrontiert.

All diese Konzepte entstammen **ökonomischer Rationalität,** die sich an gesetzten – und nicht an notwendigen – Führungsgrößen orientiert. Der Beitrag der Ethik besteht darin, diese Führungsgrößen rationalen Disputen zugänglich zu machen und damit die Plausibilität der Allokationsregeln im medizinischen und politischen Sektor zu erhöhen. Diese Setzungen erfordern Abwägung und einen wenigstens minimalen Konsens bei denen, die sie durchzuführen haben oder von ihnen betroffen sind.

Jede Entscheidung in der Allokationsproblematik steht zwischen den Konzepten von Nützlichkeit und Gleichheit. Der Moralphilosoph *Rawls* hat in einer störbaren wirtschaftlichen und sozialen Ordnung das Prinzip der **Gerechtigkeit** als fair geregelten Zugang zu den Ressourcen einer Gesellschaft gefordert. Dieses Prinzip gilt heute als klassischer Ausgangspunkt für die Regelung der Allokationsproblematik. Die Fairneßregel *Rawls* ist zweistufig: sie reklamiert generell gleiche Zugangsmöglichkeiten zu medizinischen Ressourcen für alle – was in der 1. Person (ich will) gilt, gilt auch in der 2. oder 3. Person (du willst / er will); sie fordert aber für die konkreten Ungleichheiten aktuell Nützlichkeit und langfristig die Etablierung einer fairen Ausgangssituation, d. h., die gegenwärtig unvermeidbare Benachteiligung einer Gruppe muß dadurch ausgeglichen werden, daß die aktuell benachteiligende Regelung bereits den Grundstock für eine Rehabilitierung (nicht nur finanzielle Entschädigung) der gleichen Menschen legt. Eine Verteilungsregelung kann darum nur dann akzeptiert werden, wenn sie „gleichermaßen gut für alle“ (Tugendhat) ist, d. h. wenn Nachteile und Zugangsbeschränkungen nicht einseitig zu Lasten einiger weniger gehen.

Bei allen Regelungen der Allokation ist die Gefahr zu vermeiden, den Wert eines menschlichen Lebens, das durch (kostenintensive) Maßnahmen zu schützen oder zu retten ist, zu messen und mit anderen zu vergleichen. Durch Kriterien dieser Art sollen Anhaltspunkte für die Entscheidung geschaffen werden, wieviel Aufwand für welchen Menschen angemessen ist. Es kann jedoch kein von außen angelegtes Kriterium wie Alter oder Schwere der Krankheit geben, das einen hinreichend wichtigen und vom Konsens der Betroffenen getragenen Wesenszug des Menschen erfaßt. Kriterien beschreiben Teile eines menschlichen Lebens, die Allokationsentscheidung betrifft in vielen Fällen das Gesamt eines menschlichen Lebens. Insbesondere die Erfahrungen mit der NS-Ideologie rufen Brutalität in Erinnerung: Geschädigtes Leben wurde gesundem Leben untergeordnet, und die Grenze zwischen beidem bzw. deren Unterscheidungsmerkmal wurde aus einer übergeordneten Idee von der Nützlichkeit für das Große und Ganze, für Rasse, Volk o. ä. hergeleitet. Die stets präsente Gefahr liegt darin, daß solche Ideen und Begriffe Leerformeln sind und mit beliebigen Inhalten gefüllt werden können. Eine Allokationsethik, die solche Gefahren vermeiden will, muß klar machen, daß sie sich weigert, menschliches Leben aus einer Perspektive zu betrachten, die nicht die Perspektive des Kranken ist. (Ob sich eine Behandlung noch „lohnt“, kann man nicht aufgrund der sozialen Nützlichkeit des Resultats entscheiden, sondern nur aufgrund von Einfühlung in den Patienten.)

Es werden drei Wege diskutiert, dieser Schwierigkeit zu entkommen. Sie können nicht kurzfristig wirksam sein, sondern sind Momente von Gesundheitserziehung und damit Momente langfristiger Einstellungsänderung:

- Die **Solidarität stärken,** indem nicht nur Forderungen an die Gesellschaft gestellt werden, sondern auch die Verpflichtung bewußt gemacht wird, ihre Leistungsfähigkeit lange vor einer eventuellen Forderung zu erhöhen. Etwa: Empfänger eines Transplantats kann nur werden, wer auch grundsätzlich – Ausnahmen sind denkbar, dürfen aber nicht die Solidarität untergraben – Spender eines Transplantats sein will. Finanzleistungen z. B. an einen Kostenträger des Gesundheitswesens, etwa ein Krankenkassenbeitrag, dürfen nicht in der Absicht gegeben werden, sie möglichst für den Eigenbedarf auszuschöpfen, sondern müssen Solidarleistung bleiben, die allen zur Verfügung steht.
- Entscheidungen zur Kostenreduzierung müssen von **autonomen Entscheidungen einzelner** begleitet werden, Kostenforderungen zur Behandlung dieser oder jener Krankheit nicht zu stellen oder vielleicht bestimmte Krankheiten nicht behandeln zu lassen. Eine Variable in der Kostenkalkulation des Gesundheitswesens ist das anscheinend unbegrenzte Bedürfnis nach Behandlung. Jeder staatlich erzwungenen Maßnahme der Kostenbegrenzung ist die persönliche Entscheidung vorzuziehen, das eigene Bedürfnis nach medizinischen Maßnahmen zu begrenzen.
- Eng mit dieser autonomen Haltung ist die Forderung verbunden, ein Moment der Religiosität in einer säkularen Gesellschaft wiederzubeleben, nämlich das **Bewußtsein der Endlichkeit.** Es steht in Kontrast zum nahezu unendlichen Bedürfnis nach lebens- und gesundheitserhaltenden Maßnahmen. Anerkenntnis von Realität, auch der Realität von Krankheit und Lebensbedrohung, ist Abbau von Illusionen, auch von illusionären Gesundheitserwartungen.

13.4 Literaturempfehlungen

Andreae, C.-.A: Anmerkungen zum Stellenwert ökonomischer Überlegungen im Gesundheitswesen - dargestellt am Beispiel der Nutzen-Kosten Analyse. Akademie der Wissenschaften und der Literatur. Abhandlungen der geistes- und sozialwissenschaftlichen Klasse Jg. 7 (1981) 5-25
Dieser Aufsatz zeigt, warum die „unsichtbare Hand des Marktes" einen Ausgleich der Gesundheitsbedürfnisse der verschiedenen Individuen und Gruppen nicht leisten kann und welche ökonomischen Instrumente innerhalb und außerhalb der Medizin für eine hinreichend faire Allokation bereitgestellt werden müssen.

Brody, B. A. (1988): Solidarität und Verteilungsgerechtigkeit. In: Sass, H.-M. (Hrsg.): Ethik und öffentliches Gesundheitswesen. Ordnungsethische und ordnungspolitische Einflußfaktoren im öffentlichen Gesundheitswesen. Springer, Berlin, Heidelberg, S. 45-63.
Brody stellt zunächst - Standardansichten - über die Notwendigkeit von Rationierungen im Gesundheitswesen dar, um in einem zweiten Teil nachhaltig dafür zu votieren, daß unser Gesundheitswesen am Leitfaden der individuellen Freiheit, nach eigener Wahl der Versicherungsleistungen, organisiert wird.

Callahan, D., (1987): Setting Limits. Medical goals in an aging society. Simon & Schuster, New York, London, Toronto
Ausgehend von einer Gesellschaftssituation, in der alte Menschen einen immer größeren Anteil bilden, plädiert *Callahan* für eine Reduzierung der geriatrischen Versorgung durch eine Korrektur der weit verbreiteten an High-tech und Machbarkeit orientierten medizinischen Ziele.

Daniels, N. (1988): Am I My Parents' Keeper? An Essay on Justice between the Young and the Old. Oxford University Press, New York, Oxford
Daniels sieht das Problem der Mittelverteilung konzentriert unter dem Aspekt des Konfliktes zwischen Jung und Alt. Beschränkung einer aufwendigen Behandlung alter Menschen begründet er mit dem Konzept der Gerechtigkeit, das eine Bevorzugung alter Menschen in der Mittelverteilung nicht zuläßt.

Engelhardt, H. T. jr.(1988): Zielkonflikte in nationalen Gesundheitssystemen. In: Sass, H.-M. (Hrsg.): Ethik und öffentliches Gesundheitswesen. Ordnungsethische und ordnungspolitische Einflußfaktoren im öffentlichen Gesundheitswesen. Springer, Berlin, Heidelberg, S. 35-43
In diesem Beitrag werden die moralischen Spannungen im Gesundheitswesen aufgezeigt, die im Konflikt von Gleichheit und Freiheit, von privater und öffentlicher Initiative, Marktwirtschaft und Sozialismus, Gesundheitszielen und anderen Gütern bestehen. Diese Spannungen können besser verstanden und gelöst werden, wenn man das Wechselspiel der Ebenen analysiert, auf denen Allokation geschieht.

Engelhardt, H. T. Jr., Bole, T. J.: Entwicklungen der medizinischen Ethik in den USA: Die Verführung durch die Technik und der Irrtum einer Lebenserhaltung um jeden Preis. Arzt und Christ 36 (1990) 113-121
In diesem Aufsatz wird dargestellt, daß illusionäre Erwartungen an Medizin und Technik und eine Moralität, welche die Endlichkeit des Lebens nicht als limitierenden Faktor von Gesundheitserwartungen akzeptiert, zur Unlösbarkeit des Allokationsproblems beitragen.

Fuchs, C.: Ethik und Gesundheitsökonomie. Akademie der Wissenschaften und der Literatur. Abhandlungen der geistes- und sozialwissenschaftlichen Klasse 14 (1989) 55-63
Fuchs bestimmt die Rolle der Ethik in den Fragen der Gesundheitsökonomie als Hilfe bei Evaluierung von Gesundheitszielen, Prioritätensetzung und Instrumenten, die Verteilung der knapper werdenden Ressourcen im Gesundheitswesen zu steuern.

Illhardt, F. J. (1989): Gesundheitswesen (1. Ethik). In: Eser v. A., Lutterotti, v. M., Sporken, P. (Hrsg.) (unter Mitwirkung von Illhardt, F. J., Koch, H. G.) Lexikon Medizin Ethik Recht. Herder, Freiburg Basel Wien, S. 414-421
Illhardt skizziert als die wesentliche Voraussetzung eines leistungsfähigen Gesundheitswesens Kritik der Rolle des Staates, Sicherung der Kooperation, Professionalisierung der Gesundheitsberufe, Integration alternativer Heilweisen, Regelung der Mittelverteilung, Verständnis von Gesundheit sowie Selbstverantwortung des einzelnen.

Kapp, M. B.:Rationing Health Care: Will it Be Necessary? Can it Be Done Without Age or Disability Discrimination? Issues in Law & Medicine 5: (1989) 337-351
Kapp zeigt verschiedene Möglichkeiten rationierender und rationalisierender Maßnahmen im Gesundheitswesen auf. Verteilungsprobleme scheinen ihm lösbar durch grundsätzliche Begrenzung der Gesundheitsausgaben, die zudem auch die drohende Gefahr vermeiden hilft, Menschen aufgrund Alter und Behinderung zu diskriminieren.

Katastrophenmedizin oder: Die Lehre vom ethisch bitteren Handeln (1987) Red. *J. Mayer.* Jungjohann, Neckarsulm, München
In 9 Beiträgen werden die Probleme der medizinischen Triage im Katastrophenfall dargestellt: Maßgebend für die Autoren ist, daß in dem neuen militärisch stilisierten Konzept der Katastrophenmedizin ein Prinzip des unvermeidlichen ethisch bitteren Handelns postuliert und die traditionellen Prinzipien der Notfallmedizin verabschiedet werden.

Nagel, E., Fuchs, C. (Hrsg.) (1993): Soziale Gerechtigkeit im Gesundheitswesen. Ökonomische, ethische, rechtliche Fragen am Beispiel der Transplantationsmedizin. Springer, Berlin, Heidelberg
Am Beispiel der Transplantationsmedizin referieren und diskutieren Fachleute aus den Bereichen der Transplantationsmedizin, Wirtschaftswissenschaften, Jurisprudenz, Medizin-Ethik und Philosophie Voraussetzungen, Hintergründe, Regeln und Argumente für die faire Verteilung von Gesundheitsmitteln.

Piechowiak, H. (1988): Ärztliche Verantwortung und Patientenmündigkeit aus sozialmedizinischer Perspektive. In: Sass, H.-M. (Hrsg.): Ethik und öffentliches Gesundheitswesen. Ordnungsethische und ordnungspolitische Einflußfaktoren im öffentlichen Gesundheitswesen. Springer, Berlin, Heidelberg, S. 151–168
Piechowiak zeigt die Probleme auf, in einem von „unten“ gesteuerten Gesundheitswesen über medizinische Gutachterdienste wirksame Rationierungen zu erzielen oder zu größerer Verteilungsgerechtigkeit zu gelangen. Eigenverantwortlicher Prävention ist vor sozialbürokratischen Versorgungsangeboten der Vorzug zu geben.

Schölmerich, P.: Gesundheitsökonomie und ärztliches Handeln. Akademie der Wissenschaften und der Literatur. Abhandlungen der geistes- und sozialwissenschaftlichen Klasse 14 (1968) 35–48
Schölmerich bestimmt als Ausgangspunkt seiner Überlegungen die Effektivität als das quantitative Maß der Realisierung von Gesundheitsgütern und Effizienz als die Effektivität im Verhältnis zu den Folgeaufwendungen. In der Spannung von Effektivität und Effizienz analysiert er die ärztlichen Parameter von Diagnostik, Behandlung und Prävention.

Schöne-Seifert, B. (1988): Verantwortungsprobleme in der medizinischen Mikroallokation. In: Sass, H.–M. (Hrsg.): Ethik und öffentliches Gesundheitswesen. Ordnungsethische und ordnungspolitische Einflußfaktoren im öffentlichen Gesundheitswesen. Springer, Berlin, Heidelberg, S. 135–150
Schöne-Seifert beschreibt die verschiedenen Ebenen der Allokation von Mitteln in der Bundesrepublik Deutschland und plädiert für die pragmatische Lösung der Verteilung durch Stärkung der Eigenverantwortlichkeit der Versicherten und durch Forcierung der Prävention.

Seedhouse, D.(1994): Fortress NHS. A Philosophical Review of the Nationale Health Service. John Wiley & Sons, Chichester
Ausgangspunkt ist die Auseinandersetzung, exemplifiziert am konkreten Modell des britischen NHS, ob ein Gesundheitswesen vom Staat vorgehalten oder durch privatwirtschaftliche Einzelverträge und Versicherungen finanziert werden soll. *Seedhouse* überprüft die Betriebsphilosophie, d. h. die Leitprinzipien konkreter Verteilungsmuster wie Bedürfnis, Qualität, Gleichheit und Kosteneffektivität.

Winsloh, H. (1982): Triage and Justice. University of California Press, Berkely, Los Angeles
Winslow beschreibt das Konzept der Triage in der modernen Medizin am Beispiel von Katastrophen- und Transplantationsmedizin. Er analysiert die Prinzipien der Nützlichkeit, Gleichheit und Gerechtigkeit als Regulative der Triage.

Winslow, G., Walters, J. W. (eds) (1993): Facing Limits. Ethics and Health Care for the Elderly. Westview Press, Boulder, San Francisco, Oxford
In diesem Band diskutieren Beiträge aus den verschiedensten Bereichen des Gesundheitswesens die Implikationen der These *Callahan's*, die Gesundheitskosten für alte Menschen zu reduzieren. *Callahan* selbst und andere Autoren differenzieren Maßnahmen, die nur dem biologischen Überleben dienen, und Maßnahmen, welche die Steigerung von Lebensqualität anzielen.

III Vermittlung von Ethik

14 Praktische Empfehlungen zum Lehren und Lernen

(Winfried Kahlke)

Fragen

- Ärztliches Entscheiden und Handeln geschieht doch immer nach bestem Wissen und Gewissen
  - muß der Ethik in der Ausbildung ein eigener Platz eingeräumt werden?
- Es gibt unterschiedliche Theorien zur Ethik (verschiedene ‚Ethiken')
  - (wie) kann die Pluralität ethischer Positionen in der Lehre so vermittelt werden, daß das Erarbeiten und Reflektieren eigener Einstellungen dennoch gefördert werden?
- Ethische Fragen stellen sich in fast jedem medizinischen Fach
  - soll Ethik darin mitbehandelt oder separat gelehrt werden?
- Erst im Umgang mit Patienten werden Medizinstudierende (und Pflegeschüler/innen) mit ethischen Problemen der Diagnostik, Pflege und Therapie konfrontiert
  - ist es da sinnvoll, Ethikveranstaltungen schon während des Vorklinischen Studiums anzubieten?

14.1 Vorbemerkungen

Die Medizin ist in zunehmenden Maße gekennzeichnet durch neue Verfahren in Diagnostik und Therapie. Diese sind zumeist Ergebnisse wissenschaftlicher Forschung und Entwicklung und deren technischer Umsetzung. Sie haben neben ihrem Nutzen zugleich Fragen aufgeworfen, die nicht nur in Fachkreisen, sondern zunehmend auch in der Öffentlichkeit und zumeist kontrovers diskutiert werden. Dies gilt z. B. für die vorgeburtliche Diagnostik zum frühzeitigen Erkennen einer möglichen Fehlbildung, für Methoden der Fortpflanzungsmedizin mit einem erhöhten Risiko für Mehrlingsschwangerschaften und dem Problem des Fetozids, für den Umgang mit Embryonen oder für die intensivmedizinische Versorgung Sterbender, die nicht selten als mögliche Organspender gesehen werden.

So sind auch die Medizinstudierenden bereits vor dem Eintritt in ihr Studium mit ethischen Fragen konfrontiert, zu denen sie in ihrem angestrebten Beruf – zum Teil ja auch schon während ihrer Ausbildung – bestimmte Einstellungen und Entscheidungshilfen finden müssen. Wesentlich für das Interesse an Ethik in der Medizin dürften aber auch persönliche Erfahrungen sein, etwa aus dem Pflegepraktikum, dem Zivildienst in medizinischen oder sozialen Einrichtungen, dem Dienst bei der Bundeswehr u. a. Auch Vorstellungen von besonderen Anforderungen des Studiums, etwa dem Präparierkurs in der Anatomie, sind hier zu nennen.

14.2 Die Ethik in der ärztlichen Ausbildungsordnung

Was finden die Studierenden auf diese Fragen und Herausforderungen im Studienplan vor? Wo und wann erscheint „Ethik" im Lehrplan?

Zwar ist seit 1990 in der Ärztlichen Approbationsordnung (ÄAppO) erstmals die Ethik aufgeführt, aber das deutliche Übergewicht an naturwissenschaftlichen Fächern – mit zum Teil zweifelhaftem Nutzen für Studium und Beruf! – läßt Lernende und Lehrende einen Weg einschlagen, der nicht zuletzt durch die Schwerpunkte in den Leistungsanforderungen und die Prüfungsmodalitäten von den wesentlichen Zielen einer humanen Medizin eher ablenkt. Auch die klinischen Studienabschnitte enthalten jeweils die fachspezifischen Inhalte, ohne daß die ja häufig naheliegende und zumeist auch notwendige ethische Reflexion als Lernziel erkannt und angestrebt wird. Die Auflistung „ethische Aspekte ärztlichen Handelns" unter dem Prüfungsstoff für den ersten Abschnitt der ärztlichen Prüfung oder auch die in einem neuen Diskussionsentwurf vorgesehene Pflichtveranstaltung „Geschichte, Theorie und Ethik in der Medizin" können ein angemessenes Einbeziehen der Ethik in das Curriculum nicht garantieren. Sinnvoll und notwendig sind Entwicklung und Angebot von **Lehrkonzepten** und **Formen der didaktischen Vermittlung** an die medizinischen Fakultäten und Fachbereiche.

Vor diesem Hintergrund sind zur Ausgangssituation der Studienanfänger im Fach Medizin folgende Einschätzungen zu geben:

- Ethische Fragen werden in den meisten Lehrveranstaltungen, sei es durch ihre Form oder durch ihren Inhalt berührt, auch wenn sie nicht explizit gestellt oder beantwortet werden (Beispiele: Präparierkurs in der Anatomie, Physiologie-Praktikum mit Tierversuchen, Vorlesungen zur Arbeits- und Sozialmedizin).
- Bei einer Vielzahl der im Curriculum vorgegebenen Lehrveranstaltungen sind sowohl ihr Inhalt wie ihr Ablauf (z. B. Untersuchungskurs, Unterricht am Krankenbett) mit ethischen Gegenständen verflochten, deren Behandlung in einer geeigneten Form stattfinden muß und nicht mit dem bloßen Hinweis auf das Vorhandensein ethischer Probleme abgetan werden darf.
- Der enge Bezug zwischen fachlichen und ethischen Aspekten in zahlreichen Lehrveranstaltungen und praktischen Lernsituationen verlangt eine didaktische Behandlungsform der ethischen Thematik, die sowohl die theoretische Auseinandersetzung wie auch deren Anwendung auf den konkreten Einzelfall umfaßt.

Für die Gestaltung von Lehrveranstaltungen zur Ethik in der Medizin und ihre organisatorische Einbindung in das Medizinstudium sind die folgenden Punkte zu berücksichtigen:

- Zeitliche Anordnung im Curriculum
- Bezug zu verschiedenen Fächern der Medizin
- Interdisziplinarität
- Lehrformen
- Wer soll Ethik in der Medizin lehren?

14.3 Empfehlungen zur Lehre

Zeitliche Anordnung im Curriculum

Der Entwurf einer neuen Ausbildungsordnung hat die Ethik – zusammen mit der Geschichte und Theorie der Medizin – in den **ersten Studienabschnitt** plaziert. Über die Chance des Wahlpflichtfachs können sich Studierende aber auch später vertiefend mit medizinethischen Fragestellungen befassen. Die geltende ÄAppO macht den Hochschulen weder das Anbieten von Ethikveranstaltungen zur Auflage noch enthält sie Empfehlungen zur zeitlichen Plazierung. Während Vertreter der meisten medizinischen, insbesondere klinischen Fächer für eine Ansiedlung in einem klinischen Studienabschnitt plädieren, wird auf Seiten der Studierenden dieses Abwarten nicht für sinnvoll gehalten.

Medizinstudenten zeigen zumeist schon in der Studieneingangsphase ein Interesse an Gesprächen über ethische Fragen, das sicher nicht selten durch besondere eigene Vorerfahrungen (Pflegepraktikum, Zivildienst u. a.) verstärkt worden ist. Ferner mag die anstehende „Patientenferne" während der ersten zwei Studienjahre den Wunsch verstärken, zumindest in Lehrveranstaltungen zur Ethik sich mit Fragen des angestrebten Berufes auf irgendeine Weise inhaltlich beschäftigen zu können. Ein besonderes studentisches Anliegen betrifft hier den Präparierkurs der Anatomie: Für die bevorstehende Konfrontation mit der Leiche und dem Verfügen über sie und ihre Teile in der Anfangsphase ihres Arztwerdens suchen sie nach Gesprächsmöglichkeiten, etwa über Tod und Sterben, die (Un-) Verfügbarkeit des Menschen und angrenzende Gebiete.

Eine frühe Auseinandersetzung mit ethischen Grundfragen in der Medizin kann auch der Entwicklung vorbeugen, daß in zufällig erlebten Entscheidungsfällen im klinischen Alltag vorgefundene Einzelfallregelungen beispielhaft an die Stelle zu erarbeitender ethischer Grundsatzentscheidungen gesetzt werden.

Bezug zu verschiedenen Fächern der Medizin

Auf den ersten Blick mögen bestimmte Fächer besonders, andere dagegen weniger oder gar nicht für ein Einbeziehen in den Themenkatalog einer Ethik-Lehrveranstaltung geeignet erscheinen. Bei kritischer Betrachtung ist aber keines der medizinischen Fächer ohne einen Zusammenhang mit Grundfragen zur Ethik, sei es im Bereich der Lehre, der Krankenbehandlung oder der Forschung. Das Verdeutlichen eines Bezugs zu den naturwissenschaftlich-medizinischen, den psychosozialen und den sog. klinischen Fächern wie auch der Versuch einer Kooperation mit ihren Vertretern im Rahmen der Lehrveranstaltungen zur Ethik kennzeichnen zugleich diese Sonderstellung der Ethik in der Medizin:

- Ethik verkörpert kein „Fach“, an welches das Abhandeln ethischer Probleme delegiert werden könnte, um die kritische Überprüfung der (eigenen) Behandlungs-, Lehr- und Forschungskonzepte zu vermeiden oder zu ersetzen;
- Ethik ist ihrem Wesen nach ein **die unterschiedlichen Fächer übergreifendes System** mit der Herausforderung ständiger Reflexion und bietet über eine entsprechende Gewichtung in der Lehre die Chance, zumindest einen Teil der fehlenden bzw. im Zuge der Spezialisierung verlorengegangenen Kommunikation und Interaktion in der Medizin wiederherzustellen.

Lehrveranstaltungen zur Ethik in der Medizin können das Postulat nach einem **ganzheitlichen Verständnis der Medizin** unterstützen; dies dürfte die Studierenden zu verstärkter Teilnahme motivieren und sollte in der didaktischen Anordnung der vorgesehenen Lehrveranstaltungen berücksichtigt werden; das bedeutet bei der Auswahl der Themen, dem Aufstellen eines Semesterprogramms und der Beteiligung verschiedener Fachvertreter die Berücksichtigung zentraler Probleme der gegenwärtigen Medizin, z. B. Arzt-Patienten-Verhältnis, „Wahrheit am Krankenbett“, Menschenbilder in Bezug auf Pflege, Therapie und Diagnostik, Technikfolgen u. a.

Interdisziplinarität

Es gibt sicher gute Gründe, Lerngegenstände zur Ethik nach ihrem Bezug zur Medizin auszuwählen, aber ihr ethischer Stellenwert ist zumeist übergreifend und nicht auf eine Disziplin zu beschränken. Das didaktische Konzept einer Ethik-Veranstaltung muß diese Tatsache berücksichtigen. Außerdem ist für das Verstehen komplexer Sachverhalte, der sie erläuternden Gedankengänge und der Bezüge zu den unterschiedlichen Lehr- und Forschungsfeldern der Diskurs zwischen Angehörigen verschiedener Disziplinen zumeist wirksamer als ein theoretischer Verweis. Die Erfahrungen mit vergleichbaren Veranstaltungen bestätigen dies und favorisieren eine Interdisziplinarität sowohl für die Lernenden wie für die Lehrenden. Besonders sinnvoll ist die Kooperation mit anderen Fachbereichen/Fakultäten wie Philosophie, Jurisprudenz, Theologie u. a. wie auch eine gezielte themenbezogene ad hoc-Beteiligung bestimmter Fachvertreter, um zumindest in diesem Bereich dem durch die Ausbildungsordnung noch verstärkten Mangel an geisteswissenschaftlicher Orientierung in der Medizin entgegenzuwirken.

Lehrformen

Die Wahl der geeigneten Lehrform ist davon abhängig, ob eine fakultative Veranstaltung für Interessierte angeboten werden soll oder – bei Einführung als Pflichtveranstaltung – die Kohorte eines ganzen Semesters oder Studienjahres zu berücksichtigen ist.

Zur Einführung und zur Vermittlung bestimmter theoretischer Grundlagen bietet sich zwar die **Vorlesung** an, sie sollte aber immer auch Dialog und Diskussion vorsehen und damit zugleich Rückmeldung an die Lehrperson geben. Didaktisch sinnvoll ist das Herleiten theoretischer Abhandlungen aus konkreten Fallbeispielen oder themenspezifischen Entscheidungszwängen; dadurch werden Intensität und Kontinuität einer aktiven Beteiligung gefördert und die enge Verflechtung des theoretisch Dargestellten mit konkreten Situationen, Anforderungen und Herausforderungen in der Praxis verdeutlicht. In einer für Mediziner und andere Angehörige der Heilberufe eingerichteten Lehrveranstaltung zur Ethik stellt die **Kasuistik** eine besonders geeignete Methode dar, um über den konkreten Fall allgemeingültige Prinzipien zu erfassen (induktives Vorgehen) oder aber nach vorab behandelten theoretischen Grundlagen deren Anwendung auf den konkreten Fall zu diskutieren (deduktives Vorgehen).

Für die verschiedenen Vorgehensweisen ist das **Seminar** eine ideale Veranstaltungsform; es bietet zugleich viele Variationen wie die Übernahme von Referaten durch Teilnehmer, vertiefende Beschäftigung mit einem Thema in Kleingruppen und den Einstieg über ein Referat eines Fachvertreters, z. B. der Humangenetischen Beratung, Reproduktionsmedizin, Organtransplantation, aber auch über Fragen der sog. Alltagsethik. Dabei sollte jeweils klar unterschieden werden zwischen der inhaltlichen, das rein Fachliche betreffenden Ebene und der theoretischen, die moralischen und ethischen Prinzipien betreffenden Ebene.

Für einen fruchtbaren Verlauf der jeweils gewählten Veranstaltungsform ist neben Interdisziplinarität und Praxisbezug der Raum für **Kommunikation** und **persönliche Offenheit** ein wesentliches Element. Bei entsprechender Vorbereitung kann durch Teilnahme von Betroffenen – Eltern eines behinderten Kindes, einer Frau nach erfolgreicher oder erfolgloser in-vitro-Fertilisierung, einer/eines Behinderten, einer/eines HIV-Positiven oder Mitgliedern bestimmter Selbsthilfegruppen – der Aussagewert einer solchen Lehrveranstaltung eindrucksvoll gesteigert werden. Schließlich gibt es weitere didaktische Elemente (Rollen- und Planspiele, Seminarwochenenden, Filme u. a.), auf die weiter unten eingegangen werden soll.

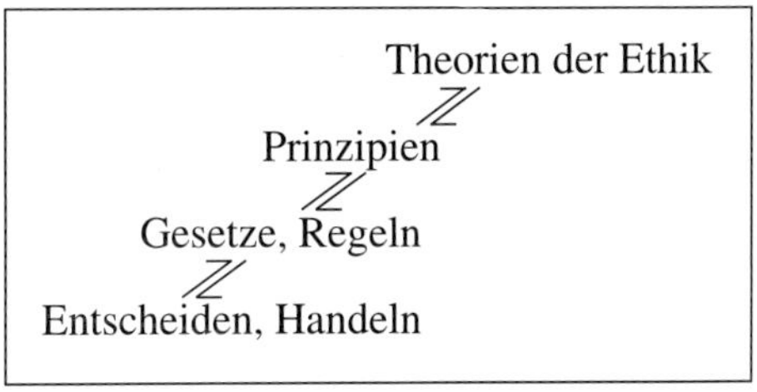

Abb. 14.1 Stufen der Theorie-Praxis-Beziehung

Wer soll Ethik in der Medizin lehren?

Mit der Lehrform eng verbunden ist die Frage nach kompetenten Lehrpersonen, ihrer fachlichen Herkunft und ihrer Anzahl sowie der Ergänzung durch Referenten zu speziellen Themen. Das Angebot an bereiten und kompetenten Dozentinnen und Dozenten ist von Hochschule zu Hochschule sicher unterschiedlich. Mit den Grundfragen von Ethik in der Medizin und Methoden ihrer Abhandlung vertraute Angehörige des Lehrkörpers einer Medizinischen Fakultät böten zwar den Vorteil detaillierter Kenntnis der ärztlichen Ausbildung und gegebenenfalls diverser Kontakte mit Fachkolleginnen und -kollegen, eher aber ist davon auszugehen, daß der erforderliche Bedarf an Lehrpersonen nicht aus den Reihen der medizinischen Fachvertreter allein gedeckt werden kann und deshalb zumindest eine Ergänzung durch Vertreter anderer Disziplinen, etwa der Philosophie oder der Theologie erforderlich sein wird. Damit wird zugleich plädiert für eine Interdisziplinarität auf Seiten der Lehrenden, wie sie sich in Langzeiterfahrungen mit Veranstaltungen zur Ethik in der Medizin als nahezu unerläßlich herausgestellt und bewährt hat.

Für die Darstellung eines konkreten Falles im Rahmen einer Lehrveranstaltung empfiehlt sich je nach Themenschwerpunkt die Beteiligung eines Vertreters des entsprechenden Faches. Aus den praktischen Beispielen und dem Reflektieren über das Entscheiden und Handeln im medizinischen Alltag können der Bezug zu vorgegebenen Regeln und Gesetzen und zur Frage der Universalisierbarkeit ethischer Prinzipien hergeleitet werden (Abb. 14.1). Dadurch wird zugleich das gewünschte Einbeziehen der medizinischen Disziplinen gefördert und den Studierenden der Begleitcharakter von Ethik in ihrer Ausbildung spürbar gemacht. Insgesamt sollte der Nutzen und vor allem auch der Anreiz eines interdisziplinären Dialogs für Lehrende und Lernende der Medizinischen Fakultäten nicht unterschätzt werden.

14.4 Empfehlungen zur Praxis

Die nachfolgenden Beispiele für Lehrveranstaltungen zur Ethik in der Medizin beziehen sich auf die Rahmenbedingungen der Ärztlichen Approbationsordnung in der Fassung ihrer 7. Novellierung: Ausbildungsziel und Prüfungsstoff führen „ethische Grundlagen der Medizin" und „ethische Aspekte ärztlichen Handelns" auf, eine entsprechende Pflichtveranstaltung ist aber nicht vorgeschrieben. Die Empfehlungen gelten also für fakultative Lehrangebote. Laut einer Umfrage schwankt die Zahl der Teilnehmer für ein Seminar zwischen zehn und fünfzig und für eine Vorlesung zwischen zehn und hundert, wobei kombinierte Veranstaltungen (z. B. Vorlesung und Seminar) oder Ringvorlesungen diese Zahlen auch überschreiten können (*Heister* und *Seidler* 1990).

Grundkurs - Patientenseminar - Studientag

Dieses Konzept (vgl. *von Engelhardt* 1993) einer dreistufigen Gliederung orientiert sich am Aufbau des Medizinstudiums:

Im **Grundkurs** für Studierende der ersten vorklinischen Semester geht es um die Geschichte und Struktur der medizinischen Ethik. Die Teilnehmer sollen vertraut gemacht werden mit den Positionen von Moral und Ethik und ihrer Ausbreitung und Anwendung auf die Medizin in den einzelnen geschichtlichen Epochen.

Das **Patientenseminar** bietet Studierenden der klinischen Semester Gelegenheit, ethische Probleme von Patienten und ihren Krankheiten zu erfahren und mit diesen gemeinsam zu diskutieren. Hierbei steht weniger die theoretische Ethik-Reflexion, sondern mehr die praktische Übung des Wahrnehmens von Konflikten und Wertorientierungen des Patienten, ihrer Angehörigen und der Ärzte und ihr empathisch-rationaler Umgang mit der wechselseitigen Vermittlung im Vordergrund.

Der **Studientag** – im vorgestellten Modell – soll den vorklinischen und klinischen Disziplinen Gelegenheit geben, einmal im Semester die ethischen Aspekte ihres Faches in der Forschung und Therapie vorzustellen und in einer Diskussion mit Dozenten und Studierenden aller Semester zu vertreten.

Das Einbeziehen von Vertretern bzw. Referenten aus anderen Disziplinen (Juristen, Philosophen, Theologen u. a.) empfiehlt sich für alle drei Phasen dieses Konzeptes.

Interdisziplinäres Ethik-Seminar

Die Integration der einzelnen, zuvor beschriebenen didaktischen Elemente in das Konzept einer Lehrveranstaltung zur Ethik in der Medizin soll hier exemplarisch veranschaulicht werden anhand einer Lehrveranstaltung, die unter dem Titel „Grundfragen der Ethik in der Medizin – ein interdisziplinäres Seminar von Medizinern und Theologen" seit nunmehr 15 Jahren regelmäßig an der Universität Hamburg – zunächst am Fachbereich Theologie, nachfolgend am Fachbereich Medizin – angeboten wird.

Zum Inhalt:
In der oder den ersten Veranstaltung(en) werden allgemeine theoretische Grundlagen vermittelt, Definitionen erläutert und methodische Anleitungen für das Erkennen und Behandeln ethischer Probleme gegeben – hierauf wird im Laufe des Seminars wiederholt Bezug genommen. Zwar erfordern

manche Themen eine ausführlichere Information oder Abhandlung auf fachspezifischer Ebene, ein Bezug zu und Hinführen auf die ethischen Fragen wird aber jeweils hergestellt.

Teilnehmer:
Das Konzept des hier aufgeführten Beispiel-Seminars verfolgt das Ziel, durch das Zusammentreffen von Studierenden der Medizin aus allen Semesterstufen mit in der Ausbildung oder bereits in der Praxis befindlichen Angehörigen vor allem aus den Heilberufen die Beziehung zwischen Theorie und Praxis didaktisch sinnvoll zu nutzen und damit zugleich das Erreichen der wesentlichen Lernziele - **Sensibilisieren, Motivieren, Orientieren, Argumentieren, Entscheiden, Handeln** (vgl. Kap. 3) - zu fördern. Die Ankündigung des Seminars mit Angabe der einzelnen Themen erfolgt deshalb - zusätzlich zum Vorlesungsverzeichnis und weiteren universitätsinternen Informationen - in allen örtlichen Krankenhäusern, den Krankenpflegeschulen sowie im lokalen Ärzteblatt. Die Teilnehmerlisten der jeweiligen Seminarsequenzen bestätigen die auf diese Weise angestrebte „Mischung" der unterschiedlichen Gruppen in Ausbildung und Beruf.

Vortragende:
Bei der Planung des jeweiligen Semesterprogramms werden für die einzelnen Themen die Referierenden vorgesehen; es sind dies sowohl Vertreter aus dem Veranstalterkreis des interdisziplinären Seminars wie auswärtige Vertreter verschiedener Fachrichtungen und Tätigkeitsfelder innerhalb und außerhalb der Heilberufe. Mindestens die Hälfte der gesamten Seminarzeit (135 min. entsprechend 3 Vorlesungsstunden) ist der Diskussion gewidmet, die häufig in anschließenden informellen Treffen fortgesetzt wird.

Wochenendseminar:
Im Rahmen des interdisziplinären Ethik-Seminars findet einmal im Semester eine Wochenendveranstaltung statt, die im hier aufgeführten Beispiel gemeinsam mit einer Evangelischen Akademie durchgeführt wird. Neben Angehörigen des laufenden Seminars, die das Angebot je nach Thematik unterschiedlich nutzen, wird es von auswärtigen Teilnehmern besucht, die über die regelmäßigen Informationen der Evangelischen Akademie erreicht werden. Die verfügbare Zeit - Freitagabend bis Sonntagmittag - gestattet neben der intensiven und vielschichtigen Behandlung des Themas die Arbeitsform von Kleingruppen, ausführliche „Nachgespräche" in den wechselnden Begegnungen, u. a. m. Speziell die Studierenden erleben über die Interdisziplinarität des Seminars hinaus die Behandlung ethischer Probleme in und mit einer im üblichen Lehrbetrieb so nicht auftretenden Öffentlichkeit. Eine besondere Chance bietet ein Seminarwochenende für das Einbeziehen betroffener Laien, z. B. Behinderter oder Eltern behinderter Kinder, für welche eine Atmosphäre gegeben ist, wie sie eine zwei- oder dreistündige Lehrveranstaltung natürlich nicht bieten kann.

Spezielle Methoden

Das Rollenspiel

Diese in den unterschiedlichsten Bereichen immer wieder angewandte Methode ist geeignet, eine Situation, in der moralische oder ethische Fragen zu lösen sind, darzustellen und prozeßhaft zu vermitteln. Das emotionale Hineinversetzen in die Situation der Betroffenen und das Reflektieren der gespielten Rolle führen zumeist zu einer intensiveren und differenzierteren Auseinandersetzung mit einem Konflikt und seinen Lösungsmöglichkeiten.

Beispiel

(Hierfür wurde dieselbe Problematik wie im Fallbeispiel zur Humangenetischen Beratung im Kapitel 7. „Eugenik" gewählt; s. S. 60)
Ausgangslage: Ein 38jähriger Mann wird wegen langsam fortschreitender Sprach- und Schluckstörungen von seinem Hausarzt zum Neurologen überwiesen. Dieser diagnostiziert einen Veitstanz (Chorea Huntington) und gibt dem Patienten erste Informationen über die Vererbbarkeit dieser Krankheit. Da der Patient erst vor kurzem geheiratet hat und eine Familie gründen möchte, überweist ihn der Neurologe an die humangenetische Beratungsstelle. Die dortige Ärztin klärt den Patienten über Erbgang und Häufigkeit dieser Krankheit auf. Im Laufe des Gesprächs erklärt

der Patient, daß er noch zwei Geschwister habe und die Frau seines jüngeren Bruders im dritten Monat schwanger sei.

Spielverlauf: Im Laufe des Spiels kann oder muß der Patient entscheiden, ob er die Geschwister informiert; die Ärztin der humangenetischen Beratungsstelle wird auf seine Entscheidung reagieren.

Fragen:

- Kann der Patient auf der absoluten Geheimhaltung seiner Diagnose bestehen, ohne die Einstellung seiner möglicherweise betroffenen Geschwister zu kennen oder zu erkunden?
- Darf oder soll die Ärztin auf das Informieren der Geschwister (und der schwangeren Schwägerin) drängen?
- Wie kann die Ärztin mit dem folgenden Entscheidungsdilemma umgehen: a) drängt sie auf Information, kann ein möglicherweise betroffenes Familienmitglied vom Zeitpunkt der gesicherten Diagnose an ganz unter der ängstlichen Erwartung der ersten Krankheitszeichen leben; b) reagiert sie nicht auf die mögliche Absicht des Patienten, die Familie nicht zu informieren, fühlt sie sich schuldig bei der Geburt eines eventuell betroffenen Kindes, weil sie nicht über das Risiko aufgeklärt und nicht von einer Schwangerschaft abgeraten hat.
- Wie soll die Ärztin beraten, wenn die Schwangere, die durch den Test von ihrer bevorstehenden Erkrankung weiß, das Kind abtreiben möchte und diese Absicht damit begründet, daß sie dem ungeborenen Kind weder einen kranken Vater noch eine spätere Erkrankung zumuten will?

Im Verlauf des Rollenspiels kann dieses erweitert werden um eine zweite Besprechung in der humangenetischen Beratungsstelle, an der ein vom Patienten informierter Bruder teilnimmt und vor der Entscheidung steht, ob er sich dem Test unterziehen soll oder für sich das „Recht auf Nichtwissen" beansprucht.

Sobald im Spielverlauf der Prozeß der Entscheidungsfindung abgeschlossen erscheint, sollen zunächst die am Spiel aktiv Beteiligten Gelegenheit erhalten, ihre Empfindungen durch die Übernahme einer solchen Rolle – die keineswegs die eigene Position widerspiegeln muß – auszudrücken. Nach einem kurzen Rückblick auf das Spiel sind die aufgeworfenen Fragen zu präzisieren und im Kontext der jeweiligen Veranstaltungen Antworten und Lösungsversuche zu finden.

Eine Variante des Rollenspiels ist das inszenierte **Streitgespräch**. Zu einer kontrovers diskutierten Frage, z. B. der Lebertransplantation an einen chronischen Alkoholiker, können das Pro und Contra pointiert dargestellt und für die anschließende Diskussion die unterschiedlichen Aspekte aufgezeigt werden.

Das Planspiel

Gegenüber dem Rollenspiel, in dessen Zentrum die individuelle Übernahme einer Rolle steht – mit der eigenen oder aber einer fremden Position –, will das Planspiel durch Beteiligung mehrerer Personen, Gruppen oder Gremien einen Prozeß darstellen, dessen einzelne Schritte von den Interaktionen der Spielenden mitbestimmt werden. Das (gewünschte) Kommunizieren zwischen den Spielgruppen oder das Ankündigen geplanter Maßnahmen erfolgt über eine zentrale Spielleitung.

Beispiel

Ausgangslage: Eine 29jährige Frau erfährt bei der Bestätigung einer Schwangerschaft durch ihre Frauenärztin, daß der (auf ihren Wunsch durchgeführte) HIV-Test positiv ist. Die Ärztin klärt die Frau über das HIV-Risiko für das Kind auf und schickt sie außerdem zur AIDS-Beratungsstelle.

Verlauf: In der AIDS-Beratungsstelle wird sie von einem Arzt darüber informiert, daß nach statistischen Untersuchungen in ihrem Fall zu etwa 15–30 % mit einer Übertragung auf das Kind zu rechnen sei. Die Schwangere erklärt, daß sie das Kind austragen möchte und ihr derzeitiger Partner, der Vater des Kindes, dies unterstützt: Der Arzt verabredet ein weiteres Gespräch und empfiehlt der Schwangeren die Teilnahme an einer Selbsthilfegruppe für HIV-Betroffene.

Das Team der Beratungsstelle, welches häufig mit dem Kinderwunsch HIV-positiver Frauen bzw. Paare und ebenso häufig mit der geschilderten Situation konfrontiert wird, diskutiert das Problem und sucht nach einer Empfehlung für die Betroffenen sowie für die behandelnden Ärztinnen und Ärzte.

Der Vorstand eines geburtshilflich-gynäkologischen Berufsverbandes hat in einem Rundschreiben seinen Mitgliedern empfohlen, den Schwangeren bei positivem HIV-Test generell zum Schwangerschaftsabbruch zu raten, sofern sie diesen nicht ohnehin wünschten.

Die gemeinsame Ethikkommission von Ärztekammer und Universitätsklinikum wird aufgefordert, zu diesem Rundschreiben, welches auch der AIDS-Beratungsstelle zugegangen ist, Stellung zu nehmen.

Spielschritte: Vier Planspiel-Gruppen - die Zahl kann notfalls reduziert oder bei großer Teilnehmerzahl auch erweitert werden - beginnen gleichzeitig ihre Aktivitäten, nachdem die Spielleitung Ausgangslage und Verlauf mitgeteilt und die Einweisung in die Spieltechnik gegeben hat. Dabei empfiehlt sich zur gegenseitigen Unterstützung der Spielatmosphäre eine räumliche Anordnung, die einerseits ein ungestörtes Gespräch in den einzelnen Gruppen ermöglicht, andererseits ein gegenseitiges visuelles oder akustisches Wahrnehmen der mitspielenden Gruppen ermöglicht.

Für den Start erhalten die Gruppen eine kurze Rollenvorgabe:

- **Team-Konferenz der AIDS-Beratungsstelle:** Der konkrete Fall der HIV-positiven Schwangeren, die das Kind auf jeden Fall austragen möchte, ist Ausgangspunkt für die Grundsatzdiskussion: Wie ist dem häufig geäußerten Kinderwunsch bzw. der Situation bei ungewollt eingetretener Schwangerschaft zu begegnen? Den Teilnehmern der Teamkonferenz liegt das Vorstandsrundschreiben des gynäkologisch-geburtshilflichen Berufsverbandes vor.
- **Geburtshilflich-gynäkologischer Berufsverband:** Die im Vorstandsrundschreiben geäußerte Empfehlung, HIV-positven Schwangeren wegen des Infektionsrisikos für das Kind zum Schwangerschaftsabbruch zu raten, wird von einigen Frauenärztinnen und -ärzten kritisiert und auf einer daraufhin einberufenen Mitgliederversammlung kontrovers diskutiert. Im Pro und Contra findet sich u. a. die Aufforderung, eine Resolution zu verfassen und an die Empfänger des Vorstandsrundschreibens zu verschicken.
- **Selbsthilfegruppe für HIV-positive Frauen:** Die Mitglieder dieser Selbsthilfegruppe vertreten unterschiedliche Auffassungen gegenüber einem Kinderwunsch, dem Verhalten bei einer Schwangerschaft und zur Frage, wie man auf das Infektionsrisiko für das Kind reagieren soll.
- **Ethikkommission (gemeinsam von Ärztekammer und Universitätsklinikum):** Die Ärztekammer hat der Ethikkommission die Eingabe einer HIV-positiven Frau weitergeleitet, die sich über ihren Frauenarzt beschwert; dieser hatte ihre Bitte um eine künstliche Insemination mit dem Argument abgelehnt, daß das Kind möglicherweise HIV-positiv geboren werde und sie ja u. U. nur begrenzt für es sorgen könnte. Die Ethikkommission kommt überein, den Fall zu behandeln, obwohl sie nicht dafür zuständig ist. Das Vorstandsrundschreiben des gynäkologisch-geburtshilflichen Berufsverbandes liegt ihr ebenfalls vor.

Auswertung des Planspiels: Nach einer ersten Einschätzung über das Spiel und das Klären möglicher Mißverständnisse sollen die ethisch relevanten Fragen zusammengetragen werden, z. B.:

- Welche ethischen Prinzipien können für oder gegen die Empfehlung angeführt werden, wegen des bestehenden Infektionsrisikos für das Kind die Schwangerschaft abzubrechen?
- Schließt die zu respektierende Autonomie einer HIV-positiven Schwangeren in jedem Falle aus, unter Hinweis auf die mögliche Infektion des Kindes und die wahrscheinlich verkürzte Lebensdauer der Eltern, direktiv in Richtung Abtreibung zu beraten?
- Wie wäre mit einer möglicherweise in Zukunft getroffenen Regelung der Kostenträger umzugehen, im Falle des Ablehnens eines angeratenen Schwangerschaftsabbruchs die Kosten für die Behandlung des erkrankten Kindes abzulehnen?

Als Themen sowohl für Rollen- wie für Planspiele eignen sich zahlreiche weitere Bereiche - z. B. pränatale Diagnostik, Reproduktionsmedizin, Organspende u. a. -, in denen ethisch relevante Fragen und persönliche Entscheidungskonflikte dargestellt werden können. Für die Veranstalter, die diese Methoden in ihren Lehrveranstaltungen einsetzen, empfiehlt sich eine didaktische Nachlese, gegebenenfalls unter Einbeziehen der Teilnehmer, um eine Einschätzung oder Rückmeldung darüber zu erhalten, ob und inwieweit das Anwenden der genannten Elemente das Erreichen der Lernziele für die Ethik-Vermittlung gefördert hat.

14.5 Literaturempfehlungen

Die nachfolgend aufgelisteten Publikationen stellen eine Auswahl von Arbeiten dar, in denen einzelne Fragen, Probleme oder Vorschläge zur Lehre behandelt werden.

Bickel, J.: Medical students' professional ethics: defining the problems and developing resources. Acad. Med. 66 (1991) 726–729

Eine Arbeitsgruppe der *„Association of American Medical Colleges* (AAMC)" kommt zu dem Ergebnis, daß die ärztliche Ausbildung bei der Entwicklung professioneller Standards die unmittelbaren ethischen Dilemmata, mit denen Studierende während des Studiums konfrontiert werden, berücksichtigt. Es werden didaktische Empfehlungen für den Unterricht und die Umsetzung in den Fakultäten gegeben.

Bicknell, D. J.: Current arrangements for teaching medical ethics to undergraduate medical students. J. medical Ethics 11 (1985) 25–26
Ein kurzer Beitrag über den Versuch, ethische Entscheidungen im klinischen Alltag im Rahmen der Ausbildung verständlich zu machen. Dieselbe Ausgabe der Zeitschrift enthält weitere Beiträge von „The General Medical Council's medical ethics education conference".

Bockenheimer-Lucius, G., Reiter-Theil, S. (Hrsg.): Unterrichtsmodelle zur Ethik in der Medizin und in den Heilberufen. Themenheft. Ethik Med. 6 (1994)
Das Themenheft enthält die auf einem Symposium präsentierten Beiträge, welches von der Akademie für Ethik in der Medizin gemeinsam mit der European Association of Centres of Medical Ethics (EACME) und der Evangelischen Akademie Nordelbien 1993 veranstaltet wurde. Die Darstellungen der Autorinnen und Autoren – auch der hier nicht eigens aufgeführten – enthalten wertvolle Vorschläge für die verschiedenen Formen von Lehr- und Unterrichtsveranstaltungen zur Ethik in der Medizin.

Calman, K. C., Downie, R. S.: Practical problems in the teaching of ethics to medical students. J. medical Ethics 13 (1987) 153–156
Kurze Beschreibung sinnvoller Unterrichtsgestaltung und Aufzeigen der wichtigsten Voraussetzungen für Kursgestaltung und Qualifikation der Lehrenden („the learning of the teacher may be as important as that of the students").
Weitere Beiträge eines „teaching medical ethics symposium" finden sich in der selben Ausgabe der Zeitschrift.

Heister, E., Seidler, E.: Ethik in der ärztlichen Ausbildung an den Hochschulen der Bundesrepublik Deutschland. Ergebnisse einer Umfrage. Ethik in d. Med. 1 (1989) 13–23
Ausführliche Informationen über Form und Verbreitung von Lehrveranstaltungen zur Ethik in der Medizin; Vergleich zu einer früheren Erhebung (1977/78).

Delaney, B., Kean, L.: Attitudes of medical students to the teaching of medical ethics. Med. Educ. 22 (1988) 8–10
Der Beitrag untersucht die geringe Akzeptanz von Lehrveranstaltungen zur Ethik auf Seiten der Studenten am Beispiel der Oxford-University.

Engelhardt, v., D.: Ethik in der medizinischen Ausbildung – Das Lübecker Modell: Grundkurs – Patientenseminar – Studientag. Ethik Med. 6 (1994) 82–87
vgl. *Bockenheimer-Lucius, G., Reiter-Theil, S.* (Hrsg.): Unterrichtsmodelle zur Ethik in der Medizin und in den Heilberufen. Themenheft. Ethik Med. 6 (1994)

Hebert, P. C., Meslin, E. M., Dunn, E. V.: Measuring the ethical sensitivity of medical students: a study at the University of Toronto. J. medical Ethics 18 (1992) 142–147
Es wurde ein Instrument zum Messen von „ethical sensitivity" entwickelt und die Antworten auf die Bereiche „autonomy, beneficence and justice" bezogen. Die Ergebnisse eines anfänglichen Anstiegs von Sensitivität und anschließenden Abfalls über die weitere Ausbildungszeit wird unter Vorbehalt interpretiert.

Kahlke W., Reiter-Theil, S.: Ausbildung in medizinischer Ethik – Stand und Perspektiven in Deutschland. Med. Mensch Ges. 17 (1992) 227–233 Informative Übersicht zum Thema.

Kaminsky, C.: Medizinethischer Unterricht in heterogenen Lerngruppen – Ein Plädoyer für die Vielfalt. Ethik Med. 6 (1994) 60–65, vgl. *Bockenheimer-Lucius, G., Reiter-Theil, S.* (Hrsg.): Unterrichtsmodelle zur Ethik in der Medizin und in den Heilberufen. Themenheft. Ethik Med. 6 (1994)

Mitchell, K. R., Lovat, T. J., Myser, C. M.: Teaching bioethics to medical students: the Newcastle experience. Med. Educ. 26 (1992) 290–300
Erfahrungen mit einem über 10 Jahre durchgeführten Lehrangebot zur Bioethik an der Medizinischen Fakultät in Newcastle/Australien führen zu Fragen wie „can bio-ethics be taught? Whose bioethics is being taught?" Die Arbeit setzt sich ferner mit der Frage auseinander, ob Denken und Entscheiden bei Medizinstudenten und Ärzten beeinflußt werden können, und mit dem unterschiedlichen Stellenwert von praktischen Lernzielen und theoretischen Grundlagen.

Reiter-Theil, S.: Praktische Fälle und ethische Prinzipien. Ethik-Blockseminare in der Weiterbildung zur Familientherapie sowie Psychotherapie/Psychosomatik. Ethik Med. 6 (1994) 71–76, vgl. *Bockenheimer-Lucius, G., Reiter-Theil, S.* (Hrsg.): Unterrichtsmodelle zur Ethik in der Medizin und in den Heilberufen. Themenheft. Ethik Med. 6 (1994)

Rezler, A. G., Schwartz, R. L., Obenshain, S. S., Lambert, P., Gibson, J. McI., Bennahum, D. A.: Assessment of ethical decisions and values. Med. Educ. 26 (1992) 7–16
Beschrieben und diskutiert wird ein Test („Professional Decisions and Values Test") sowie seine Anwendung bei Medizin- und Jurastudenten in bezug auf Umgang mit ethischen Konflikten und Motivation durch moralische Werte.

Sporken, P.: Ist Medizinische Ethik lehrbar? In: Martini, G.A. (Hrsg.): Medizin und Gesellschaft. Ethische Verantwortung und ärztliches Handeln. (1982) S. 197–203
Der Beitrag befaßt sich mit der Frage (und dem Problem) der notwendigen Differenzierung zwischen dem Vermitteln bestimmter ethischer Grundnormen und moralischer Einstellungen und dem anzustrebenden Lernprozeß, der zu verantwortlichen ethischen Entscheidungen befähigen soll.

ten Have, H. A. M. J.: Ethics in the clinic: A comparison of two Dutch teaching programmes. Medical Education 29/1 (1995) 34–38
Der Autor stellt zwei angewandte Lehrkonzepte vor: The Maastricht model: case-oriented und The Nijmegen model: method oriented. Daraus abgeleitet wird ein nach Meinung des Autors wirksames Modell für die Lehre von „klinischer Ethik", wie es für alle niederländischen medizinischen Fakultäten vorgeschlagen wird.

Thornton, B. C., Callahan, D., Lindemann, N. J.: Bioethics Education. Expanding the Circle of Participants. Hastings Cent. Rep. (1993) 25–29
In einem kurzen Überblick und einer Vorstellung der Projektteilnehmer/innen werden Grundfragen der Ausbildung in Bioethik diskutiert, insbesondere mit Blick auf Fortbildung für Kliniker, Mitglieder von Ethik-Kommissionen, Politikern, einschließlich der Frage einer Evaluation.

Autorenbiographien

Klaus Gahl, geb. 1937, apl. Professor der Medizin. Hochschule Hannover (MHH), Chefarzt der Medizinischen Klinik II im Städtischen Klinikum Braunschweig

Studium der Medizin, 1964 ärztl. Approbation, 1966 Promotion zum Dr. med., 1974 Habilitation, 1978 apl. Prof. an der MHH

Mitarbeit im Arbeitskreis „Medizinische Ethik" der Evangelischen Akademien Deutschlands

Arbeitsschwerpunkte: Klinische Kardiologie

Publikationen: Infektiöse Endokarditis. 2. Aufl., Steinkopf, Darmstadt 1994
Gahl, K. (Hrsg.):

Franz Josef Illhardt, geb. 1948, Ethik-Beratung, Aus-, Fort- und Weiterbildung von Heilberufen in medizinischer Ethik am Universitätsklinikum Freiburg

Nach Promotion in Moraltheologie Habilitation in medizinischer Ethik an der Medizinischen Fakultät der Universität Freiburg. Wiss. Mitarbeiter am Zentrum für Ethik in der Medizin und am Zentrum für Geriatrie und Gerontologie Freiburg

Arbeitsschwerpunkte: medizinisch-ethische Probleme in der Geriatrie, „Lebenswelt" und Ethik

Publikationen: Lexikon Medizin - Ethik - Recht. Hrsg. von A. Eser, M. v. Lutterotti, P. Sporken. Unter Mitarbeit von H.-G. Koch, F. J. Illhardt. Herder, Freiburg 1989

Illhardt, F. J.: Ageism: Vorurteile gegen das Alter Z. Gerontologie 26 (1993) 335-38

Medizin in Multikultureller Herausforderung. Medizinische Forschung Bd. 7. G. Fischer, Stuttgart 1994

Winfried Kahlke, geb. 1932, o. Professor für Hochschuldidaktik der Medizin an der Universität Hamburg

Studium der Medizin in Kiel und Heidelberg, 1960 Ärztliche Approbation und Promotion zum Dr. med., 1961-1964 Wissenschaftlicher Assistent am Institut für Physiologische Chemie der Universität Köln, 1964-1974 Medizinische Klinik der Universität Heidelberg, 1970 venia legendi für Innere Medizin, 1974 Berufung an die Universität Hamburg auf die C4-Professur für Hochschuldidaktik der Medizin, Gründungsmitglied (1987) der Akademie für Ethik in der Medizin und Koordinator für deren Arbeitsgruppe „Ausbildung und Fortbildung in den Heilberufen", Mitkoordinator im Projekt „Vermittlung von Ethik in den Heilberufen - Teachers' Training Course"

Arbeitsschwerpunkte: Ärztliche Ausbildung, Reform des Medizinstudiums, Ethik in der Medizin

Publikationen: Mithrsg. von: Neue Wege der Ausbildung für ein Gesundheitswesen im Wandel. Urban & Schwarzenberg, München 1980

Ausbildung in Medizinischer Ethik - Stand und Perspektiven in Deutschland. Kahlke, W. Reiter-Theil, S.: Mensch Medizin Gesellschaft 1992

Mithrsg. von: Berufsfelderkundungen - Beispiele aus Medizin, Natur- und Geisteswissenschaften. Hochschuldidaktische Arbeitspapiere 27, Hamburg 1995

Günther Patzig, geb. 1926, o. Professor (em.) für Philosophie, Universität Göttingen

Studium der Philosophie und Klassischen Philologie in Göttingen und Hamburg (1946-1952); Promotion 1951, Habilitation 1958, 1960-1963 Professor für Philosophie in Hamburg, ab 1963 in Göttingen, 1971 Mitglied, 1986-1990 Präsident der Akademie der Wissenschaften in Göttingen

Arbeitsschwerpunkte: Antike Philosophie, Logik und Ethik, seit 1983 angewandte Ethik

Publikationen: Gesammelte Schriften. Vol. I, Grundlagen der Ethik (1994) Vol. II, Angewandte Ethik (1993)

Ist Lebensverlängerung ein höchstes Gut? Z. Kardiol. 83 (Suppl. 6) (1994) 135–138

Helmut Piechowiak, geb. 1945, Internist, Ärztlicher Gutachter

Studium der Medizin, anschließend Tätigkeiten in der Physiologie und Klinischen Chemie, Studium der Philosophie und ev. Theologie in München, danach langjähriger Mitarbeiter an der Medizinischen Poliklinik der LMU München, seit einigen Jahren als Internist und ärztlicher Gutachter für die gesetzliche Krankenversicherung in Regensburg tätig

Arbeitsschwerpunkte: Innere Medizin, Medizinische Ethik, Sozialmedizin

Publikationen: Piechowiak, H. (Hrsg.): Ethische Probleme der modernen Medizin. Grünewald, Mainz 1985

Piechowiak, H.: Eingriffe in menschliches Leben. Knecht, Frankfurt a. M. 1987

Stella Reiter-Theil, geb. 1955, seit 1990 Leiterin der Geschäftsstelle und Generalsekretärin der Akademie für Ethik in der Medizin (AEM), Universität Göttingen

Studium der Psychologie und der Philosophie, Diplom und Promotion an der Universität Tübingen, 6 Jahre klinisch-psychologische Tätigkeit und Forschungsprojekte (Psychotherapie/Familientherapie), Aufbau der Lehre „Ethik in der Psychotherapie" an der Universitätsklinik Wien, Forschungsstipendien der DFG und des DAAD; Lehrauftrag für „Medizinethische Ausbildung" an der Universität Göttingen, Heinz-Maier-Leibnitz-Preis für Praktische Philosophie, 1988, Mitglied der AEM, der Deutschen Gesellschaft für Psychologie und deren Ethikkommission sowie der European Society for Philosophy of Medicine and Health Care; Mitglied des Advisory Board des „Journal of Medical Ethics"

Arbeitsschwerpunkte: Ethik in der Medizin, Ethik in der Psychotherapie, Vermittlung von Ethik in der Medizin

Publikationen: Reiter-Theil, S.: Autonomie und Gerechtigkeit. Das Beispiel der Familientherapie für eine therapeutische Ethik. Springer, Berlin, Heidelberg, New York 1988

Reiter-Theil, S. Autonomy and Beneficence. The Ethics of Electroconvulsive Therapy. Convulsive Therapy 8, (1992) 237–244

Reiter-Theil, S.: Offene Fragen an die Neurotransplantation. Versuch einer unvoreingenommenen ethischen Analyse. Zentralblatt für Neurochirurgie (im Druck)

Reiter-Theil, S. (Hrsg.): Vermittlung medizinischer Ethik. Theorie und Praxis in Europa. Schriftenreihe des Bundesministeriums für Bildung und Wissenschaft. Bock, Bad Honnef (im Druck)

Bettina Schöne-Seifert, geb. 1956, wissenschaftliche Assistentin am Philosophischen Seminar der Universität Göttingen

Ärztliche Approbation; Promotion über experimentelle Phenylketonurie; Master of Arts/Philosophie an der Georgetown University; dreijährige Assistenz-Zeit (Kinderheilkunde), Stipendiatin des Stifterbandes für die Deutsche Wissenschaft; seit 1990 wissenschaftliche Assistentin am Philosophischen Seminar der Universität Göttingen; 1994/95 Fellow am Wissenschaftkolleg zu Berlin; Gründungsmitglied der Akademie für Ethik in der Medizin; Mitglied der Gesellschaft für Analytische Philosophie und der European Society for Philosophy of Medicine and Health Care

Arbeitsschwerpunkte: Philosophische Ethik, Medizinethik.

Publikationen: Schöne-Seifert, B.: Philosophische Überlegungen zu Menschenwürde und Fortpflanzungsmedizin, Z. Philosophische Forschung 44: (1990) 442–473

Schöne-Seifert, B., Krüger, L. (Hrsg.): Humangenetik – Ethische Probleme der Beratung, Diagnostik und Forschung. G. Fischer, Stuttgart (1992)

Schöne-Seifert, B.: Fairneß und Rationierung im Gesundheitwesen. Apis 1 (1995) 18–32

Paul-Werner Schreiner, geb. 1955, stellvertretender leitender Krankenpfleger der Anästhesie-Abteilung, Sana-Herzchirurgische Klinik Stuttgart

Krankenpflegeausbildung, Weiterbildung zum Fachkrankenpfleger für Anästhesie und Intensivmedizin, Studium der Soziologie, Philosophie und Rechtswissenschaft (noch nicht abgeschlossen), von 1985 bis 1994 Schriftleiter der Deutschen Krankenpflege-Zeitschrift, Mitglied der Wissenschaftlichen Albert-Schweitzer-Gesellschaft

Arbeitsschwerpunkte: Situation der beruflichen Krankenpflege aus soziologischer und ethischer Perspektive

Publikationen: Schreiner, P.-W.: Ethik und Berufsidentität in der Pflege – die Innenseite des Pflegenotstandes. Pflege 4/1 (1991) 4

Schreiner, P.-W.: Das ethische Dilemma der beruflichen Krankenpflege. Ethik in der Medizin 4/2 (1992) 72

Schreiner, P.-W.: Ehrfurcht vor dem Leben – Gedanken zur Ethik Albert Schweitzers. Deutsche Krankenpflege-Zeitschrift 46/5 (1993) 303

Ulrich H. Tröhler, geb. 1943, o. Professor für Geschichte der Medizin an der Universität Freiburg i. Br.

Studium der Medizin an den Universitäten Neuchâtel, Lausanne, Wien und Bern sowie der Medizin- und Wissenschaftsgeschichte an der Universität London, langjähriger Mitarbeiter am Institut für Pathophysiologie der Universität Bern, danach Vorsteher des Instituts für Geschichte der Medizin an den Universitäten Göttingen (1983–1994) und seither Freiburg i. Br., Gründungs- und Vorstandsmitglied der Akademie für Ethik in der Medizin (Göttingen) sowie Mitbegründer und Präsident der European Association for the History of Medicine and Health (Straßburg)

Arbeitsschwerpunkte: Experimentell-physiologische Forschung. Medizingeschichte und Ethik in der Medizin seit der Aufklärung

Publikationen: Tröhler, U.: Quantification in British Medicine and Surgery 1750–1830. Univ. College, London 1978

Tröhler U.: Der Nobelpreisträger Theodor Kocher 1841–1917: Auf dem Wege zur physiologischen Chirurgie. Birkhäuser, Basel 1983

Thiery J. Tröhler U.: Zweifel am Fortschrittsglauben. Der Tierversuchsgegner Richard Wagner: Seine Zeitkritik und die Reaktion seiner Zeit. Festspielverlag, Bayreuth 1987

Sachregister